ちくま学芸文庫

踊念仏

大橋俊雄

筑摩書房

【目次】踊念仏

踊念仏

本扉図版：信濃国小田切の里での踊念仏（一遍上人絵詞伝巻二　藤沢清浄光寺所蔵）

はじめに

　仏教が伝来したのは六世紀の半ば、以来すでに千四百余年の歳月を閲しているが、その間、南都六宗・平安二宗・鎌倉六宗と呼ばれているさまざまの多くの宗派が、国家の手により、ときには民衆の声に応じて生まれ、絢爛と花を咲かせ馥郁の香をただよわせてきた。国家とか貴族・地方有力者の保護を受けるか、民衆の支持を受けるか、受容された仏教が育ち発展していくための要素は、このほかにはない。奈良・平安の仏教は国家の手によって保護され、鎌倉仏教は民衆を担い手として、国民の奥底にまで弘まり、生活の糧となっていった。仏教の諸行事が慣習として国民生活の中に残っているのは、その証拠であるが、仏教千年の歴史の中には、教えそのものを重視した時代もあれば、行に重心をおいた時代もあった。それはまた人についてもいえる。南都仏教の祖師たちは仏教を学問としてとらえ、法然や日蓮は行、親鸞は信にウエイトをおき自信教人信の立場で布教した。人みなそれぞれに差異があるように、受け取り方にも違いがあった。それが社会の、また宗教家のもつ価値観であったといえよう。

踊りは民衆のもつ歓喜のさまを身をもってあらわした素朴な表現であり、古代社会から行われてきたものであって、定まった形式はなかった。歓喜を手の舞い足の踏むところを知らずといって表現しているように、手をあげ足をあげ、大地を踏みつけて踊りさえすればよかった。踊りが神事と融合し、仏教と結びつくことによって、それぞれがもつ要素を基盤として神楽となり、また遊びとなったが、それはまた念仏と結びついて踊念仏となった。踊念仏の歴史は、空也の出現によってはじまったといわれている。とすれば空也は十世紀半ばの人であったから、およそ一〇〇〇年の伝統をもっているといえよう。その伝統は現在にまで受け継がれているが、念仏が日本の津々浦々にまで浸透したのには、一遍智真をはじめとする念仏聖のたゆまざる活躍があったからである。念仏聖は踊念仏とか念仏札、あるいは現世利益を説くことによって、信仰心を植えつけていった。踊念仏は盂蘭盆の行事と結びついて民衆のあいだに弘まっていったが、かつての人たちが味わったであろうエクスタシーを、いまそこに見出すことはできない。形式化された形ばかりの踊りのしぐさが残っているばかりである、といっても過言ではあるまい。時代と社会が変って価値観に変化をきたしたからである。いつであったか、もう一年ほど前、有吉佐和子氏原作の『出雲の阿国』の、ナンマイダ、ナンマイダと念仏をとなえながら自由奔放に踊りまわっているさまをブラウン管をとうして見たとき、そこに中世の踊念仏をみるような思いにかられた。踊りに動きがあり、喜びが感じられたからである。

いままでわたしは、法然や一遍を中心に、その人の思想と行動を考え、さらに教団の歴史の中に位置づけ社会との関連をみるなど、さまざまな切りこみをしてきた。真の人間像を知りたいと思ったからである。ある時には教団人としての宗祖としての法然上人や一遍聖を見、また聖集団の中に法然や一遍を生活させてみたこともあったが、本書では踊念仏にスポットをあてて踊念仏の流れの中に一遍智真を位置づけ、その源流と影響を考えてみた。こうしていくたびか筆をとるたびに、法然や一遍を見る目も変ってきた。スケールの大きな宗教人として、日本史や宗教史の上にかれらをみるようになった。今年は浄土宗が法然上人の手により承安五年開かれてから八百年、明年は文永十一年一遍聖が熊野の証誠殿で成道してから七百年の慶讃の年を迎える。慶讃を前にして本書を両上人の前に捧げることのできたのを喜びたい。

本書をものすにあたって、先学諸賢の研究に負うところ少なくない。中でも佛教大学の編纂にかかる『民間念仏信仰の研究』をはじめ、金井清光・五来重両氏から受けた学恩はきわめて大きい。わたしも漸く知命の歳を迎え人生の半ばにいたるが、而立の年、今年十三回の忌辰を迎える恩師石井教道博士を助け『昭和新修法然上人全集』を世に問うて以来、今日まで学問の道をたどり得たことを仏天の加護と喜ぶとともに、今また本書を上梓して感無量なるものがある。最後に本書の出版にあたってお世話になった編集部の谷村英治氏に厚くお礼申しあげたい。

昭和四十九年三月二十九日

相模野の寓居にて　　大橋俊雄

第一章　踊念仏の発生

第一節　古代社会における踊りの意味するもの

踊りと鎮魂

　本来、踊りには生産を祝い神とともに喜びをわかちあうものと、死者の霊をなぐさめるものとがあった。古代社会での生産といえば農業でしかない。縄文・弥生といった原始時代ならば、山野をかけめぐり狩猟し、川や海辺で漁撈もしたであろうが、稲作農耕がはじまれば次第にそうした生活になれ、狩猟や漁撈は第二次的なものになっていく。しかし、第二次的なものになっていったとはいえ、稲作がはじめられても、狩猟や漁撈が急にすがたを消していったものではあるまい。米はいつでも時期を問わず収穫のできるものではない。年一度の収穫しかない。この年一度の収穫の稲作に生活がかかっている。豊作か凶作か、それは生活上重要な関心事であったから、事あるごとに豊作を祈った。豊作を祈ることは、縄文文化時代の人たちがよき獲物に出会うように、とれるように願ったことと心情を一つにしている。よき獲物にあえばこおどりして喜んだであろう。それは稲のみのりでも同じであった。

原始農耕社会では神を中心にものを考えた。すべては神の恵みであると考えたのである。したがってこおどりして喜んだ踊りは、また神に対する感謝の気持の表われでもあった。わが国では古くから桜の花が散らないよう、花の寿命を祈ってのばそうとする鎮花祭《はなしずめ》というのがあったという。桜の花が早く散ると、その年の稲の花も早く散って凶作になると信じられていた。だから、できるだけ花の散るのを遅らせたいと願い「やすらひ花や」、花よゆっくりしてください、散るのを急がないでくださいといって踊ったのである。これを花祭りとか、やすらい祭と呼んでいた。ちょうど日本では桜の花の散るころ、シャカ（釈迦）の生誕を祝う花祭があるのも、そうした行事と結びついて発達してきたのかも知れない。

こうした踊りが神に対する感謝と、神に生活の向上を願う態度であった反面、恐怖的霊魂とみられていた死んで間もない死霊や、不慮の死、非業の最後をとげた自然死でない者の霊をなぐさめるため踊りをすることもあったらしい。霊魂にはイキミタマ・アラミタマ・ミタマの三種がある。イキミタマは生きている近親者の霊《みたま》であり、アラミタマは新しく死んだ者の霊である。肉体を離れたばかりの霊はたたりをもたらす可能性をもっているが、中でも生前すぐれた呪力や権力をもっていた人、この世の人びとに怨みをいだいていた人、不慮の災難で非業の最後をとげた者、難産で死んだ者は、通常ならばより長く生き長らえることができるのに、命を断たれてしまったために成就できない。そこでその怨念をはらそうとして怨みをすると信じていた。田畑を荒らす害虫や天災であっても、それがもたらす原因はそうした人たちの怨霊の化身であると考えた。農耕社会ではそうした怨霊のなせるわざ、すなわち害虫をはらいのけなければ、稲のみのりを期待することはできないと信じていたのである。そのため、そうした人たちを神としてまつる風習があった。菅原道真《みちざね》や鎌倉権五郎景正が、天満宮や御霊社にまつられているのは、そうした例の一つと見ることができよう。祭るときには呪言をとなえ踊りをする。「踊り」は跳躍運動によって、人が神に近づき神が人に近づく仕業《しわざ》であるが、日本人は元来、喜怒愛楽のしぐさを踊りによって表現することがあった。ツイストにしてもゴーゴーにしても、しぐさに違いはあろうが、踊りは人間の心の中に鬱積《うっせき》している、もやもやしている煩悩とか罪の意識、霊魂のおそれをはらいのけるために踊ったもので、踊りによってすべてを忘れ去り、おそれをぬぐい去ろうというのである。すなわち踊りに生産を願い祝う面と、死者の霊をなぐさめる面の、二つの面があったことを知ることができる。踊りは単に手足を動かし、踊ることにのみ楽しみをもつといったレクリエーションを主体としたものばかりではなかった。

『日本書紀』に伊弉冊尊が死んだとき、骸《なきがら》は紀伊国熊野有馬村に葬《ほうむ》られたが、ときに「土俗、この神の魂を祭り、花の時また花をもって祭り、また鼓吹幡旗を用い、歌舞して祭った」というのは、鎮魂のために歌舞したことを物語っているが、それは『魏志』倭人伝にも「始め死して喪を停む、時に当り食せず、喪主哭泣、他人就いて歌舞し飲酒」した由を記しているように、日本のシャーマニスティックな宗教的伝統には呪的な舞踊が広く行われていたようである。神の魂を歌舞してまつり、哭泣して飲酒し歌舞したりしたのは鎮魂のためであった。鎮魂は魂鎮《たましず》めとか、魂ふりといわれた。では鎮魂にはどのような方法があったのであろうか。『旧事記』によれば、鎮魂の儀式は饒速日尊《にぎはやひのみこと》、あるいは宇摩志麻治命《うましまじのみこと》にはじまるという。宇摩志麻治命は物部《もののべ》氏の祖先であるが、その式を行うにあたって、オキツ鏡・ヘツ鏡・ヤツカ剣・生玉・死反玉・足玉・道反玉・蛇比礼・蜂比礼・品物比礼の十種の珍宝を用いた。この珍宝が鎮魂のための神具であり、そのとき「布留部由良《ふるべゆら》、由良止布留部《ゆらしふるべ》」と呪文をとなえたようであるが、これが物部氏の伝えていた鎮魂の方法であったらしい。また中臣《なかとみ》氏は中臣氏で玉結びという方法で、魂鎮めをしていたようである。いわば、それぞれの氏族が独自の方法で修する鎮魂の行事があったようである。それは朝廷でも例外ではない。

神祇官が宇気の音に応じて御玉緒をむすび、女蔵人もまた御衣の筥をもって振り動かす。これが招魂《みたまふり》の表現であり、鎮魂であった。魂は生き死に、覚《さ》め睡《ねむ》り、離れとどまるといったように決して固定したものではない。固定していたどころか、本来は他から入りこむものであったから、固定したり固執するものであってはならない。自由にいきかうことのできるものであり、その魂の寄り集まるところが海とか山であった。そこが理想郷であり、常世《とこよ》の国であった。常世の国から神々がやってくる。その神々を呼ぶことを神降《かみおろ》しというが、そのとき魂鎮めをし舞踊した。では、その神はいつ此の世に訪れてくるのだろうか。

昔から祖霊が常世の国から訪れてくるのは、正月と七月であると信じていた。家々の祖先は、いや亡くなった人たちは神となり常世の国で、何不自由なく生活し、子孫たちの生活を見守っている。家ですでに世を去った人は祖霊であるが、祖霊が訪れてくるとき、祖霊すなわちみ霊を迎えるため、正月には家の入口に門松を立てて標識とし、祖霊＝神の象徴として鏡餅《かがみもち》を飾り、小正月（十五日）にドンド焼きして見送った。また七月には戸口に火をともして家に迎え入れた。それが迎え火であり、送り出すときにも門ごとに火をたいて、来年を約して見送った。こうした風習は今でも農村社会に残っているが、そのときともす火が、正月であり七月であっても標識となっていたのである。明治初年まで一般に行われていた旧暦といわれる太陰暦では、正月十五日と七月十五日は初春と初秋の満月の日にあたっていた。新暦（太陽暦）を用いている現在ではそうした季節感はなく、どちらかといえば正月と盆は冬と夏の行事のようにさえ思われているが、旧暦では初春と初秋の行事だったのである。旧暦では月の満ち欠けで、日を計算していた。新月が朔日《ついたち》であり、三日月《みかづき》ならば三日、満月ならば十五日とかぞえた。月なしには生活できなかったとさえいえよう。十五夜（旧暦八月十五日）にしても十三夜（旧暦九月十三日）にしても、月のめぐりが基礎になっている。旧暦が、月の満ち欠けが生活の指標となっていた。満月（十五日）・上弦（七・八日）・下弦（二十二・二十三日）の日に神事が集中しているのは、祭りの日を定めるのに月の満欠で日を決めたことがもとになっていたことを示している。中でももっとも印象的であったのは満月の夜であった。祖霊の祭りという重要な行事からすれば、正月と盆がともに十五日を中心として修されていたのは、それなりに十分な意味があったのである。『徒然草』に「晦日《みそか》の夜いたう暗きに……亡き人の来る夜とて、魂来るわざは此頃都には無きを、東《あづま》の方《かた》には猶することにてありし」と述べているのは、年の暮れ、旧暦では月も出ていなくて、あたりは真暗であるが、その日み霊《たま》が返ってくるという風習があった。それは、かつてはどこにでも見られた風習であったらしいが、

『徒然草』の成立した南北朝期には京都ではすでに消え失せ、まだ関東には残っていたという。

鎮魂と遊部

このように鎮魂のため歌舞をつかさどるものを遊部《あそびべ》といっていた。『令集解』の喪葬令によれば、遊部は大和国高市郡にいたが、その人は生目天皇すなわち垂仁天皇の末裔であった。生目天皇の子、円目王は伊賀国の比自岐和気《ひじきわけ》氏の娘をめとって妻とした。天皇が亡くなったとき、比自岐和気氏らは殯《もがり》所に赴き七日七夜の間エラギをしたが、そのとき供奉していた二人に禰義《ねぎ》・余此《よし》の名を与えた。禰義は刀を負い戈《ほこ》をもち、余此は酒食をたずさえ刀を身につけていたと記しているように、円目王は比自岐和気氏の娘をめとったことによって遊部となった。遊部は部《べ》の一つで、円目王がアソビべの名を得たのは、死霊のタマシヅメを呪術とするエラギアソビをつかさどったからである。部はいうまでもなく、大和朝廷が人民を居住地や職業によって、新しい集団を編成し支配しようとして作りあげた支配方式で、部には構成者である氏人と、氏人を支配する氏《うじ》の上《かみ》を擁していた。大和の遊部についていえば円目王が氏の上であり、このとき供奉した禰義と余此は氏人であった。伊賀にも比自岐和気氏と名乗る遊部がいて、大和の遊部と接触をもっていた。接触をもっていたというよりも、各地に散在していた遊部はたがいに横の連絡を密にしていたといった方がよいであろう。禰義と余比が男子であったか女子であったかは、はっきりしていない。刀を負い戈をもち、また刀を身につけていたといえば、武器を手にするのは多く男子であったから二人は男子であったようにも思えるが、たとい武具を手にしていたとしても、その目的が悪霊をはらいおびやかすための呪具であったとすれば、もっていた人は男子とは限るまい。事実、天鈿女《あめのうずめ》は鉾《ほこ》をもって舞をしたが女子であった。

遊部が歌舞を行ったことは、『令集解』の条下に「遊部、謂く野中・古市の人、歌《うた》垣《がき》の類これなり」と記していることによって、鎮魂のために歌垣すなわち歌舞が行われていたことを知ることができる。歌を歌い舞ったといっても、それは悪霊とか凶癘魂を踏み鎮めるといった意味での歌舞で、事実は足踏みを主体とした跳躍乱舞であったらしい。悪魔の動きをとり鎮めたいと願って足踏みした。手を振り体《からだ》を動かして、地だんだ踏んだといった方がよいかも知れない。一定した型はなかったであろう。アラミタマは死んで間もなくの間、外へ飛び出して荒れすさぶので殯所を建てて、ここに死者を安置し、誄《しのびごと》と歌舞《あそび》をした。ではここでいう誄とは、どういう内容をもった儀礼であったろうか。中国の周末から秦漢時代の儒者の古礼に関する説を集めた『礼《らい》記《き》』には誄について「魯の哀公、孔丘（孔子）に誄していうには天、耆《き》老（六、七十歳の老人）を遺さず、予が位を相《たす》くる莫《な》し、嗚呼《ああ》哀しいかな尼父《ぢほ》」（檀弓上第三）とか「賤《いやし》きは貴《とおと》きに誄せず、幼きは長《めうえ》に誄せず、礼なり、ただ天子には天を称して以てこれに誄す。諸侯相誄するは礼に非ざるなり」（曾子問第七）と記し、その注釈書には「（誄とは）その平生の実行をかさねあげて、諡《おくりな》（人の死後にその徳をたたえて追贈する称号）をつくる」と説明している。これによれば誄はただ哭《な》くことや泣くこととは違って、死んだ人のことを伝える詞《ことば》を申し述べる儀礼であったらしい。誄にせよ歌舞にせよ、殯所で、いく日となく行われた。骸《なきがら》は殯所に白骨になるまで置かれていた。その期間中、誄や歌舞が毎日修された。当時の葬法は風葬であったから白骨になるまでには何か月となくかかったであろう。何か月とはいっても、湿気があるとか乾燥しているといった風土との関係で短い場合もあれば、長年月かからなければ白骨とならないところもあった。その間、死者に奉仕するという風習があったとすれば、それは大和や伊賀ばかりではなしに各地にもあったのではあるまいか。『播磨風土記』麻打の里意比川の条に、伯耆《ほうき》の小保弖《さほで》、因幡の布久漏《ふくろ》、出雲の都伎也《つきや》の三人が出雲の御陰大神の死のたたりを鎮めるために、川のほとりの佐々山でエラギをし、その川を圧《おし》川と名づけたと記している。佐々というのは「さゝなみの志賀のさゞれ波しく〲に」

(万葉集巻二)「さゝなみの大山守《もり》は誰かためか」(同上) というように神楽《かぐら》のことであり、圧川は死のたたりをなす凶癘魂を「圧《お》し鎮《しず》めた川」ということで鎮魂を意味している。御陰大神は萃縵をもって殯宮《もがりのみや》にゆき、凶癘魂の段階で「毎《つね》に行く人を庶《さ》へ、死生半《しにいになかば》しき」といったたたりをした神であったというから、御陰大神のたたりを鎮めるために、小保弖・布久漏・都伎也はササ(神楽)を修したのであろう。当時、神楽をしたところをササとかササヤマ(佐々山)と呼んだというから、ササと呼ばれる地が他にあったとすれば、そこはかつて神楽を修したところと見てよいであろう。ササ山という地は近江にもあるという。とすれば遊部は大和国にのみあった集団ではなく、近江・伊賀さらに広い地域にいたのではあるまいか。そこでかれらは神楽を修し歌舞してタマシヅメをしていた。

しかし、こうした遊部も『類聚三代格《きやく》』延暦十六(七九七)年四月二十三日の太政官符の「土師宿弥《はじすくね》等の例により、凶事に預かるを停止《ちょうじ》すべき事」の条に、凶儀にあずかる氏として遊部の名が見えていないことや、殯宮の御膳誄人長も廃止され、これに代って諸陵寮の所司とか左右大舎人・雑色人が置かれたことは、奈良時代のはじめにはすでに遊部は社会からすがたを消してしまったのではないかと見られている。弘仁五(八一四)年にできた『新撰姓氏録』という畿内居住の諸氏の姓氏を記載した台帳にも、遊部の名は見えていない。今、ここにいう殯宮の御誄膳人長はもと遊部におわされた職能であったが、平安時代になると御膳誄人長は神楽の舞人の長となり、近衛府の舎人がこれを勤めることになった。殯《もがり》にしても、山野に置かれ白骨となるのを待っていた風葬の場合は必要であったろうが、火葬の風習が一般化すれば、殯は喪《も》があがるということであったから茶毘《だび》に附してしまえばその場限りで必要ではない。社会の状勢の変化とともに体質の改善が要求され、すがたを消してしまったのではあるまいか。それにしても神のために音楽を奏《かな》でる「あそび」の面が生かされ、殯が必要性を失ったとき、御膳誄人長は神楽の舞人として宮廷に仕えるようになった。こうして遊部が消えていったことは、死者の霊魂に対するタマシヅメであったはずの鎮魂儀礼に変化をもたらしたことを意味している。すなわち宮廷では内侍所清暑堂神楽のように祖霊にささげる神楽となっていった。もはやこうなればタマシヅメではなしに、神とともにこの世を寿《ことほ》ぐといった意味をもつようになり、舞楽的要素を加えた典雅なものへと変化していく。こうした変化をもたらした根本的原因はなにか、それは仏教の伝来と仏教に課せられた葬送儀礼、すなわち葬送を仏教が肩代りするようになったためではなかったろうか。

仏教の伝来

仏教がはじめて、わが国に伝来した年時について二説ある。一つは『日本書紀』に基づく五五二年初渡説で、欽明天皇の十三年壬申《じんしん》の年に、百済の聖明王が仏像と経論を大和朝廷におくったという説であり、第二は『上宮聖徳法王帝説』に見える、戊午《ぼご》の年、五三八年初伝されたという説である。いわば、これは公に伝えられた年時であるが、五五二年説をとるのは『日本書紀』のみで、奈良時代末以前に成立したと推定されている『上宮聖徳法王帝説』をはじめ、『元興寺《がんごうじ》縁起』などのすべては五三八年説をとっている。しかし、これはあくまで公伝であって、朝鮮からの帰化人が日本に移住してくれば、当然かれらが信仰し生活の糧《かて》としていたであろう仏教を信仰したと思われるから、これより早い時期に帰化人を通じ、私的に流伝していたと見てよいであろう。

日本が大陸文化を受けいれ、政治・経済・社会の面で、大幅な展開をこころみようとしたとき、大和朝廷はいくつかの問題にぶつかった。その一つが仏教の受容をめぐる是非の問題であった。仏教が宗教であるとするならば、日本にも古来から神をまつる宗教がある。国神《くにつかみ》をまつる宗教である。国神に対する信仰がある上に、さらに仏教を受けいれる必要はあるまいという保守派と、仏は神よりもはるかに権威のあるものであり、その教えはきわめて合理的である。大陸文化を積極的に受容することによって国力の充実をはかりたいと願う進歩派との対立であった。このころ朝廷内で大きな勢力をもっていたのは、蘇我氏と物部氏であった。蘇我氏がどちらかといえば、新しく興ってきた進歩的な豪族であったのにひきかえ、物部氏は古い秩序の上にたった保守的な豪族であった。物部氏の物にはどのような意味があったのか。それについて武士《もののふ》のものであるとみている人がいるが、むしろもののけのものを意味していた、死霊とか生霊のたたるのをはらいのけようとする神の世界の代表者をしめす氏からとった名ではなかったろうか。だからこそ仏教の受容を拒否しなければならない立場にあったのであろう。新興の豪族とはいえ、蘇我氏は朝廷の財政権を握ってからというもの、物部氏をしのぐほどの勢力をもち、進んで大陸の文化を受けいれようとした。物部尾輿が外国の宗教である仏を拝めば、日本古来の神々の怒りにふれるといって反対すれば、蘇我稲目は積極的に賛成の態度をしめし、「西蕃《にしのとなり》の諸国はみな仏像を礼拝しています。なんで豊秋津《とよあきつ》大和《やまと》だけがひとり礼拝しないでおられましょう」と主張する。対立はとめどもなく続く。その結果、国家としてではなく個人的にでもよい、仏教を信じたいと思うものがいれば信じさせてもよいのではないかと主張する蘇我稲目に仏像を与えた。私的に拝ませるというかたちで許されたのである。こうして仏教は、まがりなりにも朝廷公認の上で日本に受けいれられることになった。その後、推古元（五九三）年飛鳥寺の塔に仏舎利が置かれ、三年後飛鳥寺は八年の歳月をついやして完成した。

仏教の伝来を端的に語るものに葬法がある。古来、風葬・土葬・水葬が一般的に行われていたが、仏教の輸入されたことによって、火葬の風が生まれた。七世紀の後半、インドを旅行した義浄は『南海寄帰内法伝』に「苾芻《びく》亡ぜば、死を決せるを観知し、当日かつぎて焼処にむかい、ついで、すなわち火をもってこれを焚く」と記し、苾芻（比丘）＝僧が亡くなったとき火葬した由を述べている。日本での場合、南都元興寺の僧道昭を荼毘《だび》したのが火葬のはじめであると伝えている。道昭は白雉四（六五三）年遣唐使にしたがい入唐し、長安の大慈恩寺で玄奘《げんじょう》にあい、法相《ほっそう》の教旨を受けて、斉明天皇の六（六六〇）年帰朝した。以来社会事業を行ったり、法相宗を開くなど学僧としても活躍したが、文武天皇四（七〇〇）年三月、西に向い端座したまま世を去った。このとき遺命によって粟原《あわら》で荼毘に附した（続日本紀）。火葬が終り、親族と弟子が相い争って収骨しようとしたとき、「一陣の風（飄風）が吹きすさび、灰骨を吹きあげて、ついにそのありかを知ることができないというありさまになった」という。

風・水・土葬から火葬へ、これはわが国古代における葬送儀礼の上で一大変革を意味する出来事であった。屍は灰骨となり行方知らずになったという。これが果して事実を伝えているものかどうかはわからないが、はじめて火葬のさまを見た人たちの感じた、手ごたえのなくなった屍のありさまをあらわした驚きの言葉であったかもしれない。死霊のやどっている実体は、火葬とともにすがたを消してしまった。火葬は道昭にはじまる、とすれば火葬は公伝後百六十年たってはじめて行われたということになる。だが仏教が伝播したのにともないインドから中国・朝鮮に火葬の風習が伝えられたとしても、七〇〇年までまったく行われなかったとはいえない。昭和三十一（一九五六）年、堺市の陶器千塚に中学校が建設された。敷地内には直径一五メートルほどの後期古墳がいくつかあったが、そのうちの一基は材木を組んで墓室を作り、その上に厚い粘土をはりつけ、一方に焚口《たきぐち》、他の一方に煙出しを設けていた。一見、炭焼きがまのような構造をもつ古墳であった。屍を窯の中に入れ、副葬品を納めてから焚口で薪をもやすと、屍とともに内側に棰木《たるき》状に組まれていた材木も焼け、固い焼けた窯形ができあがる。そのような方法で荼毘して、自然に作りあげられた古墳であった。調査した森浩一氏はこうした型の古墳をカマド塚（窯槨古墳）と名づけているが（上田宏範著『前方後円墳』）、古墳であるからには屍を葬るのがたて前である。葬ると同時に荼毘に附されたところにカマド塚の特色があった。

こうしたカマド塚と呼ばれる古墳は現在発見されている限り、和泉・摂津から美濃・遠江にかけての地方に散在しており、築造されたのは六世紀後半から七世紀前半

踊る女の埴輪（埼玉県大里郡江南村出土）

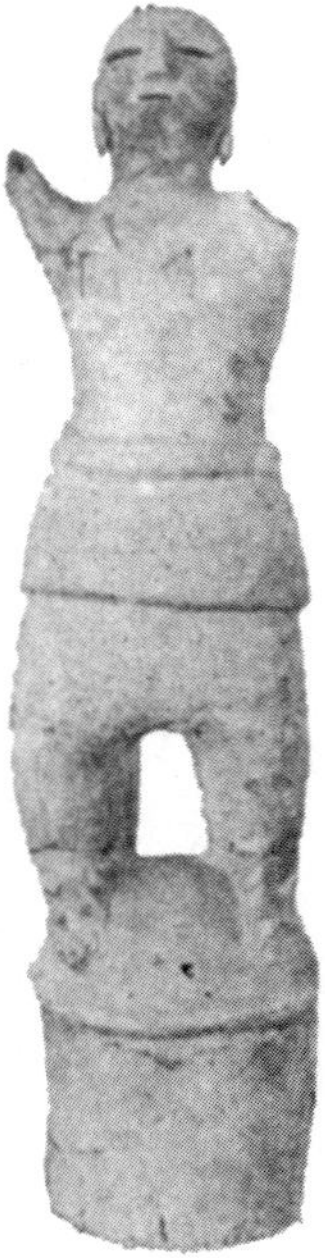

行脚僧埴輪（神奈川県厚木市登山古墳出土，厚木市教育委員会蔵）

までのころと推定されている。この年代はまた仏教公伝の年時と一致しているので、カマド塚は仏教の伝来とともに、百済あたりで行われていた葬法がそのまま、帰化人の来朝とともに移入されたものと見てよいのではあるまいか。上総・信濃などの後期古墳からは、四仏四獣鏡が出土しているし、茨城県女方《おさかた》古墳から出土した埴輪には、額に白毫《びゃくごう》をつけた仏像とおぼしきものが見られる。神奈川県厚木市飯山の登山《どうやま》古墳からは、両手をあげ、天を仰ぐようなしぐさをした僧形埴輪が出土している。こうしたことから見ても、日本には古くから仏教が朝鮮半島を経由し、百済人あたりの手によって輸入されたらしい。では、その仏教の目差す目的はなんであったろうか、当時の人びとは仏教になにを求めようとしたのであろうか。

人びとの仏教に求めたもの

『日本書紀』の仏教伝来の条には「釈迦佛、金銅像一軀を献ず」と記されている。仏像は当初外国から移入されたものであったが、やがて日本でも造られるようになった。飛鳥寺の金銅釈迦如来の坐像は、日本で造られたもので、鞍作鳥《くらつくり》が推古天皇十四（六〇六）年に造顕したものと伝えられている。その像は今も飛鳥寺安居院内に安置されているが、たびたび火災にあい、膚は痛ましいまでに荒れている。そうした中で、もっとも完全に残っている日本製のものは法隆寺金堂の釈迦三尊像である。この像は光背銘によると、聖徳太子の御病気平癒を祈って諸王たちの発願により鞍作鳥が造ったもので、このほか法隆寺蔵の戊子年（六二八）朝風銘の釈迦二尊像もわが国で造られた仏像であるという。これらの仏像はともに銅に金鍍金したもので、金銅像と呼ばれているものであるが、銅製以外に木彫の仏像も造られた。法隆寺の百済《くだら》観音・夢殿の救世《ぐぜ》観音・中宮寺の弥勒半跏像がそれである。土偶や埴輪以上に造ることを知らなかった人たちは、こうした仏像に対し、いかに驚きの目をみはったことであろうか。これらの仏像の多くは正面を向き左右の均整がとれたかたちで造られている。だが反面側面はいたって不自然で肉幅もうすい。顔は面長《おもなが》で、眼は杏仁様、口は上に反《そ》って微笑をたたえている。こうして造られた像には如来形と菩薩形があり、如来形は頭を螺髪にして法衣をまとっているが、宝冠・瓔珞《ようらく》・天衣といった飾りは一切つけていない、いわば無飾の像であるが、菩薩形は結髪に宝冠をつけているなど装飾的な像である。如来像には釈迦如来・薬師如来と呼ばれているものがあるが、ただそのように呼ばれているだけのことで、しっかりした根拠があるわけではない。それは聖徳太子の母穴《あな》穂部間人《ほべのはしひと》の住居を寺とした中宮寺の本尊半跏思惟《はんかしい》像を如意輪観音とする説と、弥勒とする説があるようなものである。どちらでもよいが、あえていうならば野中寺にある同形の像の銘に弥勒とあることから、弥勒像として造立されたのかも知れない。しかし、伝承されている飛鳥から白鳳にかけて造立された像の多くは、釈迦と薬師と観音である。当時、薬師は病気平癒、観音には災害除去の呪力があると信じられていた。と同時に当時の人たちは「諸悪莫作、衆善奉行」すなわち悪いことはしない、善いことをすることを仏教の根本理念とし、多くの善を積み重ねることによって仏になることができると信じていたようである。またかれらは死後の世界として天寿国のあることを認めていた。天寿国には蓮池もあれば、宮殿もあった。『上宮聖徳法王帝説』によれば、推古天皇の三〇（六二二）年聖徳太子の妃《きさき》、橘大女郎《たちばなのおおいらつめ》は夫《おつと》太子の死をいたみ、太子が往生したという天寿国の図を縫い糸で造った。図は天寿国曼荼羅《まんだら》とか、天寿国繡帳と呼ばれている。天寿国は弥勒の浄土であったらしい。

当時の人たち、といっても仏教を信仰する貴族たちは帰依すべき仏として釈迦・薬師・観音・弥勒の存在を認め、悪をやめ善を行うことによって釈迦に帰一することを目標としたが、その人間生活では病気にかかれば薬師に祈って快癒を願い、災厄にあえば観音を念じた。死ねば弥勒の浄土に生まれ、見仏聞法の修行を積み、仏になりたいと願った。こうして釈迦その他の仏たちを信じても、おのおのの仏に、それぞれの役割を求めていたようである。多くの仏が心の中に同居していても葛藤をおこすことはなかった。

弥勒の信仰に一歩を進めたものが、阿弥陀仏の信仰である。『無量寿経』の説くところによれば、十劫（算数のおよばない長大な年月）の昔、法蔵菩薩という求道者は、世自在王仏の説法を聞き、真実の信仰を求めたいという心をおこし、次から次にと生ずる一切の煩悩を捨て、一切衆生の苦悩を救おうとして、四十八の誓願をたてられた。誓いをたてた菩薩は、この大願を完成するまでは「たとい、どのようなことがあろうとも、それを堪え忍んで悔いることはない」と大決心を披瀝して修行を積まれた。どのような立派な内容をもつ誓願であっても、具体的にそれが実現しなければ、一片の空想にしかすぎない。それを五劫の歳月をついやして実現したのが阿弥陀仏であった。阿弥陀仏は衆生を救うことができなければ仏にはならないと誓っている。その誓いは実現した。阿弥陀仏に思いをこらし、み名をとなえた者（念仏者）は必ず救われる。救われることは既成の事実である。わたしたちの仏道修行は今生《こんじょう》では十分でないから、死後弥勒の浄土兜率天《とそつてん》に登って、先輩弥勒菩薩の指導を受け、さらに修行を続けたいという弥勒信仰に比べれば、阿弥陀信仰はずっとよい条件で、極楽浄土に生まれることができる。教えの立場からしても、弥勒は菩薩であるが、阿弥陀は仏である。二つの浄土があって、どちらを選ぶかといえば、菩薩よりも仏、すなわち阿弥陀仏の浄土に往生したいと願うのは当然であろう。とすれば弥勒信仰の盛んな時代には阿弥陀信仰はなかったと思われる。では阿弥陀信仰が入ってきたのは、いつごろのことであったろうか。それは孝徳天皇三(六四七)年四月僧恵穏が内裏に招かれ『無量寿経』を講じたのがはじめであったらしい。当時『無量寿経』を講じたとすれば、その経の主体者である阿弥陀仏の像があったはずであるが、それがどのような像容のものであったかは知るよしもない。しかし、現存するもっとも古いものは法隆寺金堂の六号壁画に描かれているものと、橘夫人の念持仏と伝えられる阿弥陀仏の像であろう。しかし、それらの仏は両手を胸にあげた説法印を結んでいる。説法印を結んでいるのは、阿弥陀仏が説法すなわち仏法を説く、教えを説く仏として認められていたことをしめしている。それが平安時代になると、阿弥陀仏は大指と頭指を捻じた(定印)両手を組んで臍の下に置き、静かに前方を見つめるようになる。宇治平等院の鳳凰堂に安置されている阿弥陀仏のようなすがたをしている仏がそれである。定印は心を静める印相であるから、浄土に安住しているすがたを表わしたものであろう。阿弥陀仏を念ずる人たちの立場からいうならば、極楽浄土のすがたを頭の中に思い浮かべる(観念)のに適した仏ということができる、観念の対象としての仏が定印を結ぶ阿弥陀仏であった。

比叡山には常行念仏堂がある。ここでは般舟三昧《はんじゅざんまい》と呼ばれる、九十日の間、阿弥陀仏のまわりを念仏しながら行道する修法が行われていた。般舟三昧を日本に伝えたのは円仁であった。かれは承和五（八三八）年入唐し、五台山の竹林院で、法照《ほっしょう》の念仏三昧法を見聞するとともに、みずから実際に修し、帰朝ののち比叡山に伝えたという。五台山の念仏三昧法というのは、ふしをつけて念仏をとなえたり、『阿弥陀経』を読んだりすることで、『梁塵秘抄』に「山寺行ふ聖《ひじり》こそ、あはれに尊きものはあれ、行《ぎょう》道引声阿弥陀経《どういんぜい》　暁懺法釈迦牟尼佛《あかつきせんぼうせいきょうぼうし》」と述べているところからすれば、比叡山の僧の中には引声の『阿弥陀経』を読みながら、本尊のまわりをめぐり歩いていた人がいたらしい。しかも、そうしたすがたを尊く感じた人がいたといえば、行道するひとりひとりが仏と見えたのであろうか。常行というからには年間を通して修していたように思われるが、『三宝絵詞』には貞観七（八六五）年から例時の作法として、仲秋の名月のころ、十一日の暁から十七日の夜まで一週間にわたり修するようになったと記している。はじめ三塔（東塔・西塔・横川）のうち東塔に建てられた常行三昧堂は、寛平五（八九三）年増命により西塔に、さらに康保五（九六八）年良源によって横川に建立された。こうして叡山の三塔にそれぞれ常行三昧堂が設けられることになった。

比叡山は三塔と十六谷に分かれ、東塔に南谷・北谷・東谷・西谷・無動寺谷が、西塔に北谷・東谷・南谷・南尾・北尾、横川に兜率《とそつ》谷・香芳谷・飯室《いむろ》谷・戒心谷・解脱《げだつ》谷・般若《はんにゃ》谷などの谷々があり、各谷には谷堂があって谷の中心をなし、三千の堂宇が建てられていたという。東塔に常行三昧堂が建立されてから百余年の歳月をけみしていたとはいうものの、全山に設けられたということは当時の人たちが、常行三昧系の念仏に関心をもっていたからであろう。関心なくして、三塔にそれぞれ常行念仏堂が建てられることはあるまい。かくて念仏は全山を風靡しこだまするまでに、三塔で修された。しかし、念仏はあくまで貴族のものであり、個人の得脱のために用意された行法ではなかったから、財力とひまをもたなかった民衆には、到底修すべき余裕のない無縁のものであった。

　念仏とは阿弥陀仏を心に念じたり、阿弥陀仏のみ名をとなえたりして極楽浄土に往生したいと願うことである。比叡山では「朝題目、夕念仏」といって、朝の勤行には『法華経』を読み、題目をとなえ、夕方のお勤めには念仏をとなえるのが例になっていたが、その念仏とて天台宗独自の行法ではない。真言念仏とか法相念仏というものがあるように、各宗で念仏は修されてきた、八宗念仏と呼ばれるゆえんである。そうした念仏は、いつしか葬送儀礼とかかわりあいをもつようになってきたらしく、念仏といえば葬礼を思わせるようになった。延長八（九三〇）年醍醐天皇が亡くなって大葬が行われたとき醍醐寺北山陵までの陵道の両側には諸寺の念仏僧がならび、鉦を打って念仏し野辺の送りをしたという。では念仏が葬送儀礼とかかわりあいをもつようになったのは、いつごろのことであったろうか。

念仏と葬送儀礼

持統天皇の三（六八九）年四月新羅から天武天皇の喪《みも》を葬《とむら》うため、金銅の阿弥陀三尊が献上され、同六年閏五月には唐から天智天皇のために造られた阿弥陀仏像が送られてきた。ともに今は亡き天皇の冥福を祈るためのものであった。そればかりではない。井上光貞博士によれば、阿弥陀仏像の造立された目的は、はっきりした発願文の記されているものにおける限り、十九例中十八例まで故人の忌斎に造立され、故人の冥福を祈るために造られたものであるという（日本浄土教成立史の研究）。古代社会にあっては浄土教で往生という場合、自己の願望として極楽浄土に往生したいというのではなく、亡くなった人が浄土に往生できるようにという願望をこめて祈るのが基礎になっている。それは「仁政皇后の為に、敬って阿弥陀浄土変を造り奉る」（興福寺東院蔵、天平宝字五年在銘繍阿弥陀浄土変）といい、「故（石田）女王弘く誓願を発し、近くは四恩を報じ、遠くは菩提を期し、阿弥陀・観音・勢至の尊像を造り奉る」（延暦十三年在銘、石田女王発願阿弥陀三尊）というているように、浄土変相図を造るにしても、浄土教関係の経典を書写するにしてもいえるようである。いわば亡くなった人は今どうしておられるのであろうか。極楽浄土があって亡き人のために用意されているけれども、果してそこに往生することができたのであろうか。いったといい、生まれたという証拠がない以上、ともに生活した人たちにとってはきわめて不安であった。それはいずれ自分の身にもふりそそいでくるであろう危惧でもあった。善業を修すれば往生できると、仏教では説いている。とすれば勤めとして善業を修してやりたいと願い、もろもろの善業を修したようである。そのときの人たちの考えの中には、どうか往生させてやってほしいという哀訴がこめられていた。いわば哀訴の対象として阿弥陀仏を信仰していたといえよう。

世に当麻《たいま》曼荼羅と呼ばれている浄土変相図が残されている。伝えるところによれば横佩大臣《よこはぎのおとど》の娘中将姫は、この世のけがれを悲しんで浄土を願い求め、阿弥陀の生身を拝したいと行いすますうち、どこからともなく化女が訪れ蓮糸を集めさせた。その糸で浄土の荘厳をいきいきとしめす浄土変相図を一夜のうちに織りなし、時に化女は「われは西方極楽の教主なり、織女《おりめ》はわが女脇の弟子観音なり」といい、西方を指して消えていってしまった。そのとき織った浄土変相図が当麻曼荼羅であるという。しかし、この曼荼羅が『観無量寿経』に基づいて造られた浄土変相図であるとすれば、浄土変相図は死者の追善供養のために造られたものであり、生きている人が自分の極楽往生を願って造るものではなかったから、中将姫の死後、姫を慕う人たちによって織られたというならばともかく、彼女自身が浄土を欣求して造ったという説話は、後人が造り出した伝説であったかもしれない。では中将姫という女性は存在したのであろうか。彼女の父は「横佩大臣」であるという。『古今著聞集』にはかれについて「よこはぎの大臣藤原尹胤という賢智の臣」と註し、禅林寺本『和州当麻寺極楽曼荼羅縁起』には「大炊天皇の御時、右官藤原豊成公天平勝宝九年七月大宰員外帥にうつる。天平宝字八年九月かえり右大臣にまかせらる。薨去の後、和州横佩の墓に葬る。故に後人横佩の大臣と名づく」と記している。これによれば横佩大臣は藤原豊成の別名であって、二人は同一人である。豊成は不比等の孫で、南家をおこした武智麻呂の子である。かれは天平宝字元（七五七）年橘奈良麻呂の乱に失脚し、いったん大宰員外帥に左降されたとはいうものの、のち昇殿を許され右大臣となった人である。その夫人百能《ももよし》は藤原京家をはじめた麻呂の娘で、豊成の死後（天平神護元年十一月没、六十二歳）「志を守ること年久しく、内職に供奉して貞固を称するを見る」といわれた女であった。彼女が内職に供奉して得た尚侍《ないしのかみ》は、『後宮職員令』によれば「常に侍して奏請・宣伝・女孺（女官）を検校《けんぎょう》し、兼て内外命婦の朝参を知り、および禁内の礼式のことに供奉することを掌る」ものであったというから、さしずめ女官長というような役職にあった人であった。光明皇后は百能の叔母にあたる。光明皇后が没したとき（天平宝字四年）、百能は四十歳であったから、翌年光明皇后のために阿弥陀浄土変を造ったことも承知していたであろうし、浄土変相図をまつる斎会に出席もしたであろう。とするならば、百能自身としても、こうした追善の行為になんらかの関心をしめしたと見て大過あるまい。『興福寺流記』に、

興福寺東院東堂　捻阿弥陀佛像並びに脇士菩薩像。正三位尚侍商蔵藤原夫人、往生人の為に造るところなり。その一切経は、同夫人所天故正一位右大臣藤原文、先考左右京大夫藤原文、先妣従四位下当麻氏のために、水田五十町を永く寺家に施入して安置するところなり。像及び一切経論は夜々長鋳燃燈して、日々三僧を屈して一切経巻を転読せしむ

と記している。正三位尚侍商蔵藤原夫人は藤原百能で、この記録によれば百能は亡夫（所天故正一位大臣藤原）豊成・亡父（先考左右京大夫藤原）麻呂・亡母（先妣従四位下）当麻氏のため阿弥陀三尊を造立し「夜々長鋳燃燈して」供養を行っていた。なお堂内にはこの文に続いて「繍弥陀変一台高五尺広四尺」とあるので、浄土変相図も安置されていたようである。この浄土変相図がいつ造られたものであるかは明らかでない。しかも

興福寺にあったものとすれば、当麻曼荼羅とは同一ではないが、藤原氏関係の人によって造られたものかもしれない。興福寺は藤原氏の氏寺であり、当麻寺は百能の母の実家の氏寺であった。百能は藤原氏に嫁してはいるものの、彼女の周辺には当麻真人多玖比礼《たくひれ》（正五位下）といった当麻氏から出た人がいたので、そうした人たちの助力によって夫や父になしたであろう追善を、母当麻氏のためにもなし、そのとき曼荼羅を造って当麻寺に納めたと考えることはうがちすぎであろうか。中将姫について藤原良房の娘で文徳天皇の后《きさき》となった明子《あきらけこ》を指すという説をたてている人もいるが（猪熊兼繁氏）、わたしはこのように当麻曼荼羅の成立を考えてみたい。

阿弥陀仏は故人の冥福を祈るために造立されたとか、菩提をとむらうために曼荼羅を造ったというように、阿弥陀仏は日本に渡来したはじめから葬送儀礼といったものと、かかわりあいをもっていたらしい。したがって阿弥陀仏の信仰が弘まってくれば、当然帰依する人の立場として、南無阿弥陀仏と念仏をとなえ、死者への追善を修するようになってくる。念仏が葬送にかかわりあいをもってくるのは、こうしたところに原因があった。だがそうした関係が生まれたとしても、それは庶民というよりも、貴族たちを中心としたものであった、といった方がよいかも知れない。では庶民と結びつきをもった最大の原因はなんであったか。それを古代の習俗の中からさぐってみたい。

浄土の観念の成立

『万葉集』に両親から許してもらえない相思の間柄にあった女性が、そのいとしい心を詠んだものに「隠口《こもりく》の小初瀬山の岩城《いわき》に　こもらばともにな思ひわが背」という歌がある。〝初瀬山の岩城に籠るときでも、いつもご一緒ですよ、そう思ってくださいね〟という意味の歌であるが、岩城にこもるというのは死んだのちの状態をいっている。この世で相い添えないものならば、あの世にご一緒しましょうよといった意味が含まれていたらしい。この歌ばかりではなく、『万葉集』には死とか死に関する挽歌が九十四首もあるという。堀一郎氏は九十四首を分類して、山隠るとか岩隠るといったように、山について、あるいは山をとうして死者をしのぶものが四十七首。天隠るとか雲隠るとかいって、雲や霧・霞にことよせて死者をしのぶものが二十三首あると指摘している。山や雲、さらに島隠るとか野をすぎていくといった表現をとっているものもある。そうしたものも含めれば六十パーセント以上の歌が、死について言及しているといえよう。こうして死とか死者をしのぶものが多く見られるとしても、現実に愛する者がこの世を去っていった。もうこの世にはいない、遇《あ》うことはできない、山路をどのようにして歩んでいったであろうか、年老いた人であるのにと、心配のあまり詠まれた歌もある。柿本人麻呂は「秋山の黄葉を茂み迷ひぬる妹《いも》を求めむ山道知らずも」と詠んで、山路に踏み迷う亡き妻を慕い、死の悲しみを歌っているが、ここには死の現実はあっても、死後の世界がどうであったかをしめす明確な観念は見られない。

当時の人たちは、死者の魂は肉体を離れて山へ帰る、海へ帰る、雲や霞となって空へ飛ぶとか、別の生きた人間につくといったように見ていたらしい。死者はけがれたものとして嫌悪されているものの、禊《みそ》ぎによってけがれはぬぐいされるもので、永くぬけきることのできないものではない。いわば一時のけがれであって、死による魂《たましい》の移動といった程度にしか理解していなかった。したがって死者がでたからといって、この世は穢土だ、厭離しなければいけないといったようには考えていない。穢土感といったものは微塵もない。魂はある期間だけ、かりに人間の体内に入ってくるもの、入ったときその人はその魂のもつ威力を十分に内包しているが、それがまた遊離してしまうと、その威力もしぼんでしまう。遊離すれば、やがてどこかに移っていく。いわば、魂はこの世における体と、彼の世における体との間を往き来《き》すると考えていた。鎮魂、すなわち「たまふり」は彼の世からきた魂を肉体に触れさせ、さらにはっきりと内在魂として付着させるという意味をもっていた。魂はもともと外からきて宿ったものであるから定着性はない、うかれやすく、あこがれやすい。それを鎮《しず》め定着させようとして魂鎮《たましず》めが行われたのである。

では、どういうときに魂は心から、また肉体から離れていくのであろうか。それは病気とか死という状態に直面したときであるという。霊魂が肉体から離れようとしたとき病気になるとすれば、それが離れないよう、離れればさっそくにも呼び返さなければ病気はなおらない。だが、それもむなしくことされて死んだ、死んだといっても今の人が心臓の動きがとまり、脈膊がなくなった、死んでしまったといった方法で、死を知ることはできなかったから、屍も相当の期間とどめておき、魂《たま》よばい、魂かえしといわれる呪法を行い、生かそうとした。だが、それできめがなければ、もうだめだということで死を確認した。そのようにして魂は人体にかりに宿り、また離れていくが、その魂の行方＝国はどこにあったということについての定かな考えはなかったようである。人それぞれが、また住む土地によってさまざまに考えていたらしく、海辺に住む人ならば見渡す限りはるかに見える水平線の彼方に他界があると考え、山を朝夕に仰ぎ見る人たちであれば山を通路にして、さらに深い山々へ、また山嶺に続く大空が他界であると思っていた。

他界が海や山の彼方、あるいは海の中や大空などにあると考えたのは、わが国の古代人ばかりではなかった。インドネシアでも死霊は海を越えてゆくものと考え、メラネシアの東部諸島の人びとも死者の霊は地下の世界に住むと考えていた。山といい海といっても、それは漠然としていてつかみどころはない。それはどこであるといった特定の位置を指すものではなかった。そうしたものから、次第に浄土という観念が生まれてきた。では浄土はどのようにして生まれてきたのであろうか。太陽の巨大なエネルギーに驚きおそれ、またそれを仰ぎ親しんだ民族は古来から多い。インドにもローマにも、エジプトにも、また日本にも太陽神があった。インドのミトラ、エジプトのホルス、ローマのソル、日本の天照大神《あまてらすおおみかみ》などがそれである。神として太陽をあがめた民族の多くは、日の沈む方向に目をそそぎ、そこになんらかの意義を求めようとした。古代エジプト人は日の沈む西方には大きな穴があいていて、その穴が死者の霊のゆきつく世界の入口であると考えた。霊魂のゆきつく西方の世界、しかもそこは煌々と照り輝く太陽の沈むところである。暗いじめじめした冥府ではない、光の満ちたところであると考えた。インド人もミトラという太陽神の存在を認めていた。インドではすでに仏教のおこる以前からバラモン教があった。バラモン教の教えはベーダーと呼ばれるいくつかの経典に収められている。そのうちの一つ、リグベーダには種々の来世を挙げて、快楽に満ちた楽天的方面を強調し、アダッベーダには暗黒の地獄を説き、ウパニシャッドやマハァバァラタには他界について言及している。バラモンにとくに重んじられたサービトリー頌には「かれ（学習者）は（西方を向いて）西方で見つめつつある師に向って、東方でサービトリー頌を暗誦すべきである」と記している。西方に師がいるというのである。また後代の叙事詩やプラーナ聖典によれば、西方の守護神はバルナであるという。バルナはのちに水の神と見られているが、西方の守護神と水の神との間にはなんらかのかかわりあいがあったのであろうか。あたかも極楽浄土の阿弥陀仏と浄土に存在する八功徳水と呼ばれる蓮池の水のように。また水の神と極楽浄土の蓮池の水とは結びつかないものだろうか。他界としての極楽浄土について、その原型がインド神話のうちのどこにあるかについては興味がもたれ、多くの人たちによって追求されている。リグベーダにしめされているヤマ（閻魔）の楽園には常住不断の光があり、ここは不死にして不滅の世界であるという。このヤマの楽園こそ極楽の先駆ではないかと説く人もいれば、ビシュヌ神の天国の観念から発展したものとみている人もいる。そういう風土に極楽を考えた民族は多い。楽園といい天国といってみたところで、内容的には極楽浄土とそれほど異なってはいない。そうしたいくつかの流れが相い寄り相い交わって西方極楽浄土の思想が形づくられたのではあるまいか。

　こうして形成された極楽浄土の思想は、仏教伝来後ほどなく、阿弥陀仏信仰とともに日本にも入ってきた。その浄土にあこがれをもつ人は多い。それは人間が考えられ得る最高の楽園であり、理想の国だからである。そこには阿弥陀仏がいて、衆生の往生してくるのを待ちうけている。わたしのみ名を呼び救いを求める者は、ただ一人もらすことなく救ってやるぞと十劫《じっこう》の昔誓われた。以来、救いの手をゆるめたことはない。阿弥陀仏が暖い手をさしのべられたとき、衆生は喜んでそれに応じる。こうして極楽浄土の考えは生まれたが、その浄土と古代日本人の考えていた他界とはどのようにして結びついたのであろうか。日本人の思考していた風土には他界があった。そこは魂のゆきつく国である。ゆきつく先は海であり山であった。海や山が神聖視されたのは、そうした霊地としての信仰があったからであるが、仏教が受容されるとともに、魂が単に山に海にいくといった漠然とした意味を超え、浄土に生まれる、そこは楽園であって死後の生活を保障してくれるところであるといったように考えた。庶民にしてみれば他界といい浄土といってみたところで、他界でなければならないということはない。浄土ももちろん結構である。救ってくれるところでさえあれば、どこであってもよい。こうして浄土信仰の受容とともに、浄土という他界が親しみ深いところとして受けいれられたようである。

鎮花祭と念仏

農村社会での最大の関心事といえば、稲のみのりであり収穫であった。稲のみのりが良いか悪いかは、直接生活にかかわりあいをもっていた。その稲の最大の敵はなにかといえば、それはいうまでもなく風と水と、蝗《いなご》などの害虫であったろう。風によって稲が倒され、花がけどきに花が散ってしまえば元も子もない。その上、水にあい冠水すれば収穫なしということにもなりかねない。せっかくみのりかかった稲穂には害虫がついて、バリバリと喰いあらされる。これも農民たちにとって苦痛のたねであった。ではなぜ蝗などの害虫が発生し、風水害がおこるのであろうか。その原因について、当時の人たちは怨霊や疫神のなせるわざであると考えた。そうしたたたりを鎮めるために古代人は、さまざまの呪術を修した。その一つに桜の花が早く散らないよう、花の寿命を祈ってのばそうとする鎮花祭《はなしずめ》があった。桜の花は正月の雪と同じように稲の花を象徴するものであり、農作物の豊凶を占なう花でもあった。桜の花が早く散るとその年の稲の花も早く散って凶作となる。花の咲く期間が長ければ長いだけみのりも多く豊作となると考え、できるだけ花を散らすまいと努力し、「やすらひ花や」と歌って祈り踊った。そのため鎮花祭を花祭とかやすらい祭と呼んでいる。「やすらひ」というのは、花に休息してほしい、ゆっくり先をいそがないでほしいと願って、花の散るのをのばしてもらうことで、

や　富草《とみくさ》の花や　やすらひばなや
や　富をせばなまへ　やすらひばなや
や　富をせばみくらの山に　やすらひばなや
や　あまるまでなまへ　やすらひばなや
や　あまるまで命をこはば　やすらひばなや
や　千代に千代添へや　やすらひばなや

と歌い花鎮めを行うと、その言霊《ことだま》によって稲がみのると信じていた。こうしたことから「やすらひばなや」というのが、豊作を祈る呪言となったという。さらには稲がみのる、そのためには害虫がつかなかったからだというように、稲がよくみのるようにと願うことから連想して蝗などの害虫が繁殖しないように祈ることばにもなった。花が散れば、そのたたりによって病気にもなり死を招くことにもなりかねない。花が散るのは怨霊や疫神のたたりであると考えていたのである。こうして花鎮めは稲の害虫から人間の疫病まで範囲がひろげられた。病気や死についての恐れをさけたい、こう

した考えが花鎮めの根柢にあったから、花鎮めは御霊信仰の要素をもっていたといえよう。悪疫は花が咲いて散る春から初夏にかけて流行するので、鎮花祭はいつしか疫病の退散を祈る御霊会のようなものになった。その鎮花祭の中で、もっとも有名なものが今宮の安楽《やすらい》（夜須礼）であった。

農村の鎮花祭が豊作を祈る行事から、次第に意図するものをかえ、疫病の退散を祈る傾向が強まるにつれ、郷すなわち居住する地域一帯の御霊会としての性格をもつようになり、郷の中心ともいうべき寺社の境内で行われるようになった。農民たちが歌い踊って豊作を祈った遊びは、やがて寺社の祭礼と融合して神仏に奉納したり、参詣人を集めるためのショウとなり、そうした遊びは寺社に隷属する賤民が演ずるようになって、芸能的田楽が成立した。田楽とか田遊びというのは、田をはやす、すなわち増産を目的とした鎮魂であり、遊びは本来鎮魂を意味していた。田の蝗の害とか農村の疫病をはらおうとするのが田楽で、このとき鉦や太鼓ではやして、そうした悪いものを部落のはずれに追いはらい、村落の幸福を願おうとした。それが社寺の祭礼と結びつき、祭礼の中にくみ入れられれば形ばかりの田楽となり、ショウ化してしまう。

鎮花祭が社寺の祭礼にくみ入れられて行われた例の一つに大和《やまと》三輪山《みわやま》の大神《おおみわ》神社の鎮花祭を挙げることができる。『令義解』（神祇令第六）には季春、すなわち三月の鎮花祭について、「謂《いわ》く、大神・狭井《さい》の二神なり。春花飛散の時あり、疫神分散して癘を行う。その鎮遏のために、必ずこの祭あり、故に鎮花というなり」と記し、春の終り、花の散る季節に疫神が分散し疫病をひろめるので、それを鎮め、おさえるために祭りをするのだと説明している。大神神社の荒神をまつる摂社として狭井社があった。『崇神紀』によれば三輪の大物主の神は非常なたたりをおよぼす神としての性格をもっていた。大物主とは、もろもろの「もの」、御霊をあやつる中心（主）となる神で、大和地方の人たちからは、この地方でおこる災禍はすべて三輪の大物主のしわざであると信じられていた。したがってこの荒《す》さぶる神の心をやわらげたい、荒さぶる神＝御霊《ごりよう》をまつることによって少しでも疫病のおこらないよう、五穀が豊かにみのるようにしてもらいたい。こうした願いをこめて修された祭りが鎮花祭であった。花鎮め、魂鎮めがいつしか魂をなぐさめる意味になってきた。鎮めるというのは、威力をもって荒だち乱れないよう静かにさせることであり、なぐさめるとは不満な心を鎮め満足させることである。威力とはなにか、それは神や仏の力を背景とした呪力であり、念仏であったろう。不満な心とは生前予期したことを志し半ばにして倒れ、あるいは倒され成就できなかったことに対する不満である。したがって鎮めるということと、なぐさめるということは一見同一なように見えても、本質的にはまったく異なっている。

霊をなぐさめるという意志をもったとき、魂祭《たままつり》の傾向が強くなり、仏教的な意味をもってくる。ここに仏教が入ってくる余地があったといえよう。仏教といっても、霊をなぐさめつとむる葬送儀礼の要素を多分にもっていたのは念仏であったから、念仏が魂祭に関係するようになるのは自然のなりゆきであった。こうして田楽や鎮花祭は念仏と漸次接近し、田楽や鎮花祭がもっていた歌や踊りは念仏の中に没入していった。ここに念仏踊りの生まれ得る可能性があったのである。可能性があったというだけで、直接結び得るかどうかは疑問であるが、田楽の基本的な部分は田植踊りとか、苗押・ただ押と呼ばれる跳躍乱舞であって、これは中世の記録にみえる田楽踊りにあたるという。田楽のとき乱舞したことは『栄華物語』（巻十九御裳ぎ）に「田楽といひて、怪《あや》しきやうなる鼓《つづみ》、腰に結《ゆ》いつけて笛吹き、さゝらといふ物突き、さまざまの舞して、あやしの男ども歌うたひ、心地よげに誇りて十人ばかりゆく。そが中にもこの田鼓といふ物は、例の鼓にも似ぬ音して、ごぼごぼとぞ鳴らしゆくめる」と印象的に描かれているので、田楽に踊りがついていたことは事実であったろう。田楽的要素に念仏を加味した念仏踊りとでもいうべきものを行っていたのは、京都今宮神社のやすらい祭であったらしく、ここで歌われたものに「とみくさ（富草）の花や、やすらひ花や。とみをせばなまへ、やすひ花や」「とみをせばみくらの山に、やすらひ花や。まかまでなまへ、

今宮神社のやすらひ祭は，今でも4月10日に行われている．上賀茂・下賀茂・上野3部落の練り衆が督（こうどの）の指揮で，それぞれの宿を出，今宮にいたり，境内でやすらいの踊りをする行事である．羯鼓（かっこ）の少年や，羯鼓まわし・大鬼・花傘などが囃子方と列をなして進み，境内で活潑に，しかも華麗におどるが，このときかざす花傘の中に入ると厄難をのがれることができるといって，見物人がたくさん入ってくる（図は行列中の大鬼）．

やすらひ花や」というように、節の終りに「なまへ」ということばがつけられている。これがなにを意味するかについては明らかでないが、折口信夫氏は「南無阿弥陀仏」の訛《なま》りではないかと指摘している（日本芸能史六講）。五来重氏はさらに一歩をすすめ、「現在の詠唱念仏である六斎念仏でも、急調の白舞や阪東にも〝なンまへ〟という発声がしばしばあって、これは五会念仏の第五会にあたる四字転急会が、おそらく南無阿弥の四字を急調子に転念詠唱することで、これが訛ったもの」（踊念仏から念仏踊へ）と見ている。この「とみくさの花や、やすらひ花や」という囃詞《はやしことば》は、いまなお京都市北区紫野今宮町の今宮神社（紫野社）に伝えられているが、ここでの「風流遊び」について、後白河天皇は『梁塵秘抄口伝集』（巻十四）に、

ちかきころ久寿元（一一五四）年三月のころ、京ちかきものの男女、紫野社へふうりやうのあそびをして、歌・笛・たいこ・すりがねにて、神あそびと名づけてむらがりあつまり、今様にてもなく、乱舞の音にてもなく、早歌の拍子どりにもにずして、うたひはやしぬ。その音せい、まことしからず、傘の上に風流の花をさし上、わらはのやうに童子にはんじりきせて、むねにかっこをつけ、数十人斗《ばかり》、拍子に合せて乱舞のまねをし、悪気（鬼）と号して鬼のかたちにて、首にあかきあかたれをつけ、魚口の貴徳の面をかけて、十二月のおにあらひとも申べき

いで立《たち》にておめきさけびくるひ、神社にけいして神前をまはる事数におよぶ。京中きせん市女笠《いちめがさ》をきて、きめにつゝまれて、上達部なんど内にあつまり遊覧におよびぬ。夜は松のあかりをともして皆々あそびくるひぬ

と述べている。このときの風流遊びについては『百練抄』の久寿元年四月の条にも「近日京中の男女、風流を備え鼓笛を調《ととの》え紫野社に参る。世に夜須礼《やすらい》と号」したと記しているが、やすらいは御霊をやすらぎ鎮めるということで、農村の鎮花祭の系譜をひくものであった。それにしてもここに集った人たちは「笛・たいこ・すりがね」をもち、「むね〔胸〕にかつこ〔羯鼓〕をつけ」数十人が一団となり、「夜は松のあかりをともし」昼といわず夜といわず「拍子に合せて乱舞」したり、神前を幾度かまわり、中には「悪鬼と号し」鬼の面をかぶり、しかも首には赤い布きれをつけて踊りまわるなど、今宮神社のやすらいはにぎやかなものであった。そのときかれらは「やすらひ花や」などとはやして悪鬼を追いはらったのである。しかもこのとき「や　とみをせばなまへ」「まかまでなまへ」「このとみをなまへ」「はしめてなまへ」と、「なまへ」すなわち南無阿弥陀仏とくり返して呼んでいることは、念仏が民衆の習俗の中に入っていたことをしめしている。今宮神社の風流遊びの行われたのは『梁塵秘抄』による限り十二世紀後半のことであるが、これがこのときはじめて行われたものでないこと

はいうまでもない。ではいつごろまでさかのぼり得ることができるのであろうか。農民が歌舞して豊作を祈った田楽は、はじめ地方に成立し行われたものであったが、やがて京都に入り田楽風流といったものを流行させた。この田楽風流は一時熱狂的に迎え入れられはやりだしたようで、大江匡房はその流行のさまを無視できず、「一城(都)の人、皆、狂へるが如し。蓋し霊孤の所為なり」(「洛陽田楽記」、中右記永長元(一〇九六)年六月十四日条)と記しているものの、かれらに同情的ではない。ひややかな目で、狂熱的なすがたを霊孤のなせるわざであるとして記録している。夢見る気持で、こうした動きを見ていたに違いない。

それにしても、こうしたものがはやりだしたのは農村の人びとが都市に流れこみ、都市が急激に膨脹しはじめたからである。人口が多くなれば自然に災害も発生する。たといそれが人為的なものであったにしても、人たちは社会的原因がなしたものとは考えず、不安にかられ、その原因を疫神のたたりであるとして受けとった。疫神をまつり鎮め、平安な世を送りたいと願う人たちは、正暦五(九九四)年六月二十七日、疫神のために御霊会を修した。木工《もく》寮修理職は神輿《みこし》を造り、神輿を北野船岡山の窟に安置し、『仁王経《にんのう》』を講説し、また京中の人は伶人を招き音楽をかなでたのち、幾千万とも知れない多くの男女が幣帛をもって、神輿を難波の海に送ったという。神輿には疫神がおさめられ、これを海送りすれば疫神はこの世から去り、無事平穏な日々がすごせると当時の人は信じていた（本朝世紀）。正暦五年といえば十世紀末のこと、都に田楽が入りこんだのはかなり早い時代のころであったらしい。その七年後の長保三（一〇〇二）年五月九日にも世の人たちは疫病に苦しんだので、紫野で疫神をまつり御霊会を修している。紫野はいうまでもなく今宮神社を指しているが、それは北野船岡山の窟といっても同じ場所をいっているのであろう。夜須礼《やすらい》は安楽《やすらい》で、天下の治安、すなわち平安を祈ったものと思われる。ちなみに御霊会に歌舞したことを明示しているのは『三代実録』で、貞観五（八六三）年五月二十日修された神泉苑御霊会の下に、「近代以来疫疾繁《はげ》しく発《おこ》り、死亡甚だ衆《おお》し、天下おもえらく此の災《さい》、御霊の生ずる所」であるといって御霊会を修した。ときに「佛を礼し経を説き、或は歌い、且つ舞」ったと記しているのが、もっとも早いようである。しかし、ここには念仏との関連については一言も触れていない。夜須礼に「なまへ」すなわち念仏が入ってきているのは、念仏踊りが人びとの要求に応じ、当時行われていた念仏に影響を受けながら、民衆の間に修されたことを物語っている。

第二節　空也と踊念仏

踊念仏発生の背景

踊念仏は自然発生的に社会の混乱期にはじめられたものらしい。戦乱とか闘争がくり返され、世の不安がつのるにつれ、人びとはなにかに頼ろうとする。それが神であり仏であるが、神や仏を求め得たとき、全身全霊をうちこんで喜びを外面に表わし、こおどりする。助けてもらえる、救ってくださるという安心感からほとばしりでたものである。嬉しさのあまり態度にしめした表現が踊りであり、一面当代社会に対するささやかなレジスタンスであったともいえよう。したがってだれがはじめたというものでもあるまい。自然にだれかが行ったもの、それが次第に形がととのえられ、宗教的色彩をもつようになると、法悦的なエクスタシーを感得する手段として用いられるようになった。

踊念仏の発生について『一遍聖絵』（巻四）には、

抑《そもそも》をどり念佛は、空也上人、或いは市屋、或いは四條の辻にて始行し給けり。彼詞に云「心に所縁なければ、日の暮るゝに随ひて止まり、身に住所なければ、夜暁に随ひて去る。忍辱《にんにく》の衣厚ければ杖木瓦石を痛しともせず、慈悲の室深ければ罵詈誹謗も聞かず。信じて口に三昧《さんまい》を称すれば、市中もこれ道場なり。声に順ふ見佛なれば息精即念珠なり。夜々に佛の来迎を待ち、朝々に最後の近きを喜ぶ。三業を天運に任せ、四儀を菩提に譲る」と。これ聖の持文たるによりて、これを載す それよりこのかた、まなぶものをのづからありといへども、利益あまねからず。しかるをいま、時いたり、機熟しけるにや

と述べている。『聖絵』の成立した当時、踊念仏は空也のはじめたものだという伝承があったようである。しかし、空也が踊念仏をはじめたという証拠はもちろんのこと、行ったという史料も見あたらない。では歴史的事実でないかといえば、そうともいいきれない。ここで空也の出世した時代背景と、踊念仏を行ったであろう契機などについて考えてみたい。

空也は延喜三（九〇三）年に生まれ、天禄三（九七二）年九月世を去っている。その青年期から壮年期にかけての時期に承平・天慶の両乱がおき、その晩年に安和《あんな》の変（安和二年　九六九）がおきた。空也の生まれた延喜の時代は地方では、郡司・土豪・

有力農民たちが律令制を無視し、土地の開墾という手段をつうじて土地の集積をすすめていた。しかもかれらは国司からの課役をのがれるために、開墾地を中央の権力者に寄進した。寄進したといっても中央の権力者＝権門勢家に名目上の領主（本所・領家）になってもらっただけのことで、自分は荘園の下司《げす》・預所《あずかりどころ》となり、所有権と領主権の一部を保留していた。こうして権門勢家は地方の土豪や名主と手を結び荘園的支配を拡大していった。これに対し宮廷はまっこうから反対し律令支配を続けたいと願い、最後の努力を試みたものの、いかにせん、それは容易に実現できるものではなかった。

一方、摂政藤原忠平とその一族が幼帝朱雀《すざく》天皇を擁して、わが世の春を謳歌していたとき、東国と西国で乱がおき、それは中央政府にも影響を及ぼした。桓武平氏の棟梁たちは、律令国家の地方支配の役人として、常陸大掾《だいじょう》鎮守府将軍・下総介鎮守府将軍などの肩書を身につけ、勢力を競いあっていた。平氏が関東に土着して武士の棟梁となったのは十世紀の初頭であり、それは桓武天皇四世の孫高望王が上総介となったときにはじまる。関東に下向した平氏たちは同じ血を受けながらもたがいに反目し、その反目は平国香とその甥将門にいたって頂点に達し、戦いとなって爆発した。その結果国香は殺され、国香の子貞盛は父の仇将門に戦いをいどんだ。しかし将門の勢力は強く、貞盛側は破れた。だがかれは平氏の同族争いともいうべきこの戦いの原因について、将門は律令国家に対し反逆をくわだてていると報告した。政府に弓ひく者として、政府の処断を期待したが、訊問を受けた将門は事実無根であると主張して事なきを得た。律令国家でのわたしの地方支配はあくまで政府に忠実であって、反旗をひるがえすことはない、貞盛の言こそ讒言きわまりないものであるというのである。

しかしその後も関東における平氏相互の私闘はやまず、天慶二（九三九）年には将門と常陸国司藤原維幾《これちか》とが衝突し、維幾を追い常陸の国印と鎰《かぎ》を奪うという事件がおきた。事ここにいたり将門は正面きって律令政府に反逆をおこし、律令国家への挑戦をくわだてた。政府は将門討伐の軍を送ることになったが、時に将門のブレーン興世《おきよ》王は主君将門に「一国を討つといえども公《おおやけ》の責め軽からず、同じくは坂東諸国を奪い、しばらく形勢をうかがっては」と意見を述べ将門に入れ知恵した。一国を手におさめようが、関八州を支配下におこうが、罪を得た以上、罪科に問われなければならない。どうせ手中におさめるなら、東国すべてを掌中に入れたらというのである。将門とて「桓武天皇六世の孫であるわたしは、日本の半分を領したとて問題はあるまい。まず関八州を手中に入れ形勢をみたい」と大見栄《おおみえ》をきり、諸国の国司を追い、将門の兄弟をはじめ、部下を国司に任命した。桓武平氏の私闘として出発したはずの将門の乱は関八州から律令体制を崩し私有地とする手段をとった。いわば律令政府のポケット判が関東に作りだされたといえよう。ミニ判の政府が成立したとしても、それは朝廷となんらのかかわりをもたない不安定な政権である。その政権を強固なものにするため興世王は、皇位継承の原則である血と神託の二つを利用して将門を関東の律令政府の天皇にしたてたいと願い、一巫女の口をかり「わたしは八幡大菩薩の使いである。天皇の位を平将門に授ける。八幡大菩薩が八万の軍をおこし天皇の位を授けるから、三十二世の音楽をもって、これをお迎えせよ」と述べたという。時に将門は新皇と名乗ったが、こうした事態が東国でおきたことを聞いた朝廷は、天慶三年正月藤原忠文を征夷大将軍に任命し、将門の討伐にさしむけるとともに、将門を殺した者には五位以上の官位と田地を賞として与え、次将を斬った者にはその勲功に応じ官位を与えるという官符を発した。恩賞と取り引きの討伐に、反将門勢力は大いに力を得、将門方に味方していた武士たちも、律令政府の討伐をおそれて、主君のもとを去っていった。

こうして関八州の王者将門の地位はもろくも崩れていったが、東国での反乱、西国での藤原純友の乱（承平の乱）を経て、律令国家も次第に弱体化していった。将門が武士団を形成していたといっても、その結合は一時的な利害をめぐっての、村々の土豪・名主が離合集散するといった結びつきであったから、きわめて弱体であった。

『将門記』は「未ダ兵道ニ練レズ」「驚愕シテ分散ス」とすら述べている。こうした兵士集団に対し源満仲は摂津国多田荘に根拠を置き、戦時と平時を問わず、満仲を中心とする主従の関係を近隣の武士たちと結んでいた。こうしたときおきたのが安和の変であったが、この乱がおきたのは、天慶の乱から五十年後のことであった。五十年の差が主従関係の武士団を作ったといえる。安和の変は藤原氏の独占体制を確立するため、左大臣源高明を政権の座から退けようとする意図をもって、右大臣藤原師尹《もろただ》が無実の罪を作りあげ追放した事件であった。このころ高明の娘は時の天皇冷泉天皇の弟為平親王の妃となっていた。親王が皇位につければ藤原氏の外戚の地位は源高明に移る可能性が濃い。これを未然に防ぐために高明らが為平親王を皇位につけようと計画していると、無実の事件をでっちあげ血祭りにあげた。こうした暗躍が政権の座をねらう人たちによっておこされるなど、承平・天慶の乱以来、社会の人たちは不安におののいていた。

志多良の神

承平・天慶の乱ばかりではない。延長八（九三〇）年六月には久しく雨がなかったので雨請《あまご》いのことを議していた清涼殿の上でにわかにかきくもり雷が鳴った。雷は清涼殿に落ち大納言清貫《きよつら》は死に、右中弁平希世《まれよ》は顔を焼き、醍醐天皇はこれがもとで病床に臥した。その年の九月天皇は譲位したが間もなく世を去ったという。空也二十八歳のときのことである。こうしたことが次々におこるにつれ、これはただ事ではないと思う者が出、人びとの間にだれいうとなく菅原道真の霊のたたりではないかという評判がたち、それが流言となりまことしやかに伝えられ、人心に強いショックを与えた。その上、道真がこうなったのはわたしを苦しめた報いであるといった(託宣)といい出す者もでてくるなど、世はあげて混乱におちいった。この託宣を契機に天暦のころ(九四九―五六)北野の右近の馬場に神殿(北野天満宮)が建てられ、菅原道真は神としてまつられた。

天慶八(九四五)年七月、都大路に東西の国々から神々が一斉に入京するという噂がたった。その神は志多羅神とも小藺《こい》笠《かさ》神、あるいは八面神ともいわれた。それは事実となり、同月二十五日摂津国河辺郡から志多羅神の御輿《みこし》三基をかつぐ数百人の人が幣《ぬさ》を振り鼓《つづみ》をうちながら歌舞羅列して豊島郡にやってきた。時に道俗男女、貴賤老少を問わず、人びとは朝から翌日の晩まで会集しあたかも市のようなありさまで、歌舞山を動かすほどであったという。その歌声《うたごえ》山々にこだまして賑やかであったらしい。二十六日の辰刻再び御輿をにない幣を捧げ歌舞して行動を開始し島下郡へと進み、二十八日の朝再び河辺郡児屋寺に赴いた。児屋寺は行基の建てた崐陽布施屋、すなわち山本郷崐陽に造営された行旅の窮民を救済するための施設であった。このとき移座した御輿のうちの一基には檜皮葺に鳥居をつけ自在注神と書かれていたが、他の二基は檜葉葺のきわめて簡素なにわか造りの御輿で、供物として菓物や雑物をもち歩いていた。それから数日たち八月三日になると神輿は六基に増え、人びとも数千人におよび、かれらは神輿をかこみながら歩き山崎郷を経て、対岸の石清水八幡宮についた。『外記日記』には当時の模様について、八月一日恒例の放生会の色衆行事を定める日にあたっていたため、所司神人が集合し、政《せい》を定めているところへ、山崎郷から件《くだん》の神輿がにわかに移座してきた。幣帛を捧げ、歌遊して前後を囲繞するもの数千人。三綱など驚いて、その中の首領や刀禰《とね》たちに問うたところ、去る七月二十九日の酉の刻、にわかに摂津国島下郡から移座してきたと語ったと記している。石清水に移座したのは神の憑《とりつ》いた一女性に「吾れは早く石清水に参らん」と神の託宣があったためであるという。託宣を耳にした郷々の上下貴賤の者たちは、一団となって八幡宮へ行動しながら口々に、

月笠著る　八幡種蒔《たねま》く　いさ　我等は荒田《あらた》開かむ㈠
志多羅打てと　神は宣《のた》まふ　打つ我等が命《いのち》千歳㈡

志多良　米早買《はやがい》は　酒盛れ　その酒　富の始めぞ㈢
志多羅打てば　手はわききぬ　鞍うちしけ　さ　米負《お》わせむ㈣
朝より蔭れど　雨やは降る　さ　米こそ降れ　富はゆすみきぬ㈤
富は鎖かけて　ゆすみきぬ　宅儲けよ　畑儲けよ　さて我等は　千年栄えて㈥

と歌いながら歌遊びを行った。この歌の意味しているところは、㈠月が笠をさすのは八幡の神が種をまくからだ。さあ自分たちも承平・天慶の乱で荒廃した水田を開墾しようではないか。㈢志多良の神よ、わたしたちは米を買い酒を造り、酒を売って商《あきな》いしたいと思う、守ってくださいね。㈣牛を手に入れて鞍を置き、米を背負《せお》わせて売りにもでたい。㈥鎖につながれてゆすみくる富のために、家をもち畑ももちたい。そうすれば千年の後までもわが家は栄えることができるのだ、とそれぞれが今当面している夢を歌に托して、思いのままに歌いながら行進したらしい。しかも神の中で八面神とか自在注神というのは、なんでも（八面）願いごとを自由自在に聞いてくれる万能の神であった。八面神や自在注神が万能の神であると同様、人たちはすべての願いごとを聞いてくれる仏をも求めた。それが阿弥陀仏であり、念仏申せば後世をも救済してくれると信じていた。こうして農民たちは八百万神《やおよろずのかみ》や八万四千の法門の中から、かれらの願いや意志に忠実な神や仏を選び出した。こうした動きは畿内の周辺ばかりにおこったのではない。多少の違いはあったにしても、各地におこっていたと見てよいであろう。朝廷が「近日、京洛の間に訛言あり、東西の国より諸神入京す」(本朝世紀)と述べおののいているのは、集団で神輿を先頭に京都を目差して地方からやってきたであろうことを物語っている。

承平・天慶の乱を律令政府がからくも鎮圧してほっとしたばかりのころのことである。乱後圧迫されていた鬱憤が畿内の農村に爆発したともいえよう。それに宗教がからみあってきた。荒廃した世相を神や仏によって守ってほしいという民衆の願いからおきた運動でもあった。空也が京の巷《ちまた》に現われ、念仏勧進によって熱狂的信仰を集めはじめたのは、ちょうどそうしたときのことであった。してみると社会的不安にねざす宗教的昂揚の一環が空也の念仏勧進に拍車をかけたとでもいえようか。

空也の宗教活動

空也はクウヤとかコウヤと呼ばれているが、『七十一番職人尽歌合《づくしうたあわせ》』の鉢叩きの条に「うらめしやたがわさづの(鹿角)ぞきのふまで　こうやこうやといひてとはぬな」と詠んでいる和歌からすると、当時の人たちからはコウヤと呼ばれていたらしい。かれは延喜三年の出生、父母については口にしたこともなければ、姓氏もはっきりせず、郷里について語ったこともない。しかもかれは畿内をはじめ七道をめぐり、名山を訪ねたり霊窟で修行したこともあれば、河川に橋を架け、井戸がなければ井戸を掘り（阿弥陀井）、けわしい道をけずり平らにしたこともあった。時に野原に捨てられた屍骸があれば一か所に集め、油をそそいで荼毘に附し、念仏をとなえて供養したこともある。こうした行為のそれぞれは、寺院に寂居し国家の安泰を祈ることが僧尼に課せられた使命であり、民衆を教化するなど僧尼としてあるまじき態度であることを定めた『僧尼令』に違背した行動であったから、当然罪に問わるべき性格をもち合せていた。だが空也は一度として罪に問われたことはない。それどころか左大臣藤原実頼とか、その弟師氏の外護さえ受け、天台座主延昌とも親交を重ねていた。こうしたことから、あるいは貴人の出ではないかという説が古くからあった。貴人の出ならばこそ、体制側にたつ人は、たといそれが反律令的行為であると認めたとしても見のがしていたのではないかというのであり、『宇治拾遺物語』には「ソコハ貴キ上人ニテオハス、天皇ノ御子トコソ人ハ申セ、イトカタジケナシ」と記している。空也自身は出自を語らなかったとはいえ、天皇の皇子と見ていた人もいた。

空也と名乗ったのは、尾張の国分寺に入った二十歳をすぎたころであり、このとき剃髪したというが、かれが得度したのは天暦二（九四八）年であったから、僧侶となったものの度牒を受けたのではなかった。いわば一種の私度沙弥であったらしい（誄）。経論を学んだといっても、かれの志しているのは修験道的な苦修練行であり、学問によって悟りを得るのが目的ではない。学問は高野山や比叡山に住む学僧にまかせておけばよい。学問することによって救われるのは僧侶であり、貴族や富貴の人た

空也の踊念仏，鹿角（わさづの）をつけた杖をもつのが空也（空也上人絵詞伝）

ちは造像・造寺などの善根を積むことによって成仏できるが、民衆たちは容易に教化に接し、成仏することはできない。仏教は高嶺の花であって、民衆には無縁の存在でしかない。仏の教えを聞く機会さえないのだ。天慶元年諸国遊行《ゆぎょう》の末、京都に入った空也は戸ごとに立って乞食《こつじき》し、布施を得ればみずからの用にたすことなく、貧民や病者に分かち与えた。水の乏しいところには井戸を掘り灌漑の便に供したことも一再ではなかった。市中に住む人たちにとり、救いの神と映じたであろう。しかも、かれは常に都の内外で南無阿弥陀仏と名号をとなえて法を説き布施していたので市聖《いちのひじり》とか阿《あ》弥陀聖《みだのひじり》と呼ばれ、阿弥陀仏の再来と信じられていた。かれ自身は既成教団に属しない、俗権に結びつかない自由な宗教者の一人として、教化に専念した。

六波羅蜜寺には空也の像と伝える念仏行脚の像が安置されている。高さは一・一八メートルしかないから等身大というにはあまりにも小さいが、頭には鹿角《わさづの》をつけ、左手には鹿杖をもち、胸前には金鼓をつるし、右手の撞木《しゅぼく》で打ちならしている。見るからにかれのすがたを忠実に描いた像であるかのように思える。しかも口からは、六体の阿弥陀仏の像が枝仏となってでている。ナ・ム・ア・ミ・ダ・ブツと、一字となえるごとに一体の阿弥陀仏のでるさまを想像的に描いたものであるが、細い脛《すね》をした両脚、それに支えられた前かがみの上体、少し口を開いて念仏するさまは、当時の人たちが仰ぎ見た空也のすがたであったろう。『空也誄』には空也の風貌について杖をもち法螺を吹いていたと伝え、『小右記』には空也の滅後弟子の義観が藤原実資を訪ね、師空也の遺品金鼓と錫杖を奉ったと記している（万寿三年七月条）ので、手に鹿杖（錫杖カ）をもち鞋をはいた旅姿こそ往年の空也の風貌を伝えていると見てよいであろう。鹿角をつけ鹿の皮を着用することは、聖としての象徴で、『梁塵秘抄』には「木の節《ふし》、鹿角、鹿の皮」は「聖の好む物」であったとしている。聖の好むもの、聖としてのシンボルがこうした持物によって表現されている。だがどうして殺生をいましめたはずの僧が、みずから獣皮＝鹿皮を用いるようになったのかは明らかでない。

沙弥としての生活を送った空也も、天暦二（九四八）年比叡山に登り、座主延昌に師事して戒壇院で大乗戒を受け、名を光勝と改めた。天台教団に身を投じてからの光勝と、沙弥空也との間には、生活上どのような変化がみられたかについては明らかでない。しかしこれを契機に貴族社会に接近し、庶民ばかりではなしに広く貴族階層の人たちの信仰をも得るようになったらしい。天台僧となった光勝は『大般若経』書写の勧進事業をくわだて半紙一粒の布施を受け、十四年間諸国を勧進して応和三（九六三）年その業を成就し、九月加茂河原に仮屋を建て大々的に「大般若経会」を催し供養した。得度してから十五年しかたっていないのに、招きに応じて集まった僧は六百人、道俗貴賤の参詣するものおびただしく、内裏から十貫文の喜捨があったという（日本紀略）。このとき左大臣藤原実頼も結縁したが、三善道統の書いた『敬白文』には法会の目的について「禽獣魚虫、何物か流転の父母に非ざらむ。山川藪沢、何処にか生死の形骸無からむ」「無始以来、あらゆる群類の五逆四重の辜、三悪八難の苦、荒原古今の骨、東岱先後の魂（中略）みな妙覚を証せむ」（本朝文粋一三）と述べている。法要は昼は伎楽を奏し、加茂川に竜頭鷁首の舟を浮かべ、夜は万灯会を設けて阿弥陀仏を念じ、永く極楽浄土に帰することを誓うといった大規模なものであったが、こうした法会を修したのは死霊追善のためであったらしい。死霊の追善はまた野原に捨てられていた屍を集め荼毘に附したという行為によってもうかがうことができる。こうした作善を修したのは、死者追善の阿弥陀信仰の伝統をかれが受け継いでいたことを物語っている。

天暦五年の秋、京都を中心に疫癘《えきらい》が流行し多くの死者の出たのをあわれみ、空也は貴賤に勧めて金色の一丈の観音像一軀と、六尺の梵天・帝釈・四天王の像をそれぞれ一軀造立し西光寺に安置した。西光寺は空也の滅後、弟子中信が六波羅蜜寺と改めた。六波羅蜜寺では東西両京の男女が集まり、毎日『法華経』が講じられ、毎夜念仏三昧が行われていたという。講経をしても万灯会を催しても、道俗貴賤の参集した者が多かったのは、空也が市聖として、京都に住む人たちに熱心に法を説いたたまものであった。造寺・造仏という善根を積まなければ成仏することはできない。もし、これが事実であるならば仏教は民衆の到底近よることのできない彼方《かなた》にあり、貴族の独占と化してしまう。だが空也はわずかな寄捨であってもよい、寄捨に額の多少は問わない、寄捨しようとする心がけこそ大切なのだ、仏像の造立をくわだてたので寄捨してほしいと貧賤者たちにも呼びかけ、聞法し法会に参加することも勧めた。観音をはじめとする造像は、こうした人たちの支えによって完成したといえるし、また万灯会が盛大に営まれたのも、こうした底辺の人たちの協力があってこそできたといえる。空也が世を去ったのは天禄三(九七二)年九月、時に六十九歳であった。

空也の行動を伝えるものとしては、三善道統の『為空也上人供養金字大般若経願文』と源為憲の『空也誄《るい》』、それに慶滋保胤の『日本往生極楽記』中の弘也伝があり、ともに史料的に信憑性の高いものとされている。道統の『願文』は応和三(九六三)年八月加茂河原で行われた経供養のありさまとか、京都での活動については多少ふれているが、全伝は記録されていない。『誄』は死者の生前の功徳をかえりみ、たたえたものである。したがって、それは没後あまり長い年月を経たのちに成立したものではあるまい。空也を知る人が充分に存在していた時代のもので、末尾に「国子学生為憲」と執筆者の名を記している。為憲は源姓を名乗っているが光孝源氏の流れで、父は筑前守忠幹。かれは源順に師事した、同門橘正通と一、二をあらそう文筆の達人で、浄土教にも関心をもっていたらしく、『三宝絵』（巻上）の序に「若くして文の道に遊で一枝の桂をば折てき。老いて法の門に入りて九の品の蓮すを願ふ」と記している。これによれば若年のころは宮仕えして文筆を事としていたが、老いてからのちは浄土への往生を願求するようになったらしい。浄土往生を欣慕したといっても、一途に阿弥陀仏を念じたり、名号をとなえるといったような態度での浄土願生者ではなく、朝題目に夕《ゆう》念仏といった平安朝期の人たちが修していた天台を基調とした念仏信仰者であった。為憲がだれに依頼されて『誄』を作ることになったか知るに由ないが、撰述にあたり遺弟子から直接聞いて成文したのであろう。成立の年時もまた明らかでないが、示寂の年か、さもなければ翌天延元（九七三）年に書かれたものであろう。『誄』は、性格上滅後早く成立したものとして貴重であるが、ここには空也の行業をたんたんと記すばかりで、当代人が空也をどのように見ていたか、空也が当時の人たちに与えた影響についてはまったくふれていない。ところが為憲とほぼ同時代に出世した慶滋保胤はその著『日本往生極楽記』に天慶以来、京都に道場を構えて念仏三昧を修していることは、まったく珍しいことだ。いままで念仏といえば、小人・愚女はこれを忌《いみ》んでいたが、空也が来住してからというもの、みずからとなえるばかりではなしに、他の人たちに対しても積極的に勧めている。世をあげて念仏するようになったのは、誠にこれ上人（空也）が衆生を化益した力というべきであると述べ、庶民層に念仏を手段として仏法を推し進めたかれの功績を高く評価している。

空也は踊念仏の元祖か

では果して踊念仏は空也のはじめたものであろうか。空也の伝記や、当時の人たちの記録したものの中には、空也が踊念仏したと述べているものはない。だがかれが市聖として京を中心に念仏勧進を行い、多くの庶民層の帰依を得たのは、承平・天慶の乱という社会的混乱期にあたり、摂津で志多良神の神輿が渡御するなどの集団的乱舞が行われ京をさわがせたように、社会的不安におびえる人たちが救いを宗教に求めていたからであった。そのとき念仏すれば往生できる、ただ念仏せよと教えられたときの喜びは、終生庶民は仏になることはできないとされていた当時の人びとに、どれほどの喜びを与えたかはかりしれない。こうした歓喜の心がおのずから踊躍をもよおすことは『無量寿経』にも「其れ彼の佛の名号を聞くことを得て、歓喜踊躍して乃至一念せんに、当《まさ》に知るべし。この人大利を得たりとなす」（巻下）と見えているようにあり得たと思われる。

また空也が錫杖を手に、肩から胸にたらした金鼓を打って勧進したことは、鐘や鼓は集団的舞踊の重要な楽器であるから、こうした楽器を手にしていたことは、踊念仏をしたであろう要素の一つと見ることができる。空也の伝統を継いだと思われる人に、空也と同様「阿弥陀聖」と呼ばれた人がいた。『今昔物語』（巻二九）に「其ノ手ニ阿弥陀ノ聖ト云フ事トシテ行《ある》ク法師有ケリ。鹿ノ角ヲ付タル杖ヲ、尻ニハ金ヲ朳《えぶり》ニシタルヲ突《つき》テ、金鼓《こんぐ》ヲ扣《たたき》テ、万《よろづ》ノ所ニ阿弥陀佛ヲ勧メ行《あるき》ケル」と記し、『栄華物語』（巻二五）には「阿弥陀の聖《ひじり》の南無阿弥陀佛と、くもくさう遥《はるか》に声うちあげたれば、さばかり悲しき事の催《もよお》しなり。おはしましやらず、涙に御身どもすゝがせ給《たもう》。さらぬ折だに、この聖の声はいみじう心細うあはれなる」と述べ、『金葉和歌集』（雑部）にも「八月ばかりに月あかゝりける夜、あみだの聖のとほりけるをよびよせさせて、里なる女房にいひつかはしける」と選子内親王の和歌の詞書《ことばがき》に見えているように、何人かの阿弥陀聖の存在が知られる。ここに挙げた阿弥陀聖はそれぞれ別人で、空也ではない。とすればこうした聖たちは、ともに空也の流れをくむ聖としての自覚をもち、空也の在住していた道場を中心に念仏勧進し、あわせて踊念仏を行っていたのではあるまいか。しかも、それは鎌倉時代まで絶えることなく続き、一遍智真が踊念仏をはじめたとき、

空也堂での踊念仏　（空也上人絵詞伝）

その先蹤は空也にあった、空也がはじめたのだという伝承があり、『聖絵』に「をどり念仏は、空也上人、或いは市屋、或いは四條の辻にて始行し給けり」と書かさしめたのではあるまいか。また福岡県糸島郡前原町大字泊の大日堂を中心に鉢叩きが数十人おり、空也所化の遠孫といい、昔は九《く》品《ほん》念仏を修し歌舞を業としていたとか、滋賀県浅井郡小谷村別所の枝郷大洞にも鉢叩きがいて、みずから空也の流れをくむと主張していたというように（堀一郎著『空也』）、後世まで各地に残る空也流の念仏の中に踊念仏が存在していたことは事実であるから、踊念仏の元祖は空也であるという主張は、六波羅蜜寺を中心とする一群の行者たちの伝承であったかも知れない。三隅治雄氏は「念仏を口中に唱えながら、鉦・太鼓のけたたましいリズムに合せて、飛んだり跳ねたりする、しごく単純で陽気な踊りだった。人間の心に鬱屈する煩悩や罪の意識を、踊り跳ねることで払いのけようとする計算が、底にあったのだ。ツイストやゴーゴーを踊ってストレスをふっ飛ばすというのと、同じ伝といえる。また、激しい肉体運動をくり返して無我恍惚の境地を得ようとした点では、古代の巫女の神がかりと同じものだった。ただ、それは念仏踊では安心《あんじん》・解脱《げだつ》を得る方便と称し、跳躍することで成仏できると説明した」(日本舞踊史の研究)のであるといい、踊念仏は空也のはじめたものと認めているが、わたしも以上のような理由から伝承されているように、空也によってはじめられたと見てよいのではないかと思う。

踊念仏の先蹤者の存在

人あるいは空也にはじまるというよりも、踊念仏に内包される呪術宗教的というか、神秘主義的な体験と実修は、すでに空也以前にもあったし、空也時代にもあったはずである。いわばシャマニズム的要素が念仏と結合して独自の発展をとげた。それが踊念仏であったというのである(堀一郎著『空也』)。とすれば、それは必ずしも日

会津八葉寺（冬木沢の阿弥陀堂）の空也念仏．貞盛づきんをかぶり，黒袈裟をまとい，脚袢・白足袋といういでたちで踊念仏する．手にしているのは，ふくべ・太鼓．中央前方の鹿の角のついた錫杖をもっているのが導師．

本で独自に発生したということにはならない。中国・朝鮮にもあったであろうという観点から、橋川正氏は踊念仏の先蹤を新羅《しらぎ》の元《がん》暁《ぎよう》に求めている（日本仏教文化史の研究）。時宗の七祖託何《たくが》は「漢土ニハ少康、日本ニハ空也」（条々行儀法則）といい、また「空也上人ハ三論・真言等ヲ修学シ給ヒケレドモ、念仏行者ト成テ、宋朝ノ少康法師ノ跡ヲタヅネテ踊躍念仏シ給ヘリ」（蔡州和伝要）と述べて、空也以前踊念仏を修した人として少康がいたことを指摘しているが、少康の伝にはいずこにも踊躍念仏したことについては言及しておらず、空也自身少康の遺風を学んだ形跡はない。一遍智真にしても、その法語に「空也上人は吾先達なり」と述べているが、少康についてはまったく語っていない。空也がもし少康によって踊念仏を行ったとすれば、そうした伝承があってもよいはずである。それがないのは少康先蹤説が当時からなかったと見てよいであろう。おそらく少康に先蹤を求めようとする説は、禅宗の輸入と発展による伝灯重視の傾向にともない、「浄土宗ハ定レル相伝ナシ」（指月集）「上人自ら善導の素意を識ると称すといへども面受にあらず、また口伝なし」（持阿見聞）という他宗の人たちの批判を受けいれた上で、中国の祖師を自宗教団の伝灯の師に加えたいという、当代浄土教各派の動きに刺激されて少康先蹤説が生まれてきたのではあるまいか。少康は中国浄土教の祖師の一人で、曇鸞―道綽―善導―懐感―少康とつらなる人であったから、少康に求めることは一遍智真の流れは中国浄土教の正統を継いだことになる。そうしたお家の事情があったので少康を加えたものと思われる。

橋川氏が求めた元暁は、晩年『華厳経』明難品の偈中の「一切無碍人、一道出生死」の句を口ずさみ、大きな瓠《ひさご》をもてあそんで千村万落に歌舞し、庶民下層の階級に念仏の法門を布教したといい、また『宋高僧伝』所収の元暁伝には、元暁が大安聖者という人に『金剛三昧経』を講じてほしいと要求したが、当の聖者は市鄽《してん》にあって銅鉢を打ち「大安大安」と叫んで歩いていたというから、確かに元暁は踊念仏を修していたと見てよいであろう。といって、ただちに空也がその行儀を真似て踊念仏をしたと、両者を結びつけて考えることはできない。

第二章　踊念仏の展開

第一節　一遍智真と踊念仏

一遍の宗教とその背景

踊念仏が行われるのには、まず人心に不安をもたらす社会的背景が考えられなければならない。太平を謳歌しなんの苦悩もなく、不安におびやかされることもない時代には、人びとは深刻に自分の生活をかえりみることもしないし、神仏を唯一の頼り得るものとしてすがることもない。だがひとたび苦悩のどん底に堕ちこめば、ただひたすら神に仏に頼らざるを得ない。思いきり苦しみをぶつけることのできるもの、それは神や仏への願いであり、声一杯に叫び胸中のわだかまりを忘却する歌であり踊りであった。こうした手段に訴える限り人を中傷することもなければ、迷惑を他に及ぼすこともない。また宗教者のもつ土着性というか、シャマニズムと念仏が結合し、さらに葬送儀礼と念仏が結びついたとき踊念仏は独自の型で発達した。いわば踊念仏の発達する根底には、㈠社会的不安と、㈡葬送儀礼とのかかわりあい、㈢民衆とともに教えを弘めようとする宗教者の態度が存在したといえる。盆踊りも、その発想の基底には念仏が介在していたようである。念仏をとなえながら盆のさ中に精霊を喜ばせるため、精霊と喜びを分ちあうため、踊躍したので盆踊りといわれたらしい。このとき音頭取りをしたのが念仏聖《ひじり》であった。念仏聖は鉦《かね》を打って新仏の家や墓地にいって念仏し、踊躍して死霊を鎮送した。そのとき念仏聖が一人でさきに立ち踊ることもあれば、村人が念仏聖をやとうこともあり、村人だけのこともあった。そうした鎮送の時期は精霊の帰ってくるときであり、精霊とともども団欒《だんらん》できるときでなければならない。団欒できるときは農耕の上でいえば、一つの仕事に区切りのつける稲の収穫の終った正月とか、田植のすんだ七月がよい。踊念仏が盆の行事の普及にともない民衆の間に定着したのは室町期に入ってからのことであろうが、正安二（一三〇〇）年閏七月十五日造立された宮城県登米郡南方村板倉所在の板碑には「右、四十八日踊念仏礼拝の為、五十余人結縁」と記されている。これによれば、七月十五日すなわち盆の行事の一環として、すでに十三世紀末には踊念仏が行われていたところもあったようである。

踊念仏が行われたことを歴史的事実として記録している最古の文献は『一遍聖絵』であり、『聖絵』（巻四）には信濃国小田切の里の「或武士の屋形」で弘安二（一二七九）年のころ一遍聖は「をどり」をはじめたと記している。一遍智真は延応元（一二三九）年伊予に生まれ、正応二（一二八九）年世を去っている。この間、蒙古王はしばしば国書をもたらし服属を勧めてきたが、日本は断固この要求を退けたため二度にわたり元軍が来襲した。また国内では日蓮が「念仏無間・禅天魔・真言亡国・律国賊」の四個格言をかかげ、諸宗教団に攻撃をかけてきたが、朝廷と幕府が対立し国内を混乱におとしいれた承久の乱がおこったのは、一遍出生十八年前のことであった。蒙古族が勢力を伸ばしチンギス汗によって蒙古帝国がつくられ、高麗や金をはじめ雲南・チベット・安南を支配下に置き、西はロシア・ハンガリア・ポーランド、南はインドを手中におさめて、国号を元と称したのは文永八（一二七一）年のことであった。元帝国の支配下に入っていないアジアの国といえば日本くらいなもの。だが日本を無視していたわけではない。文永五年以来たびたび元は使者を日本に送り、日本の服属を求めてきたが、幕府・朝廷はともに蒙古の国書を受理しないことにした。元は武力による日本征服の準備を進めるかたわら、戦わずして日本を支配下に置くことを考え使者を派遣してきたのである。文永八年九月の国書のごとき、十一月までに返答のない場合武力行使のやむなきにいたるとまでいっている。だが幕府は返書を与えない。返書を送らないことは、元の要求に力をもって答える決意を固めていたからである。幕府は南海道をはじめ、山陰・山陽・西海の地方に住む御家人に対して元の来襲にそなえるべく命令を発し、朝廷は諸国の神社仏閣に国家の安泰を祈願するように命じた。時の執権は当時十八歳の北條時宗であった。いまや日本と元は武力衝突をさけることはできない、時間待ちといった情勢に追いこまれていた。その結果おきたのが文永十一年十月の文永の役《えき》と弘安四（一二八一）年六月の弘安の役である。両役はともに吹き荒れた暴風雨のために元軍は撤退したものの、幕府は賠償金を手にすることもなければ、一片の領土も獲得していない。恩賞を手にすることのできなかった御家人の中には所領を売ったり質入れして一時的に糊塗した者もいたが、しょせん財政の挽回は望めない。借金と収入減、そのしわよせは一般民衆にも影響を与えたに違いない。御家人の収入減は農民よりの年貢徴収増によってまかなわれる。農民は水田に対しては年貢、畑・屋敷・家屋には雑税。その他夫役《ふえき》などの負担を負わされていた。税率は農民の置かれている立場によって異なっていたが、名主は年貢として収穫の三十パーセント前後を荘園領主に納めなければならず、作人ともなれば年貢の他、名主職の所有者に小作料を納めなければならなかったから、直接耕作にあたる農民の手に残る部分はまことに微々たるものであった。当時の租税負担をみると、よくも生きていたかと思うほどの生活を強《し》いられていた。農民は米を主食とせず雑穀で食いのばしていたのであるが、こうした人たちは困難はあろうとも、ただ念仏をとなえるだけで救われるという生きる道を、法然や親鸞、またその流れをくむ人たちによって教えられた。かれらはいかに死ぬかではなしに、いかに生きるかの問題を提げて真剣に取り組み、生前における死への不安と恐怖を取り除き、極楽浄土に生まれ幸福な人生の送れる方法を説いた。

法を求めて

一遍智真の生家河野家は、伊予国きっての瀬戸内海を中心に活躍した水軍で広大な所領を有していたが、承久の乱には天皇方につき幕府に敵対したため、関東方についた通久を除く一族の多くは、所領を召し取られたり流されたりした。通信が陸奥の江刺（北上市）、通政が信濃の葉広（伊那市羽広）、通末が同国伴野（佐久市）に流されたのも、このときのことであった。こうした一族離散という悲惨のどん底のさ中に一遍智真は生まれた。父は通広、承久の乱から数えて十八年後のことである。幼名は松寿丸。父は流罪にもあっていないし、斬られてもいない。如佛と号し宝厳寺という天台宗の寺に蟄居していたといえば、乱にはそれほど重要な役割は果していなかったのであろう。祖父の通信や、伯父通政・通末と異なり、やむなく朝廷側についたというほどの武士であったろうか。十歳のとき母と死別した。松寿丸の出家は母の死が直接の動機であったらしい。出家はかれ自身の意志ではなしに、父の考えでなされたとしても、かれ自身仏門に入り母の菩提をとむらいたいという、心せつなるものがあったに違いない。出家したかれは父の法縁すじにあたる九州太宰府の聖達や、聖達の同門の清水の華台のもとで浄土教を学んだ。聖達は法然の高弟證空の門下であったから、一遍智真にとって法然は法系上の曽祖父にあたっていた。かれは当初、随縁と号していたが、華台に会ったとき「何に基づいてつけられた名であるかは知らないが、法事讃には〈極楽無為涅槃界は、随縁の雑善《ぞうぜん》をもっては、恐らく生じ難し〉と述べている。どういう意味かといえば、たとい縁はあるにしても、念仏以外の行をもってしては極楽浄土に往生することはできない。なぜ往生できないかといえば、念仏には多くの往生できる原因をもっているが、念仏以外の雑善は少善根《ぜんごん》であって往生のたねが少ない、よほどのことでなければ往生できない。その少善根を僧名としている。往生できない根源ともいうべき随縁の雑善を名とするのは好ましいことではない」ということで、智真と改名させたという。とすれば随縁は浄土教的な意味からすれば邪道であるから、当初出家したのは、旧教団であり、伝承されているように、天台宗寺院で剃髪し僧となったのではあるまいか。太宰府で修学すること十二年。弘長三（一二六三）年二十五歳のとき、頼みとする父の訃報を耳にし、ひとまず帰国した。帰国後、文永八年信濃の善光寺に詣《もう》でるまでの七年間のようすは、まったく記録されていないが、一時還《げん》俗《ぞく》し妻をめとり武士としての生活を送っていたらしい。だが家督と所領の問題でいざこざが絶えない。その上、父は智真が太宰府に出立したのち後妻をめとり、その間に子が生まれた、聖戒である。聖戒は智真にとって弟にあたる。一度すべてを捨てて僧となった身、なんら執着すべきものはないのに還俗したばかりに面白からぬことも耳にしなければならない。この上は再び出家したいと願い、善光寺に詣で、参籠して二河白道を感得し、本尊とした。

　感得した二河白道を模写し帰国した智真は、以来三年の間、伊予国窪寺の山中にこもり一心に念仏し、その結果十劫《じっこう》の昔悟りを開いた阿弥陀仏は、ただ一声でもよい念仏をとなえて浄土に往生したいと願う衆生があれば救ってくださる。それは阿弥陀仏と衆生が一体であるからだという、「十劫に正覚したまへるは衆生界のためなり、一念をもって往生す、弥陀の国。十と一と不二にして無生《むしょう》を証《あか》し、国と界とは平等にして大会《だいえ》に坐す」の偈を得、この偈による悟りの真実性を確かめるため、さらに弘法大師練行の聖地と伝えられていた同国菅生の岩屋に参籠して難行を重ねた。四国は弘法大師空海の生地であり、大師信仰の厚いところであったから、大師によって証しを得たいと願っていたのであろう。証しを得た智真は、同十一年故郷をあとに念仏勧化の旅に出、四天王寺を経て高野山に登った。時衆では法を求め、民衆を教化するため旅することを遊行《ゆぎょう》と呼んでいる。

　四天王寺には「釈迦如来転法輪の古跡、極楽東門中心の勝地」（聖絵巻二）としての信仰が古くからあり、四天王寺の伽藍から西方を望むと難波《なにわ》の海が見え、この海に没する入日《いりひ》の荘厳はあたかも来迎の光景かくやあるらんと思わせるほどの状況であったという。また高野山は空海の開いた密教の寺であったが、教懐や明遍が入山して以来、急速に浄土教的要素を加えるとともに、ここで育った高野聖《こうやひじり》は「六字名号の印板」によって摺《す》った名号をもち歩き念仏を勧めていた。そればかりではない、高野山には霊山として納骨の風習があるなど民衆の多く詣でた寺であった。奥之院には卒《そ》塔《とう》婆《ば》が林立している。ここは弘法大師「入定留身の霊場」であり、大師と同床したいと願う人たちの詣でるところであって、高野山では空海は入定し死んだとはいっていない。今現に浄土で説法しているという。

　こうして智真が詣でた善光寺・四天王寺・高野山、それに熊野は一般庶民の信仰に支えられた寺であり、『大塔物語』には「善光寺ハ三国一ノ霊場、生身弥陀ノ浄土、日本国ノ津、門前市ヲ成シ堂上花ノ如シ。道俗男女貴賤、上下思々風流、毛挙遑《いとま》アラズ」と述べ、無住は参詣したい霊場として「洛陽諸国ノ処々ノ名所、霊山霊社、山門南都ノ七大寺、コトニハ南浮第一ノ佛ト聞ユル大佛、日本第一ノ霊験熊野、生身佛ノ如ク思エル善光寺、大師御入定高野、上宮太子ノ御建立佛法最初ノ四天王寺」（雑談集）を挙げている。高野から下山したかれは和歌の浦あたりから海岸づたいに藤代・切目・岩代などの王子社を詣でながら南下し、岩田川をさかのぼる中辺路を振り分け、岩上峠・三越峠を越え、発信門王子社から伏拝王子社を経て熊野本宮にいたったが、その道すがら賦算《ふさん》した。賦算とは「南無阿弥陀佛 決定往生六十万人」と書かれた紙片（念仏算《ふだ》）を配ることである。当時蟻の熊野詣でといわれたように、貴賤男女を問わず、多くの人たちが熊野権現に参詣しお籠《こも》りした。熊野は本州の最南端にあって、海と山とで畿内の諸国と隔絶され、あたかも別世界を形作っていた。そうした別世界を山中他界と呼んでいるが、他界の信仰に支えられて、熊野は古くから死霊のまします国とみなされていた。それは高野山でも同じこと、高野山も古くから山中他界の信仰に基づく死霊の国と考えられ、この信仰はさらに浄土信仰と結びつくことにより、熊野権現の本地は阿弥陀仏であると信じられるようになった。熊野権現が阿弥陀仏の垂迹であるとするならば、死霊のまします国＝熊野は極楽浄土である。智真は「南無阿弥陀佛と一度正直に一念せし後は、我《われ》も我にあらず、故に心も阿弥陀佛の御心、身の振舞も阿弥陀佛の御振舞、ことばも阿弥陀佛の御言葉なれば、生きたる命《いのち》も阿弥陀佛の御命なり」と述べ、南無阿弥陀仏と申したとき阿弥陀仏となる。南無阿弥陀仏とはなにかといえば、「南無とは十方衆生の機」「阿弥陀とは法」「仏とは能覚の人」であり「六字をしばらく機と法と覚」の三に分けて考えただけのことで、機法一体のすがたが名号である。とすれば「南無阿弥陀仏」と記された算《ふだ》（札）そのものは阿弥陀仏の分身であるというのである。こうして智真に仏格が与えられて阿弥陀仏と一体となり、南無阿弥陀仏となったからには、生身としての智真には生もなければ死もない。生死を超越した智真は生者の国へも死者の国へもいける。それを自分自身の身体で肌で確かめるため死者の国＝熊野へゆくことになった。すなわち阿弥陀仏と同格の地位を与えられた智真は、阿弥陀仏の垂迹である熊野権現と交感することによって熊野権現と同格になりたいと望んだようである。

だがここで一つの問題に撞着した。それは一念の信をおこし念仏して受けてほしいといい念仏算を行者に与えようとしたとき、「いま一念の信心をこり侍らず、うけば妄語なるべし」の答えが返ってきたからである。わたしは仏教を信じているけれども、あなたの教えとは根本的に異なっている。信ずる仏が違う。それを口先きだけで、その場しのぎにとなえれば不妄語戒を犯すことになる。それは三帰戒を誓い僧となった以上当然であるかも知れない。それだからといって、いまここで〝そうですね〟といって引きさがればどういうことになるか、そこに居合せた道者たちのすべては受け取ることをこばむであろう。そこで無理にたのんで受け取ってもらったものの、その僧は一念の信心もおこさないばかりか、称名もしない。それなのに無理矢理に算を与えたのである。そうした安易な方法で、往生を保障する算を与えてよいものであろうか。与えることは智真個人の観念的な内証の領解にしかすぎず、自己満足でしかないのではないのか。今智真が算を与えるにあたり前提条件としているのは、信をおこすことと、弥陀の名号をとなえることである。果してこれでよいものか、この解答を熊野権現によって求めたいと思い、本宮の証誠殿で参籠していたとき、御殿の中から「白髪なる山臥の長頭布」をかけた熊野権現が現われ、「融通念仏すゝむる聖、いかに念仏をばあしくすゝめらるゝぞ。御房のすゝめによりて、一切衆生はじめて往生すべきにあらず、阿弥陀佛の十劫正覚に一切衆生の往生は、南無阿弥陀佛と決定するところ也。信・不信をえらばず、浄・不浄をきらはず、その算をくばるべし」（聖絵巻三）、往生は仏を信ずるとか、名号をとなえるとかによって決まるものではない。往生は、すでに十劫の昔、法蔵菩薩が正覚を成就して阿弥陀仏となったときから決っているのだ。信じるとか、となえるということ自体、自己のはからい、すなわち自力が介在している。人が往生するというのであれば、信をおこすことも念仏することも必要であろうが、往生の当体は名号であって人ではないのだから、信とか不信を問うことはない。人智人力の介在する余地のまったくない境地で賦算すべきであるという、熊野権現の夢告に接した。この夢告に力を得て、智真は他力の深意を体得し一遍と名乗り、求道者としての第一号をふみだすことになった。それは『聖絵』によれば文永十一(一二七四)年夏のことであったという。

踊念仏を伴野の市で

熊野から京に出、翌建治元年生国伊予に帰った一遍は、その後九州に渡り、師聖達に謁した。九州では大隅正八幡宮に参詣、ついで大友兵庫頼泰の帰依を受けるとともに真教が入門してきた。豊後遊行中のことである。真教は一遍智真の法灯を受け継いだもっとも早い、根本の弟子で、他阿弥陀佛と号した、時衆教団を実質的に開いた僧である。弘安元(一二七八)年九州から伊予を経て、安芸国厳島をまわり、冬備前国に入った。福岡の市では吉備津宮の神官の子息が帰依したのを手はじめに、「彌阿弥陀佛・相阿弥陀佛をはじめとして、出家をとぐるもの、惣じて二百八十余人」いたというほどの多くの信者を、一度に得た。もちろん、これらの人たちのすべてが一遍の一行に従ったわけではなく、俗時衆として、その地にとどまり、入衆が機縁となり、

信州小田切の里での踊念仏．一遍は縁に立って音頭を取り，時衆たちは庭で円形になって踊っている．これというきまりはなかったらしい．みなそれぞれ変ったしぐさで踊っている（一遍聖絵巻四）．

のち道場を建立した人もいたであろう。翌二年の春入洛、五條烏丸《からすま》の因幡堂に入った。ここにおることおよそ三か月。八月因幡堂をたち近江路から木曾路を経て、再び信濃の善光寺に詣でた。

この年の歳末の別時は信濃国佐久郡伴野の市庭《いちば》の在家で修したが、このとき奇瑞がおこって紫の雲がたなびいた。その後、ほど遠からぬ小田切の里のある武士の館《やかた》で踊念仏をはじめた。これが踊念仏のはじめであるとして『聖絵』には「同国小田切の里、或武士の屋形にて、聖をどりはじめ給けるに、道俗おほくあつまり結縁」（巻四）したと記している。これに対し五来重氏は『聖絵』そのものに脱落のあることを指摘し、『絵詞伝』（宗俊本）の第二巻第四段にならい、

其年信濃国佐久郡伴野の市庭の在家にして、歳末の別時のとき、紫雲はじめてたち侍りけり。（さて其所に念仏往生をねがふ人ありて、聖をとゞめたてまつりける比、すゞろに心すみて念仏の信心もおこり、同行共に声をとゝのへて念仏し、ひさげをたゝきてをどりたまひけるを、見るもの随喜し、きく人渇仰して金磬をみがき鋳させて聖に奉けり、然者行者の信心を踊躍の貌に示し、報佛の聴許を金磬のひゞきにあらはして長き眠の衆生をおどろかし、群迷の結縁をすゝむ）。抑をどり念仏は空也上人、或いは市屋、或いは四條の辻にて始行し給けり（括弧内は絵詞伝により補う）

とすべきであると述べ、小田切の里の武士の屋敷ではなく、伴野の在家で始行したとすべきであると説いている（一遍と高野・熊野および踊念仏）。歳末の別時は十二月の末七日間勤められ、明《あ》くれば元旦で、このときさり出された火は新年用に用いられたのであるから、踊念仏を伴野で修したか、小田切でやったかにより、その始行の年時は弘安二年または同三年となる可能性もある。『聖絵』は「弘安二年の冬」大井太郎の姉の所望で、その館に一遍は招かれ、三日三夜にわたり踊念仏したといっている。

このとき修した踊念仏で、一度に数百人の人が館の内に入り踊ったため、板敷を踏み落としてしまったという。そこで時衆たちは板敷を修繕したいと申し出たが「これをば一遍聖のかたみとす」（聖絵巻五）といい、主《あるじ》の大井太郎は記念のため、そのままにしてほしいといったという（同上）。大井太郎の姉の屋敷で踊念仏したのは、少なくとも最初ではない。ここでの踊念仏は弘安二年冬（十月から十二月）であったとすれば、弘安二年の末となる。元年の歳末別時は京都で修しているので、同二年伴野で修したのが、はじめであったろう。大井の屋敷での踊念仏で、縁板まではがれているところをみると、座敷から縁側いっぱいにかけて踊りまわったのであろう。

『聖絵』の「信州小田切里」と書かれた場面には、主人らしい武士のほか一、二人の者が館のうちに居ならび、その前庭で鉢やささらのようなものをもった十数人の僧や在家の人たちが、それぞれ数人で円陣を作り、はだしで踊り跳ねている。円陣の中央にいる念仏房と、館の縁側にたつ阿弥衣を着た一遍とが、撞木で食器の鉢をたたいて調子をとっており、十人ほどの人が背を見せ、熱心に踊念仏するさまを見ている。そのうち四人の女性が合掌《がっしょう》しているのは、なんともいえぬ敬虔《けいけん》なすがたに接したからであろう。同じ場面でも『絵詞伝』には前庭に十八人の時衆だけの踊念仏が描かれ、それをとりまくように在家の人たちが見物している。円陣を作って踊る僧の一人は「同行共に声をとゝのえて念仏し、ひさげをたたきてをどりたまひける」というように、「ひさげ」をたたいており、その中に一遍もいる。「ひさげ」は酒や水を汲む器で、壺型をしている。このように両者には多少の違いはあるが、どちらかといえば『聖絵』は一遍滅後十年のころ成立したものだけに真実を伝えているようである。しかし、この場面に関する限りともに踊屋は建てられていないで庭先きで踊っている。踊ったといっても、あり合せの手近かに置かれていたであろう食器をたたいて音頭を取っているところを見ると、自然にはじめられたもので計画的に踊ったものではあるまい。

これが三年後の弘安五年春の鎌倉片瀬の踊念仏となると、二間と四間ほどの板屋根の踊屋を周囲の見物人より一段と高く設け、胸に鉦鼓をつけ、合掌した時衆が数十人足を上げて床を踏みならし右廻りに踊っている。とすれば三年ばかりの間に踊屋を特設するなどして、見せるための踊りに形式がととのえられていったものらしい。鉦鼓について『年譜略』には大井太郎が金磬を鋳て一遍に奉ったと記している。もし、これが事実を伝えたものであるとすれば、大井太郎の館で修したのが契機で造らせたのかもしれない。片瀬の踊屋では時衆は踊屋いっぱいに右廻りに円陣を作り踊っているが、在家の人たちは踊り方を知らないためか参加していない。奈良・平安期に生まれた仏教では仏となり極楽浄土に往生できるのは選ばれた階層の人たちだけであった。

だが一遍は賦算して、念仏すれば、間違いなく誰彼の差別なく、だれでも極楽浄土に往生できると約束した。賦算され、念仏算を手にすれば往生できるという。いわば念仏算は極楽ゆきのキップであった。これほど確実なものはない。そのキップがいまや

相州片瀬の浜の地蔵堂での踊念仏．踊屋の上で踊念仏しているのを見るため多くの人たちが集まってきた．左手前には柱によじのぼっている子供のすがたが見える（一遍聖絵巻六）．

手中におさめられている。賦算を受けたときの民衆たちの喜びはひと方ではなかったであろう。法悦にむせんだ人は、こおどりして喜び、念仏をとなえた。この踊念仏について『絵詞伝』には「凡そ錚々たる金磬の響《ひびき》の中に、同心称名の声雲をうがち、片々たる香煙の薫ずる所に、大衆踊躍の行地もとゞろくばかり也。天衆も定めて影向をたれ、地神も争《いかで》か随喜し給はざらむと覚ゆ」(巻十)と述べ、時衆やそこに侍《はべ》った人たちの感激し興奮したさまを伝えている。こうして熱狂的な信者が同調したとき踊念仏は最高調となるが、踊りそのものには当初定型的なものはなかったと見てよいであろう。ただ手を振り足を上げ、身を動かすほどの単純なものであったろう。こうした行儀を衆団の中に取り入れたのが一遍智真であったとしても、時を同じうして一向俊聖も修しているところを見ると、「それよりこのかたまなぶもの、をのづからありといへども、利益猶あまねからず。しかるをいま時にいたり機熟しけるにや」というように、空也以来踊念仏は現に行われていた。教団内に組織されることなく行われていた踊念仏をくみ入れたのが一遍であり一向だったのではあるまいか。堀一郎氏は当時空也念仏と呼ばれる一派があったか、さもなければ時衆のある人が空也念仏を時衆内にもちこんで再興したかどちらかであろうと見ている(我が国民間信仰史の研究)。

だが一遍の教団での踊念仏は、この時とつじょとして出てきている。とすれば伴野で修したのにはなにかねざす原因があったのではあるまいか。もしあったとすれば、平安時代のころから葬送に念仏にかかわりあいをもち、念仏と踊りによって、みたまをなぐさめようという風習があったので、一遍自身も伯父通末の追善に擬したいと願い踊念仏をはじめたのかも知れない。承久の乱のおり、河野通信は一族の多くを率いて天皇方についたため、乱後一族百四十余人の所領をはじめ、与えられた特権のすべては、ことごとく没収されてしまった。時に通信は奥州に流され、その子で父通広の兄にあたる通末は伴野に配流された。通信は一遍の祖父、通末は伯父にあたる。こうした系譜からすれば、一遍がここに留錫したのには伯父通末の菩提をとむらおうとする意図があったのかもしれない。それからすでに五十五年の歳月を過ぎ去った今、生きながらえていたとは思われない。おそらく故人となっていたであろう通末の菩提をとむらうため、入念な念仏を修した。それがはしなくも踊念仏の濫觴となったのではあるまいか。

賦算と踊念仏が民衆教化のてだて

翌三年善光寺を出立し、碓氷《うすい》・白河の関を越えて奥州に赴き、江刺で祖父通信の墓を訪ね誦経念仏した。その後松島・平泉地方を化益して常陸国に入り、武蔵国石浜を通って、同五年ながさご（長後）から鎌倉に入ろうとした。このとき、一遍は「鎌倉入りの作法にて化益の有無を定むべし。利益たゆべきならば、是を最後と思」いたいと心境を披瀝している。聞けば鎌倉での新仏教の布教は新儀として禁止されているということだ。これが許されるかどうか試みてみたい。政権の中心地鎌倉で布教したい。これが許されるかどうか試みてみたい。

こうしたことを承知の上で小袋坂から入ろうとすると、案の定《じょう》、坂の入口を固めていた武士から、とがめを受けた。今日は執権北條時宗が山之内に出かけるので、入ることまかりならぬというのである。そこでやむなく山添いに片瀬までいってとどまり、御堂や地蔵堂で過ごしたという。鎌倉入りできぬまま伊豆国三島・駿河国井田・蒲原《かんばら》を経て、翌六年尾張国の甚目寺《じもくじ》に着き、ついで美濃から近江草津を経て関寺にいたり、ここで七日の行法を修し、翌七年の閏四月京都四條京極の釈迦堂に入った。弘安二年京都を立ってから、すでに五年の歳月をけみしていた。遊行は決して楽しいものではない、苦行である。それならば苦行をあえてさせているものはなにか。訪れてくるのを待っていただけでは、諸国の人たちに仏法を弘めることはできない。念仏算を与えてこそ念仏勧化することができるのだ。念仏の勧化、確かにそれは聖の願うところであり、望むところであったが、一般の民衆たちは算《ふだ》を手にしたことによって往生は約束された、福徳が得られ、病や災害からのがれることができると理解していたらしい。

いわば現世利益《げんぜりやく》的なものを念仏算から得たいというのが、民衆のたわいない願いであった。時衆たちは、時に山の大木の下で野宿しながら終夜火をたき野獣の襲来を防いだこともあれば、備前国福岡や信州伴野の市屋でのように壁もなければ床もない吹きっさらしの掘立小屋で一夜を過ごしたこともあった。一遍は天台寺院で剃髪し出家した。僧であれば寺院や道場に一宿を請うこともできたであろうに、こうまでしたのには、苦行を重ねることによって効験をより大にすることができると考えられていた当時の思想と、さらには山里を離れた土地に住む仏教に縁なき衆生を救いたいという使命感に支えられていたからであったろう。他面、京の周辺では絶大な特権をふるう山門（延暦寺）・寺門（園城寺）の圧迫があったが、時に「聖人供養のこゝろざしには、彼道場へ往詣の人人にわづらひをなすべからず、もし同心せざらむ者におきては、いましめを加ふべし」と高札を立てて、遊行に保護を与えてくれた悪党もいた。こゝでいう悪党とは山賊・盗賊といった意味の人ではなく、荘園の本所とか、鎌倉幕府の支配体制からはずされた名主層を指している。かれらは一遍智真の教えが民衆的であったために、回国に必要な交通上の安全を保証してくれたものらしい。

都では釈迦堂のほか、因幡堂・三條悲田院・蓮光寺・雲居寺・六波羅蜜寺など庶民に縁のある寺にとどまって賦算するとともに、先達として深く心から慕っていた空也

京都三條悲田院での踊念仏．ここに一遍は一日一夜いたという．桟敷造りの床下の高い踊屋，まわりには貴人の物見車がいくつも見られ，仮設の店も建ちならんでいる（一遍聖絵巻七）．

の遺跡市屋で踊念仏を行った。ここでの踊屋は床を地面から二メートルほど離し、上部の踊場は四方吹き抜けになっていた。数十人の人たちが踊念仏しても、大井太郎の館で床をふみはずしたような失敗をくり返さないよう、床下に斜めの支え木が組まれ、床板は一枚一枚両端に二本の釘が打ちつけられていて堅固にできている。一遍は結縁するにあたり踊屋のあるところばかりを選んだとは思われない。いま『聖絵』によって踊屋のあるところを見れば、前記のほか大津の関寺（巻七）・三條悲田院（同上）・但馬国久美の道場（巻八）・印南野の教信寺（巻九）・淡路二の宮（巻十一）・兵庫光明福寺などが挙げられる。教信寺の場合は練塀の外にあり、非田院の踊屋は桟敷造りの立派なもので、絵を見ると貴賤の群衆が集まり貴人の物見車《ものみぐるま》まできて踊屋を囲んでいる。このほか「美作《みまさか》一宮にまうで給けるに穢《けがれ》たるもの侍らむとて、楼門のほかにをどり屋をつくりをき奉りけり」（巻八）とあるので美作一宮にもあったらしい。しかし、これらはあくまで『聖絵』に記録されたものであって、氷山の一角にも等しい。記録にとどめられなかったものもあったはずである。こうしたものがたとい当時レクリエーションの場がなかったとしても常設のものとして存在していたわけではあるまい。なかったとすれば、一遍の念仏結縁によって建てられたものと見てよいのではあるまいか。木材はその地で求め得られたとしても、それを作る工人はいつでも求め得られるとは限らない。遊行の土地ですぐ小屋ができる。そうした手際よさから考えると踊屋を作る職人が時衆の中にいて、自由な集まりつどう人数に応じて、その地にあったものを造りだしたものではあるまいか。

秋には桂をたち、篠村・穴生を経て、翌八年五月上旬丹後国の久美浜にいたった。その後但馬国くみから因幡・伯耆《ほうき》国おほさかを過ぎて美作国に入り、一の宮（中山神社）に参詣。翌九年には四天王寺に参り、住吉大社に詣でたのち、和泉国から河内に入って、磯長の聖徳太子廟《びょう》・当麻《たいま》寺の曼荼羅《まんだら》堂などに参籠した。石清水《いわしみず》八幡宮に参詣したのは、その年の冬のことであった。歳末の別時念仏を修するため、一時四天王寺に帰ったが、それもつかの間、播磨国尼崎・兵庫を経て、印南野《いなみの》の教信寺に詣で教信沙弥の古跡を追慕した。同十年の春書写山・松原八幡宮に参詣したのち、備中国軽部・備後国一宮を賦算し、秋のころ厳島《いつくしま》に詣でた。厳島では内侍などが帰依して臨時

淡路国二の宮での踊念仏．踊屋は掘立小屋で，一遍の一行は，地面の上で踊っている(一遍聖絵巻十一)．

の祭礼を修したという。翌正応元年伊予に渡り、修行時の思い出深い菅生・岩屋をめぐり繁多《はた》寺には三か月在住し、翌二年讃岐国に入り善通寺・曼荼羅寺をめぐって阿波国に移ったが、このころすでにかれの躰《からだ》は病にむしばまれていた。七月のはじめ病をおして阿波をたったが、請われるままに淡路では二の宮で踊念仏した。このときの踊屋は掘立小屋であった。地面に直接丸太を建てて造っただけの小屋である。旅を急ぐ一遍にとり、長くいるつもりはなかったから、簡単な雨露をしのぐだけの踊屋を造ったのではあるまいか。それは但馬国くみの場合でもいえる。山里で結縁する人もあまり多くない。大きな恒久的な踊屋を造る必要はなかった。絵を見ると海水が踊屋をひたし、時衆はももまで水につかって踊念仏しているから、床もない掘立小屋であったと見てよいであろう。これに比べれば大津関寺での踊屋は池の中の小島いっぱいに大きく造られ、地面には板が敷かれている。こうして見ると踊屋には、㈠地面に穴を掘り丸太を立て屋根を葺《ふ》いたもの、㈡その踊屋に板をならべて床を造ったもの、㈢能舞台のように床を一段と高く造り、床下に支え木を斜めに取りつけたもの、さらに、㈣兵庫光明福寺のように庇《ひさし》を前面につけ床板を観音堂の縁側から張出した堂宇を利用したものまでいくつかの種類、種類というよりも作り方があった。

踊りそのものにしても、当初は楽器もなく、あり合せの鉢を使い跳躍乱舞するとい

近江国大津関寺での踊念仏．中島に踊屋が造られたが，地面に板を敷いた粗末な踊屋であった（一遍聖絵巻七）．

った、定まった型のないものであったが、年時を経るにつれ踊屋も建てられ鉦鼓を用い、円陣を作り右廻りに踊るようになった。しかも尼衆は内円、僧衆は外円で踊っている。見るからに整然とした型になっている。鉦鼓は胸につけた鉦台にさげ、そこにはまた音頭《おんど》取りもいた。鉦鼓を手にした人が調声《ちようしよう》、すなわち音頭取りだったらしい。時衆では調声がひときわ高い地位につき、衆団の掌握にあたっていた。淡路をたった一遍は十八日播磨の明石の浦についた。もうそのころは病状もかなり進行していたらしく、死をも覚悟していた。どうせ死ぬなら有縁の地で死にたい。命終の地を、一応印南野の教信の墓と考えていたが、はしなくも兵庫から迎えの船がきたので乗船し、兵庫和田岬の観音堂に入り、ここで生涯を閉じた。

踊念仏したとき、始めから終りまで念仏だけしかとなえなかったものか、和讃も利用したかについては異説もあるが、多屋頼俊氏は踊りの中心となる僧が、最初の一語すなわち「親疎オナジクサリユケド　ワガミノ無常ヲカヘリミズ　老少トモニサキダテド　不定ノサカヒニオドロガズ」の句でいえば、「親疎」ととなえると数十人の時衆が、それに和し「オナジクサリユケド」以下の文を押し合いへし合い踊りながら合唱したのであろうといっている。和讃が歌謡的色彩をもっている限り、声を出して歌ったに相違ない。時衆教団には僧尼が共住している。したがって唱和したとき、和讃の合唱は男女の混声合唱による美しいコーラスとなったであろう。多屋氏によれば和讃そのものは一遍智真の作ったものではなく、一遍以前から伝わった作者不明のものが多いという。そうした和讃は踊念仏とともに時衆教団に受け継がれたもので、和讃そのものは一節だけを取り出してみれば思想・表現ともに勝れているが、いくつかのものを継ぎ合せたものであるため、全体を通読してみると思想的展開が明らかでないものが多いと指摘している（移動する和讃）。

踊念仏と和讃

とすれば一遍在世当時あった和讃にはどのようなものがあったろうか。時衆教団には『浄業和讃』と呼ばれる和讃集が伝承されており、ここに三十二の和讃を所収している。その中の『別願讃』は一遍智真、『往生讃』は真教、『弘願』『称揚』『六道』の三和讃は智得、『宝蓮』『荘厳』『光陰』『大利』の四篇は託何、『拾要讃』（前・後）は太空の撰述したものといわれ、『極楽六時讃』と『来迎讃』は源信の作ったものであるという。その他新作、教団成立後撰述したものとして『二教讃』と『懺悔讃』を挙げているが、他の十七篇は本作、すなわち一遍出世以前の撰述にかかるもので、一遍ないし教団成立後依用するにいたったものらしい。なお本作のそれぞれの作者は明らかでない。こうして一遍以前からあった和讃が時宗内に伝えられ依用されているのは、一遍をはじめとする時衆が踊念仏を修するにあたり、空也念仏ともいうべき衆団の中で伝えられていたものを受けいれた結果ではあるまいか。時衆に投じた人たちの中には、空也念仏の影響を受けた人もあり、ともに踊念仏していることによって、いまや隆盛におもむいている時衆に入った人もあったろう。こうした人たちによって、空也以来、それらの流れをくむ人たちが用いていた和讃を、フシと踊りをもふくめて新教団でも用いるようになったのではあるまいか。それならば、本作と呼ばれている和讃はいつごろまでさかのぼり得ることができるか。個々の和讃の成立年時は明らかにすることができないとしても、『空也和讃』二七六句中、その五分の三にあたるものが本作の九篇の中に見出されることから、多屋頼俊氏は『空也和讃』は時宗の和讃よりも古くから存在していた、平安末期をくだらないころのものであろうといっている（和讃史概説）。和讃が「京田舎ノ老少貴賤ノ僧、此ノ讃ヲ見テ興シ翫デ常ニ誦ス」（今昔物語）といっているように踊念仏の歌詞として用いられたものとすれば、一遍智真は当初『空也和讃』とか源信の作った和讃を用いていたのではあるまいか。その後一遍自身も、それに和して教えを判りやすく一般民衆たちに説きたいと願い、教説をも加味した一遍的な内容をもつ和讃を作った、それが『別願讃』とか『別願和讃』と呼ばれているものであったようである。『別願和讃』は次のように七十句からなっている。

身を観ずれば水のあは　きえぬるのちは人ぞなき
命を思へば月のかげ　いでいるいきにぞとゞまらぬ
人天善処のかたちは　おしめどもみなとゞまらず
地獄鬼畜のくるしみは　いとへども又うけやすし
眼のまへのかたちは　めしひて見ゆる色もなし
耳のほとりのことのはゝ　みゝしゐてきく声ぞなき
香をかぎ味《あじわい》なむる事　たゞしばらくの程ぞかし
いきのあやつりたえぬれば　この身にのこる功能なし
過去遠々のむかしより　今日今時にいたるまで
思《おもい》と思ふ事はみな　かなはねばこそかなしけれ
聖道浄土の法門を　さとりとさとる人はみな
生死の妄念尽《つき》ずして　輪廻の業とぞ成《なり》にける
善悪不二の道理には　そむきはてたる心にて

邪正一如とおもひなす
煩悩すなはち菩提ぞと
生死即ち涅槃とは
自性清浄法身は
まよひもさとりもなきゆへに
万行円備の報身は
境智ふたつもなきゆへに
断悪修善の応身は
十悪五逆のつみ人に
名号酬因の報身は
十方衆生の願なれば
別願超世の名号は
口にまかせて唱《となう》れば
はじめの一念よりほかに
思《おもい》をかさねて始とし
思《おもい》つきなむそののちに

冥の知見ぞはづかしき
いひて罪をばつくれども
きけども命をおしむかな
如々常住の佛なり
知《しる》もしらぬも益ぞなき
理智冥合の佛なり
心念口称に益ぞなき
随縁治病の佛なり
無縁出離の益ぞなき
凡夫出離の佛なり
ひとりももるゝとがぞなき
他力不思議のちからにて
声に生死の罪きえぬ
最後の十念なけれども
思《おもい》のつくるををはりとす
始《はじめ》をはりはなけれども

佛も衆生もひとつにて　南無阿弥陀佛とぞ申《もうす》べき
はやく万事をなげすてゝ　一心に弥陀をたのみつゝ
南無阿弥陀佛といきたゆる　これぞ思《おもい》のかぎりなる
此《この》時極楽世界より　弥陀観音大勢至
無数恒沙の大聖衆　行者の前に顕現し
一時に御手をさずけつゝ　来迎引接たれ給ふ

『聖絵』によれば弘安十（一二八七）年播磨国松原八幡に参詣したおり、一遍は念仏の和讃すなわち『別願讃』を作り時衆に与えたという。『聖絵』は一遍滅後十年のころ（正安元年八月）造られたものであり、それは『別願讃』成立後二十一年目にあたるので、これは事実として認めてよいであろう。この和讃は後世になるにしたがい増広されたようで、他阿一法（遊行四十九世）の書いた『一遍上人別願新註』には八十句、『一遍上人語録』には八十六句あり、

即金蓮台にのり　佛の後にしたがひて
須臾の間を経る程に　安養浄土に往生す

行者蓮台よりおりて　五体を地になげ頂礼し
すなはち菩薩に従ひて　漸く佛所に到らしむ
大宝宮殿に詣でては　佛の説法聴聞し
玉樹楼にのぼりては　遥に他方界をみる
安養界に到りては　穢国に還て済度せん
慈悲誓願かぎりなく　長時に慈恩を報ずべし

の句を挿入している。この和讃が踊念仏に用いられたかどうかについては異説がある。当時の文献が残されていないので明らかにすることはできないが、四條道場金蓮寺蔵の和讃の「おどり念仏の事」の条下に、

おどり念仏の事、踊躍歓喜の謂也。龍の吟するしらべには水魚ゆやく《(踊躍)》し、鶯のさへづる曲には梁塵めくりめくる、黄老の弾ずる時は嬰児たち《(立)》てまふ《(舞)》。白毫の瑞光には大地も震動す。心うちに催すに色ほかに顕れずといふ事なく、信力誠にあれば天地も感動する者也。それ漢土には小康、我朝には空也上人、曠劫大慶に逢る事をよろこびて、かんるい《(感涙)》に絶《(ママ)》かぬるあまりにたち《(立)》てをどら《(踊)》れける也。初祖おなじく歓喜踊躍有けるより、此行儀出来せり。昔をかなしみ今をよろこぶ

と記しているところからすれば、踊念仏に和讃が用いられていた時代もあったようである。この金蓮寺本『和讃』の成立した年時について、寺伝は初代浄阿の親写したものとしているが、親写であるとすれば、浄阿真観は暦応四（一三四一）年入滅しているので、それ以前の成立と見ることができる。しかし中に託何の撰述した和讃が収められているので、初代浄阿の作と見ることはできない。多屋頼俊氏は南北朝期のものとし（動揺する和讃）、金井清光氏は室町後期のものと見ている（時衆文芸研究）。そのいずれにせよ、「初祖おなじく歓喜踊躍有けるより、此行儀出来せり」とあれば、一遍時代のものでないことは明らかである。多屋頼俊氏は、経文は暗記するものではなく、たとい暗記していたとしても経典を見て読誦するのが正式な読誦法であるが、和讃の場合は一定のフシをつけて暗誦するのがたて前になっている、ということを前提に「時宗に伝わる作者不明の古い和讃には、踊念仏とともに伝わったものが少くない」（移動する和讃）と述べ、踊念仏に和讃が用いられたであろうことを暗示している。しかるに金井清光氏は『別願讃』は七五調の韻文形式をとり、教学の全貌を説き示すため、すなわち説法の手段として作ったもので踊念仏用に新作したものではない。もし和讃が踊念仏に用いられていたとすれば、後世のことであったろうと述べている。だが、踊念仏、それ自体念仏で終始したとは考えられない。とすれば和讃が踊念仏に用いられたと見てよいのではあるまいか。その場合、一遍以前の本作を用いていたことからすれば、それ以上に、祖師の作ったものを最高のものとして用いない法はないであろう。

第二節　一向俊聖と踊念仏

一向俊聖と一向衆

一遍智真とほぼ同時代に出世した人に一向俊聖がいた。かれは暦仁二（一二三九）年正月、筑後国竹野荘西好田に生まれた。父は草野永泰。永泰の兄永平は源平争乱のおり源氏方にくみして、乱後御家人となり、肥後国松浦鏡社の宮司職をも勤めた在庁の官人で、法然の弟子聖光に帰依して善導寺を建立したという。一遍もこの年生まれている。はじめ寛元三（一二四五）年天台の僧となるべく播磨の書写山に登り出家して俊聖と称し専心に修行したものの、容易に成仏の望みを達することができない。そうした自己を反省し、この上は日本仏教の故郷《ふるさと》ともいうべき南都で、原点に帰り得脱の法を求めたいと願い、建長六（一二五四）年下山した。天台で求めることのできなかった教法が、南都で見出し得るかも知れないというささやかな期待をもって諸寺の門をたたき教えをこうたが、だれひとりとして教示してくれる者はいない。南都の仏教は聖道門《しょうどうもん》であり、書写山のそれとなんら異なるものではない。聖道門での得道はもはや至難であるのか。とするならば、新興の浄土門《じょうどもん》でしか道は得られないのだろうかと、思いをはせめぐらしていたとき、たまたま目にしたのが道綽《どうしゃく》の撰述した『安楽集』であり、「我が末法の中に、億々の衆生、行を起し道を修せんに、未《いま》だ一人《いちにん》も得るものあらじ。当今は末法、現に是れ五濁悪世なり。ただ浄土の一門のみありて、通入すべき路《みち》なり」の文であった。末法のこの世でどれほど尊い行《ぎょう》を修したからといって道を求めることは容易なことではない。なんとなれば世は五濁悪世で、人たちはむずかしい修行する器量にも欠けているし、それに対応して教えも深遠で理解できないからだ。この世で救いの道があるとすれば浄土教しかないというのである。浄土教であれば兄永平も、その信者である。この導きによって明師を訪ねたい。ただ兄が師とたのみ帰依した聖光は康存していないが、その高弟良忠は東国にいるという。そうした縁で俊聖は東国に下向し、鎌倉の良忠に師事することになった。膝下におること十五年。法系的にいえば良忠は法然の孫弟であり、一遍の師聖達も法然の孫弟にあたっていたから、一遍と一向はきわめて近い関係にあったが、教義的にまったく異なる法灯の上に育てられ、また遠隔の地にいたから、二人は会う機会がなかった。業なるにおよび、かれは生まれながらにもつ機縁の違いによって念仏以外の助業を勧めないのが浄土宗の宗義であるが、この教えには不徹底さがある。宗義はただ阿弥陀仏の名をとなえるだけでよいのではないか。法然は念仏だけで往生できることを説いたはずである。理論よりも実践、解によって学ぶのではなく、行を修することによってのみ解《げ》脱《だつ》することができる。一向専修こそ末法の世にふさわしい法門であるというのが、良忠の教えを受けた終りに得たかれの結論であった。時にかれは『無量寿経』の「一向に専ら無量寿佛を念ず」という文によって名を一向と改め、「四大本《もと》より空、五蘊《ごうん》仮りに建立し、宝号を所々に留む。これを名づけて一向といふ」の頌を結び、経論によって理解する浄土宗の教えと訣別し、一処にとどまることなく、全国各地を遊行し念仏を弘めることになった。時に文永十（一二七三）年二月三十五歳のことであった。遊行しても一向俊聖は一遍智真のように賦算はしていない。宝号すなわち念仏を勧めることにのみ使命を托していた。一向俊聖の教団は一遍の集団同様時衆と呼ばれることもあったが、一般には一向衆と呼ばれていたらしい。

蓮如は「夫《それ》、一向宗と云、時衆の名なり。一遍・一向是也。其源とは江州番場の道場、是則《これすなわち》一向宗なり」（帖外御文）と述べ、一向俊聖の流れは一向宗（衆）といい、その源すなわち本山は江州番場の道場蓮華寺であると記し、『天狗草紙』には「或一向衆といひて、弥陀如来の外の余仏に帰依する人をにくみ、神明に参詣するものをそねむ。衆生の得脱の因縁さま〲なれば、即《すなわち》余佛・余菩薩の因縁ありて、かの佛・菩薩に対して出離し、神明又和光利物の善巧《ぜんぎよう》方便なれば、即《すなわち》垂迹のみもとにして解脱すべし、しかるに一向弥陀一佛に限《かぎり》て、余行・余宗をきらふ事、愚癡の至極」であるといい、阿弥陀一仏にしか帰依してはならない。神社に参詣することもまかりならぬ。また「念仏する時は頭をふり、肩をゆりておどる事、野馬のごとし」と踊念仏したことを指摘している。阿弥陀佛しか信仰してはいけない。念仏以外の行をすることもいっさい認めていないところに、一向衆の特色があった。とすれば、それは親鸞の教えと大差はない。事実、親鸞の教団と混同されたこともしばしばあったようである。かつて大谷廟堂の唯善が高田専修寺の顕智に宛《あ》てて「一向衆と号する成群の輩、諸国を横行するの由、その聞えあり、禁制せらると云云」（嘉元二年十二月付消息）と消息を送っているところからすれば、明らかに混同されていた時代があった。阿弥陀仏のみを信仰の対象とし、神祇崇拝をも否定する態度は両者まったく同一である。混同されてもいたしかたあるまい。だが、そこに根本的相違があったとすれば、諸国を横行（遊行）していたか、どうかの違いである。元亨元（一三二一）年二月覚如が本所妙快院に宛てた愁状には、一向衆は「諸国横行放埒《ほうらつ》の輩」による集団であるとさえいっている。放埒な輩の衆団である一向衆と親鸞の流れを同一視しては困るというのである。

放埒すなわち反社会的行動をあえてする人たちが多分に流入していた衆団にかかわりあいをもちたくないというのが、唯善や覚如の本心であったらしい。かれらは一向衆を自宗ではなしに他宗とみ、蓮如また「夫、当宗を一向宗と、わが宗よりも、また他宗よりも、その名を一向宗といへること、さらにこゝろゑがたき次第なり（中略）当流のなかにわれと名のりて一向宗といふことはおほきなるあやまりなり」（帖外御文十六）といっているところからすれば、少なくとも十四世紀には親鸞の流れは一向衆（宗）と呼ばれていなかったと見てよいであろう。『天狗草紙』は永仁四（一二九六）年の成立であったから、一向俊聖の没後九年にあたっている。ここにしめされている弥陀一仏を仰信し、神祇を軽視し、踊念仏を行い諸国を遊行した一向衆の宗風は浄土真宗側の批判とともに、事実として認めてよいであろう。とすれば一向俊聖はいつごろから踊念仏を行うようになったのであろうか。

ここで親鸞の流れ＝浄土真宗が一向宗と名乗るようになったのはいつごろ、なにが理由であったかについて述べておきたい。前述したように、唯善が「一向衆と号する成群の輩、諸国を横行するの由、その聞えあり」といい、覚如が浄土真宗と一向衆とを混同してもらっては不甲斐であると愁状を送っているのは、一向衆が遊行し反社会的行動をしていたので、そのような教団にかかわりあいをもちたくないというのが理由であった。それは蓮如とて同様であったに違いない。この一向衆徒が反社会的行動をとれば、当然社会のみだれを増すことになり、それに対し反社会的行為者を一掃するため武力的弾圧を加えるであろう。当時、蓮如は北陸地方への進出をくわだて、吉崎道場を中心にさびさびとしていた本願寺教団を建てなおし、教団をして順調な発展の軌道に乗せようとしていたときであったから、反社会的分子＝一向衆と妥協することは発展をはばむことになると考えていた。反社会的分子に対する弾圧の危機は、一向衆の頭上にせまりつつあった。そういう事態を知らぬ蓮如ではない。文明五（一四七三）年は、そのような危機感をはらんでいた時代であった。そこで蓮如は浄土真宗も一向衆と呼ばれているという理由で、弾圧を加えられてはたまらない。弾圧を回避したいと願い、「あまさえ当流之輩も、我と一向宗となのる也。夫《それ》一向宗と云、時衆方の名なり。一遍・一向是也。其源とは江州ばんば《（番場）》の道場、是則一向宗なり、此名をへつらひて如此云二一向宗と一歟。是言語道断之次第也」（帖外御文六七）と述べ、一向宗とはわが方のことをいうのではない。時衆方の名であって、江州番場の道場を本寺と仰ぐ一向俊聖の流れを指して一向宗というのだ。「当流之輩」のみならず、「諸宗の方より」も、一向宗だ一向宗だといっているけれども、一向宗というのは誤りであると、主張したのであろう。「既に開山聖人の定めましますところの、当流の名は浄土真宗」であって一向宗ではないと、その後もしばしばくり返しいっている。にもかかわらず、依然として一向宗と呼ぶ人がいた。縁を切りたくも容易に切れない。ということは絶縁したいという気持をもち合せながらも、真宗が一向衆徒をあまりにも多くかかえこんでいたために、自他ともに一向宗としての意識をぬけきることができなかったからではあるまいか。呼ぶなといっても、人たちは一向宗と呼んでいる。だが、一時栄えた一向衆も応仁の乱を境に、しだいに時衆に吸収されたり、浄土真宗に帰依する人がでたりして衰退していき、もはや一向衆に気兼ねする必要を認めなくなったとき、かれは一向宗に正当な理由を附与して、「あながちに我流を一向宗と名のることは、別して祖師もさだめられず、おほよそ阿弥陀佛を一向にたのむによりて、人のまふしなすゆへなり。しかりといへども、経に一向専念無量寿佛とときたまふゆへに、一向に無量寿佛を念ぜよといへるこころなるときは、一向宗とまふしたるも仔細なし」といい、浄土真宗は一向に無量寿仏（阿弥陀仏）を念ずる宗旨であるから、一向宗と申してもさしつかえないとすらいっている。こうして親鸞の流れは自他ともに、一向宗と呼ばれるようになった。文明六年ごろのことである。

俊聖は遊行に旅立った翌年大隅八幡宮に詣で、ついで参詣した宇佐八幡宮で四十八夜の踊念仏を修したという（一向上人伝巻二）。踊念仏の始源について『一向上人伝』によれば建治元（一二七五）年薩摩国を化導したのち、八月海路讃岐に渡ろうとしたとき暴風に会い、船はいまにも覆えようとした。そのとき船子は「船中に重宝あれば、龍神是を欲して海上あるる事侍る。所持の物悉く海へ沈めたまへ」といい、各自所持しているものを海に投じて欲しいと要求した。命ながらえるか、宝を失うか、二者択一をせまられた。ときに俊聖が磬を投じたのをはじめに、すべての人が船子のいうように所持していたものを投げ捨て、船端《ふなばた》をたたいて念仏していると風もしだいに弱まり、岸辺に難なくつくことができた。ここで一夜を明かすため、仮眠していたところ、夢に青衣の童子が現われ、「上人念仏の御利益により、我が三熱の苦報を免れ侍る。先に捨てたまへる磬は、明旦返し奉るべし」と告げるや、どこへともなく去っていった。明朝沖の方から一匹の亀が口に磬をくわえてきた。不思議な夢であり、行動であった。念仏するたびに、こうした海上での出来事が思い出されたが、そのときのありさまを念仏の中に現出したものが、踊念仏であったと伝えている。しかし文永十一年宇佐八幡で未敷蓮華《みぶれんげ》四十八茎を感得した俊聖は、歓喜踊躍を形に表わしたといえば、踊念仏の基本型は、すでにこのころから形成されていたとも考えられる。だが踊念仏について、俊聖が「夫踊躍念仏は、佛願易行の法に逢い、他力難思の往生を喜び、信心内に深く、歓喜心に満て、忽然として他念を忘じ、欣然として踊躍するなり、何ぞ必ずしも法式と定めんや」と述べているところからすれば、阿弥陀仏の誓われた本願により念仏申しただけで、だれかれの差別なく往生できるのだと説いたとき、歓喜心に満ち忽然として一切の妄念を忘れ踊躍し念仏するようになったのであろう。念仏申しさえすれば往生できる。「お前は念仏申したから、死後の往生疑いなし」ということを弥陀の代官としての知識から、直接耳にすることができた。これほど民衆にとって力強い支えはない。喜びは頂点に達しエクスタシーの境地、すなわち忘我の状態で手足を動かして踊った。それが「忽然として他念を忘じ、欣然として踊躍」したといえば、なんの前ぶれもなければ用意もない、嬉しさのあまり踊らざるを得なかった。そのようにして踊念仏は、はじめられたのであろう。

それがしだいに内容的にも体裁がととのえられ、「四反十二段の法式」となったようである。「四反十二段の法式」について『一向上人伝』には「其四反なるは是四住の煩悩を破し、四蛇の器を捨て、生老病死の依身を離れ、浄楽我常の報国に生まるべき表示なり。次に十二段は十二縁起の流転を離れ、十二光明の尊体を成すべき表示なり。其中に唱ふる佛名四十八反は、則四十八願成就をあらはす」（巻二）と述べ思想的根拠をしめしているが、内容は明らかでない。思うに念仏の方法を十二通りに分け、四十八遍の念仏を詠唱するように組織づけしていたようである。今、山形県天童の佛向寺を中心に伝承されている踊躍念仏の記録によれば、㈠舎利念仏、㈡和讃、㈢行道念仏、㈣モ上ゲブユリ（南無《ナモ》の無《モ》を上げ、仏の音をユスルこと）、㈤阿ハリブ引キ、㈥陀下ゲブ上ゲ、㈦重ネ　モ引キ（南無阿弥陀佛、阿弥陀、無阿弥）、㈧半伏セ念仏（ナンマイダンブツ（三遍）ナモアミ（一遍）、㈨足踏念仏（ナマイダブツナムマイダナモ）、㈩踊躍念仏（ナンマイダブツ、ナンマイダンブツ　動作が激しくなり須弥壇を一匝する）、(十一)屈伸念仏、(十二)結式念仏の順で作法を進め、一段で四遍念仏することを教えている。これが「四反十二段の法式」にあたるのであろうか。

　こうして修するようになった踊念仏の根拠について、一向俊聖は『無量寿経』の「それ彼の佛の名号を聞くこと得ることあって歓喜踊躍し、乃至一念せんに、まさに知るべし。この人大利を得たりとなすと。則ち是れ無上の功徳を具足す」（巻下）という経文をもってしているが、一遍智真は「曾って更に世尊を見たてまつるもの、則ちよくこのことを信じ、謙敬して聞て奉行し、踊躍して大いに歓喜す」（無量寿経巻

天狗草紙　　久松定謨氏蔵

下）と、「行者、心を傾けて常に目に対し神を騰け、踊躍して西方に入れ」（往生礼讃）の文を思想的バックボーンとして挙げている。このほか『無量寿経』には「この光に遇う者は三垢消滅し身意柔輭なり、歓喜踊躍して善心生ず」（巻上）という文があり、この阿弥陀佛の光明に照らされたならば、貪欲《とんよく》・瞋恚《しんに》・愚癡《ぐち》（三垢）の煩悩はたちまち消え、身も心もおだやかになり、喜びの思いが内に満ちあふれ善い心がさかんにおこると記されている。一遍智真は「身を穢国にすてて、心を浄域にすまし、偏に本願をあふぎ、専ら名号をとなふれば、心王の如来自然に正覚の台に坐し、己身の聖衆踊躍して法界にあそぶ。これしかしながらみづからの行業をからず、唯他力難思の利益、常没得度の法則なり」(語録巻下)と述べ、踊念仏を修することにより現実の世界に建てられた超越的な世界に没入することができると説いているが、一向俊聖は「形に恥て心を励ますこともあれば、踊躍によりて歓喜を引きおこす、下根の人のためには能事なるべし」(礼智阿上人消息)といい、踊躍することによって内に歓喜の相が生じるといった此岸《しがん》性に重心を置いて説いている。

では一向衆の人たちはどのようにして踊念仏したのであろうか。一向俊聖の場合、一遍智真のように当時の風儀を伝える絵詞伝が残されていないので、これを明らかにすることはできない。もし番場蓮華寺に所蔵されている『一向上人絵詞伝』が忠実な伝写であったとすれば、鉦をもち起立する九人と、坐って合掌している多くの僧たちによって修されていたということができる。しかし蓮華寺蔵の『絵詞伝』は江戸後期に近い寛政十三(一八〇一)年正月の書写であり、絵の部分は本文と紙質を異にし、絵そのものは奈良絵風のものであって、構図・時衆僧の風俗は古絵伝によって描かれたものではないと見られている(森暢稿「一向上人の臨終絵と画像」国華八六九)。『一向上人伝』として伝承されているものの多くは『一遍上人絵詞伝』と異なり、詞書《ことばがき》ばかりの五巻本である。五巻本の伝であるとすると、詞書の部分の分量はきわめて少ない。少ないということは、成立当初かなりの絵が加えられていたのではあるまいか。換言すれば絵が添えられていてこそ、五巻本『一向上人伝』としての体裁がととのえられていたといえる。蓮華寺本には一・二・三・五の四巻に五図、巻四に四図収められているが、これが、原『一向上人伝』と同じ個所にあったかどうかも、記録が残されていないので明らかにすることはできない。現在、山形県天童市にある佛向寺踊躍念仏保存会や、同県村山市所在の踊躍念仏同好会で伝承されている踊躍念仏は黒衣の上に阿弥衣を着て結袈裟を着け、首から鉦をつるした九人の僧侶によって実修されているが、もし一人欠けると七名の奇数で修さなければならないという。このすがたは、本尊前の内陣で鉦をもち起立する九人と端座合掌する多数の僧により粛然たるうちに十二段の進展するありさまを描いた『一向上人絵詞伝』の描写とよく似ている。思うに現在伝承されている踊躍念仏が江戸期に完成されたものであり、その念仏のすがたが描かれているとすれば『絵詞伝』は江戸期のすがたを伝えているといえよう。

人あるいは『絵詞伝』を伝写する場合、絵師は原本を忠実に描くであろう。かくして描かれた『絵詞伝』中の踊念仏の図と、今日伝承されている踊念仏の形式が同一であるから、踊念仏の原型は一向俊聖在世時ないし、伝記の成立した嘉暦三（一三二八）年のころのものを伝えているのであろうというかも知れない。しかし、『一遍上人絵詞伝』を見ても祖師の伝を後人が筆写する以上同一でなければならないと常識的に考えられるのに、同一のものはないに等しい。いわば絵師独自の見解で構図し筆をとっているといえる。とすれば『一向上人絵詞伝』にしめされているものは江戸時代後期のすがたであり、今日伝承されているものに近いといっても、一向俊聖在世時のすがたを伝えているということはできない。一向俊聖が修した当時の踊念仏には『野守鏡』や『天狗草紙』に書かれているように定まった型式はなく、だれが参加してもよいといったような人数に制限はなかったらしい。もし型があったとすれば、野馬があばれているようだなどと批判する者はいなかったであろう。なんらの娯楽をももち合さなかった人たちが、踊念仏の輪の中に加わった、念仏をとなえながら踊りさえすればよかった。踊ることによって内心に阿弥陀仏に救ってもらえるのだといった喜びをもち得た。そんな踊りが俊聖当時のものではなかったろうか。ここに集《つど》う人たちは「幸い今、受《うけ》がたき人身を受、あひがたき仏教に逢ひ、更に易行の法門に入り、三界の魔郷を出て、西方の本家に帰るべきは唯今の時」であることを信じ、「身の浄不浄をも顧《かへり》みず、佛の摂不摂をも論」ずることなく、ただ仏の本願に帰命し、知識の教えにまかせて念仏した。踊念仏は第二義的なものであり、民衆を仏教に引き入れるための手段であったが、入衆にあたっては知識の教えに身をまかせることが要求されていた。知識とは一向俊聖であり、俊聖ののちは礼智阿がその地位を継いだ。礼智阿は『十一条誡勧軌』に「六時の日課、毎日の二時の踊躍念仏、或いは行道念仏、法の如く勤めらるべし」（第八条）と記し、また時衆にしめした自行策励のいましめの中に「盆会・祖師忌には踊躍念仏、或いは行道念仏叮嚀なるべし」と述べて、毎日踊念仏を行うべきことを規定している。そのおり一遍と同様、和讃を用いたらしい。和讃すなわち『浄土和讃』には、

十方浄土の其中に　極楽我等に縁深し
阿弥陀の因位の本願は　凡夫を先とぞ発しける
万善万行生るれど　念仏に過たる行ぞ無し
三心五念具しぬれば　百即百生疑はず
十方恒沙の諸佛は　舌を舒てぞほめ給ふ
念仏の一法なかりせば　濁世の衆生如何かせん
法の功能を思ふには　涙も更にとゞまらず
行住坐臥の勤《つとめ》にて　威儀も作法も無かりけり
易行易往の法なれば　超世の教とぞ名づけたり

かかる巍しき大法に　逢こそ甚だ嬉しけれ
万事を捨てて願はずは　後に悔ても何かせむ
抑も六字の名号の　功能を聞こそ目出度けれ
万行万善納りて　煩悩重罪皆尽ぬ
浄土の依正二法は　言葉を以て宣《のべ》がたし
荘厳一つを愛するに　一劫説くとも飽《あき》もせず
蓮花初て開けつゝ　浄土の有様見渡せば
地下地上虚空に　三種の荘厳別れたり
宝樹の下を遊びすぎ　宝池の辺《あたり》に携へば
先に音せし木枯の　さびしく吹る夕暮れに
鳧鷹鴛鴦群りて　音を合して法を説く
池の上には船を浮け　溝の間は橋を行き
弥陀の御前に臥拝み　七宝の床に膝をひざまづく
仰て御貌を瞻ほれば　御口を動かし宣まはく
善哉々々善男女　一向専修念仏者
乗我本願来此国　解第一義出離者

極楽世界に往ぬれば
輪廻の旧里隔りぬ
大宝宮殿に詣でつゝ
金蓮台坐の上にして
佛の説法聴聞し
遥に他方界を見る
三途八難恐れなく
生老病死の愁ひなし

永く苦海を超へ過て
歓喜の意幾くぞ
弥陀の御貌を礼すれば
不退の法輪ときたまふ
玉樹楼に登りては
所は不退の処にて
寿は無量の命にて

とあり、俊聖の作ったものであるという（一向上人伝巻四）。しかし、この中には、

浄業和讃

「極楽讃末」
極楽世界ニユキヌレバ
ナガク苦海ヲコエスギテ
輪廻ノフルサトヘダタリテ

浄土和讃

極楽世界に往ぬれば
永く苦海を超へ過て
輪廻の旧里隔りぬ

歓喜ノココロイクバクゾ
大宝宮殿ニマウデツヽ
弥陀ノ威光ヲ礼スレバ
金蓮台座ノウヘニシテ
不退ノ法忍トキタマフ
「別願讃」
大宝宮殿ニマウデテハ
佛ノ説法聴問シ
玉樹楼ニノボリテハ
ハルカニ他方界ヲミル
「極楽讃末」
トコロハ不退ノトコロニテ
三途八難オソレナシ
イノチハ無量ノイノチニテ
生老ノウレヒナシ

歓喜の意幾くぞ
大宝宮殿に詣でつゝ
弥陀の御貌を礼すれば
金蓮台坐の上にして
不退の法輪ときたまふ

佛の説法聴問し
玉樹楼に登りては
遥に他方界を見る

所は不退の処にて
三途八難恐れなく
寿は無量の命にて
生老病死の愁ひなし

のように、一遍智真の和讃に共通している詞も見られる。かつて多屋頼俊氏が指摘されたように、和讃にはフシをつけて踊り暗誦しているうちに、いつしか一部分が独立して独自の和讃を作ったり、また他の和讃の中に組み入れられたりするような、移動性があったらしい（移動する和讃）。『一向上人伝』によれば『浄土和讃』は文永十年の作であり、『別願讃』が弘安十年の成立であるとすれば、一遍に先行して俊聖が和讃を作ったことになる。しかし、『一向上人伝』の成立年時については疑問も存するので、ひとまず置くとしても、この和讃に先行するものがあり、先行する和讃の一部が両者に附加されて『浄土』『別願』などの和讃が作られたとみたほうがよいであろう。

一向俊聖の教化

高嶺《たかね》の花としてしか仰ぐことのできなかった仏教を身にしみて味わうことの機会を与えられ、念仏申しさえすれば往生できることを、弥陀の代官としての知識から直接耳にすることができたとき、民衆はこ踊りして喜び、その教えに帰依した。しかし、難行をつまなければ仏になれないことを要求されていた聖道門側の人たちにとってみれば、浄土教は容易に首肯できるものではなかった。念仏に志向する人は難修難行の聖道門に見切りをつけ、浄土門にはしっていった。しかも、その多くは遊行と踊念仏を方便として、都鄙の人たちに念仏を勧めた時衆や一向衆に帰依した。観音房が「念仏を疑ひ、踊躍を嘲《あざけ》り、上人を待ちうける」態度をとったのも、また加賀国金沢の弥陀の道場で踊念仏をしていたとき、聖道門の僧三十人が一所に集まり評議の上、「踊躍して念仏する、偏へに狂人のわざならむ」ということで、念仏の経証などについて詰問したのも、ともに一向俊聖のもとに集まり衆団を形成し、旧教団をもしのぐ力となって、圧迫をかけてくるのをおそれたからであった。それほど踊念仏を手段とした衆団は、多くの人たちの注目を浴び、隆盛の一途をたどったようである。

建治元（一二七五）年薩摩国から海路四国に渡り、八月讃岐の州崎にいたり清海寺をはじめ、二年春には阿波国板野、秋には伊予の桑村を遊行。翌三年の夏には備前国吉備津宮に参詣したが、このとき礼智阿が入門した。礼智阿は一向俊聖の没後、番場（一向衆）二代の法灯を継いだ僧である。弘安元（一二七八）年八月出雲国水尾宮に詣で、同国意宇では及言を、翌二年長門国の豊浦では解意阿を教化し、石見国近摩を経て、同三年美作に入り江河刑部に念仏行者としてとるべき態度と、その利益を説いた。その後因幡・丹後を経、同六年上洛して洛中の古跡霊場をめぐり、翌年春加賀の金沢にいたり踊念仏を修した。このとき踊躍しながら念仏するとはもってのほか、そのすがたを見ていると狂人のようだ。手足を上げて踊るのが能ではない。踊るのなら踊るで、その根拠をしめしてほしい。経文によるべのない念仏踊はやめてもらいたいと、旧教団の僧の詰めよったとき、一向俊聖は、

我等無量劫以来三途に沈み、人天に浮めとも、終に生死の海を離るゝ事あたはず。地獄にしては八寒八熱の苦を受け、餓鬼に堕しては内障外障の飢を苦るしみ、畜生に生じては互相残害の憂ひにかゝり、山田守る僧都の影に驚きし。村雀や秋の野に妻こふ鹿の身にも成りつらん。爼上に刃を受けて告る事あたはぬ。魚となりては人の腹をも肥し、中に生きながら煮られ、爛れてすべきやうも無き蛤の類ひにてやありけん。たま〳〵人間に生じても、或いは佛前佛後、或いは舎衛の三億の類ぐひにてやありし。今に猶三界を出る事あたはず。しかるに今受がたき人身を受け、逢ひ難き仏教に逢ひ、更に易行大善の法門を得たり。是をおもへば歓喜身に余《あま》り、感涙肝に銘じぬ。争《いかで》か踊躍せざらん（一向上人伝巻四）

と踊念仏する理由を説いたという。同年夏のころ江州に向い馬場米山の辻堂に入り、住僧畜能・畜生両人の好意と土肥三郎元頼の帰依を受けて蓮華寺を再興し、同十年十一月十八日法を礼智阿に托し「歓喜の笑を含み、立ちながら息き絶へ」たと伝えている。『一向上人臨終記』（武田賢善氏蔵本）には「手に杖をつくといひて、立ち上るに

力なし。居ながら杖をつき、踊る気色にして、頭をふり声をあげて、高声念仏百反称へ」たのち「香《（ママ）》にせめ念仏七百反称へ」、さらに「せめ念仏三百反」となえて往生したと記している。このとき称えた「せめ念仏」は、白拍子舞の「せめ」が「急迫味を表はして、踏みまはり乍ら間を寄せて舞」うこと（高野辰之著『日本演劇史』巻一）から、金井清光氏はきわめてテンポの早い急調の念仏をいうのであろうと推測している（時衆文芸研究）。命日夕にせまっている。往生の近づくにつれ、一声でも多く念仏したい、念仏申させたいということで早いテンポで念仏したのではあるまいか。というのは当時七分全得という思想があり、死後の追福はその利益少なく、生前に修する逆修はその七倍の効果があると考えられていたので、一声でも多く念仏したいということで、せめ念仏を行ったらしい。

立ちながら往生したというけれども、鎌倉後期の製作と推定されている『一向上人臨終絵』（京都、中西文三氏蔵）には、道場の中央に阿弥衣と牧子《ぼっこ》の袈裟をかけ、居ながらにして往生をとげたという。跪《ひざまず》いたすがたの一向俊聖が描かれている。跪いたすがたであって、立ちながら往生したすがたではないが、杖にすがってでも立ちあがりたいとした意志はあったが、力なく立てなかったために、こうしたすがたで往生したのではあるまいか。だが残された人たちは、師の意志を十分に尊重した上で、立ちながら往生したと伝えたのではなかろうか。『臨終記』には踊る気色があったというが、そうした片鱗は臨終絵を見る限りまったく見られない。

第三節　踊念仏に対する批判

日蓮の踊念仏観

一遍や一向が踊念仏をして民衆の教化に手をさしのべていたころ、人びとは踊念仏をどのように見ていたであろうか。見ていたというよりも、教団外の人たちは踊念仏を教化の手段とすることにより衆団は発展する。あれよあれよといっている間に、民衆は踊念仏の輪の中に入っていく。当然旧教団としてはだまって見ているわけにはいかない。それは新しくおこり基盤をととのえつつあった教団人としても同様である。

その一人に日蓮がいた。

日蓮は弘安二年五月二日、新池殿に消息をしたためたが、その中に「阿弥陀佛は親ならず、主ならず、師ならず。されば一経の内、虚言《そらごと》の四十八願を立て給ひたりしを、愚《おろか》なる人びと実《まこと》と思ひて、物狂はしく金拍子《かね》をたゝき、おどりはねて念仏を申し、親の国をばいとひ出でぬ」と述べ、踊念仏ばかりか、阿弥陀仏の四十八願をも虚言ときめつけている。当時の人たちが「金拍子をたゝき」喜びのあまり「おどりはねて念仏」したのは、庶民は仏教に縁遠く到底仏になることはできないとされていたとき、ただ南無阿弥陀仏と阿弥陀仏のみ名をとなえるだけで、極楽浄土に往生できると説き、浄土への往生を約束したからである。その約束は『無量寿経』の四十八願に明示されている。すなわち、その第十八願に「たとひ我《われ》佛を得たらんに、十方の衆生、心を至し信楽《しんぎょう》して、我が国に生ぜんと欲して、ないし十念せんに、もし生ぜずといはば正覚《しょうがく》を取らじ」。もしわたしが仏となったならば、心を一にして、わたしのみ名をたとえ十たびであってもよいから称え、浄土に往生したいと願う人がいれば、そのすべての人を救ってあげます。もし往生できない人がいればわたしは仏になりませんと誓っている。だが法蔵菩薩は十劫の昔、すでに阿弥陀仏と名乗る仏となった。仏となっているからには、一人として救いからもれる人はいない。だれでも仏になれる、心配することはない。天台や真言を学ぶ人が仏になれなくても、念仏申す人はすべて往生できる。この修しやすく行じやすい教えは「不可思議ノ愚癡無智ノ尼入道ニヨロコバレ」(愚管抄第六)て弘まっていった。極楽浄土への往生を約束してくれたことに涙して喜ぶ民衆を見て、日蓮はその教説のよりどころとなっている『無量寿経』を釈尊の説いたものではないといって否定した。釈尊の説いたものでないのを仏説として民衆をた

ぶらかしているというのである。こうして日蓮は念仏をこきおろしている。日蓮はまた、

日本国の一切の女人は、南無妙法蓮華経とは唱へずして、女人の往生成佛をとげざる双観経等によりて、弥陀の名号を一日に六万遍・十万遍なんどとなうるは、佛の名号なれば巧《たくみ》なるには似たれども、女人不成佛・不往生の経によれる故に、いたづらに他の財を数えたる女人なり。これひとえに悪知識にたぼらかされたるなり。されば日本国の一切の女人の御かたきは虎狼よりも、山賊・海賊よりも、父母の敵とわれ等よりも、法華経をばをしえずして念仏等をもしうるこそ、一切の女人の御かたきなり（法華題目鈔）

といい、法然の女人往生説も『双観経』すなわち『無量寿経』などの浄土経典に文証はない。女人往生なんて虚言だ、女人を喜ばせだましているにすぎない。女性の敵は虎狼や山賊・海賊ばかりではない。このような女人をたぶらかす念仏者も「一切の女人の御かたき」。経説にないことをいうのは、ちょうど他人の財産をかぞえるようなものだと批判している。こうして日蓮は四十八願なんて虚言だ、それをまことしく説いているだけのこと。それを事実であると受けとり嬉し涙にくれ、喜んで金拍子をたたきながら踊りまわっている男女のすがたを見れば、なにかが狂っているのではない

かと思えるという。弘安二年といえば一遍らの在世中であり、そのころ日蓮は身《み》延《のぶ》山にいたから実際踊念仏のすがたにふれることはなかったであろう。しかし、かれは各地に在住していた弟子たちから念仏の弘まっていくさまを耳にし、踊念仏について聞いていた。そのためこうした発言をしたのではあるまいか。

重豪の踊念仏観

一遍が近江国守山の琰魔堂にいたとき、延暦寺東塔桜本の兵部竪者重豪《ひょうぶじゅしゃしげとし》が訪ねてきた。踊りながら念仏すること、もってのほかであるというのである。比叡山にも山の念仏といわれる船舟《はんじゅ》三昧があり、常行三昧堂で阿弥陀仏像のまわりを行道しながら念仏している。念仏そのものがいけないというのではない。

このとき一遍が「はねばはねよをどらばをどれはるこまの　のりのみちをばしる人ぞしる」、春駒のようにはねたければはね、踊りたければ踊って念仏するがいい。踊躍歓喜して念仏往生する道を知る人は知っているのだといって踊念仏こそわたしの心にはかなっているといえば、重豪は「心ごまのりしづめたるものならば　さのみはかくやをどりはぬべき」と反論し、「踊りて念仏申すことけしからず」と批判した。その後また一遍は「ともはねよかくてもをどれこゝろごま　みだのみのりときくぞうれしき」（聖絵巻四）、踊躍歓喜の心の駒は、はねたければはねるがいい、踊りたければ踊るがいい、踊躍歓喜さながらに弥陀の御法《みのり》の喜びと受ければ嬉しいことだと、自分の考えを歌に托して詠んだという。比叡山に住している重豪（絵詞伝〔巻三〕は叡山阿闍梨宴聡とする）にしてみれば、踊りたければ踊るがいい、心のおもむくままにするのがいいのだとはいえない。叡山の念仏は修法をかさねることにより、心を平静にし、阿弥陀仏と対決しなければならない。叡山での念仏が静であるとすれば、一遍の念仏は動であり、煩悩の介入が許されていた。煩悩を取り去れといったところで、凡夫にはしょせん無理である。あるがままのすがた、それが一遍の立場であった。そこで、心駒は悪道をひた走りにはしるきままもので、とめようにもとめることができない。だがそうした馬でも乗りしずめることができるように、踊ってはならないといえば踊らないことこそ、僧としての道であるといましめ、踊念仏を行うことは行軌にそむくと述べたのである。

一遍と重豪の立場は、はっきり対立している。自由奔放な態度をとる一遍と、天台教団にいて行軌に制約を加えられている重豪の立場は明らかに異なる。思うに一遍が東国で多くの人たちの共鳴を得たのは、行軌にしばられることなく、「聖人の風」すなわち民衆にかれらと同じような態度で接し聖人ぶらなかったためである。どろくささが民衆の心をうち、受けいれられた。しかし、京に入り都に近くなれば、そうはいかない。保守と革新といった差であろうか。都には都としての風習があった。それがみやびやかさというのかもしれない。僧らしくふるまうこと、新儀は極力いましめられていたので、東国で民衆に接したような方法で念仏を勧めたとしても受けいれられるものではなかった。踊念仏を一遍自身、春駒のはねるのにたとえている。野原にはなたれた馬が嬉しさのあまり、とびはねるように踊ったのであろうか。

野守鏡に見える踊念仏

こうした態度をさらに一歩すすめ、もっと辛辣《しんらつ》に踊念仏を非難したのは六條有房であった。かれは、その著『野守鏡』に、

一返房といひし僧、念仏義をあやまりて、踊躍歓喜といふは、をどるべき心なりとて、頭をふり足をあげてをどるをもて、念仏の行義としつ。又直心即浄土なりといふ文につきて、よろづいつはりてすべからずとて、はだかになれども、見苦しき所をもかくさず、偏に狂人のごとくにして、にくしと思ふ人をば、はゞかる所なく放言して、これをゆかしくたふとき正直のいたりなりとて、貴賤こぞりあつまりし事、さかりなる市にもなほこえたり

として、その盛んなるありさまを述べたのち、三か条にわたって踊念仏を批判している。三か条とは、

一には、踊躍歓喜の詞は諸経論にありといへども、諸宗の祖師一人としてをどる義をたてず、殊更善導和尚は身心をうごかさずして、至誠心を表はし給ひけるうへは、さらにをどるべきにあらず。二には、人を放言して、見ぐるしきところをかくさゞるは放逸の至り也。また〳〵正直の義にあらず。三には、その姿を見るに、如来解脱のたふとき法衣をあらためて、畜生愚癡のつたなき馬ぎぬをき、たま〳〵衣の姿なる裳を略してきたるありさま、偏に外道のごとし

で、第一条に踊躍歓喜という詞は、多くの経論に出ているけれども、いまだかつてその詞をたてにして「をどる義」をたてた人はいない。善導は踊躍歓喜とは、身心を動かすことではなく至誠心（まことの心）の意であるといっているように、こおどりして踊ることを意味しているのではない。喜びを満面にたたえ、「立ちて合掌し尊顔を拝す」（無量寿経巻下）といったすがたをいうのであると述べ、第二条に面白くない、にくいやつだと、思ったことを何はばかることなく口にしたり、踊りに夢中になり暑さに肌をぬぎ、あるいは衣が破れ落ちて裸となり見苦しきところも隠すことなく、これこそ正直なすがたのあらわれであるといっているが、そんなものを正直というので

魔佛一如絵巻　宮本長則氏蔵

はない。放逸というのだといい、第三条に法衣を着用しないで馬衣《うまぎぬ》を着、衣の裾をわざと取っているのは外道のわざであり、僧としてあるまじき行為であるといっている。馬衣は馬の背を被う布として用いられた、もっとも原始的な葛や麻の繊維で、網の目のように織った衣であったから網衣《あみぎぬ》とも呼ばれた。こうして指摘されたものを見ると、時衆には多分に野性的な面があるのに気がつく。野性的といえば自然主義と相い通ずるものがあるが、もっと野卑であったから知識人に受けいれられず、批判の対象となった。反知性的な態度

が知識人の寒心をかい、侮蔑を受ける原因となったといえよう。有房はまた、

此難のごとく、阿弥陀佛も思召しけるにや。かねては紫雲たち蓮花ふるなど、おどろ〳〵しくいひたてしが、まことのきはには、来迎の儀式も見えず。あまり正躰なかりければ、弟子、往生とかやの風情だにもかなはずして、人の見ぬさき、いそぎ焔にまじへ侍りける

と述べ、一遍智真の臨終にまでけちをつけるなど、一遍時衆をさんざん嘲笑したりけなしたりしている。この『野守鏡』が成立したのは永仁三(一二九五)年であり、一遍没後六年にあたっていた。この時非難の対象とされたのが一遍であり踊念仏であったように、踊念仏に対する世評はかんばしいものではなかった。一遍は安易な生活を退け、万事を投げ捨てた捨聖の生活に終始した。教団でしめされている『時衆制誡』を見れば、いかに生活に厳しさが要求されていたか知ることができるし、その教えも決してやさしくはない。にもかかわらず一般民衆から時衆が迎えられたのは踊念仏を行う、いわば踊る宗教としての魅力からであったろう。踊念仏が教団内になければ、こうまで一般民衆から熱狂的な支持を受けることはなかったのではあるまいか。

天狗草紙に見える踊念仏

翌永仁四年成立した『天狗草紙』にも、

或一向衆といひて、弥陀如来の外の余佛に帰依する人をにくみ、神明に参詣するものをそねむ。衆生の得脱の因縁さま〴〵なれば、即余佛・菩薩に因縁ありて、かの佛・菩薩に対して出離し、神明又和光利物の善巧方便なれば、即垂迹のみもとにして解脱すべし。しかるを一向弥陀一佛に限て、余行余宗をきらふ事、愚癡の至極偏執の深くなるが故に、袈裟をば出家の法衣なりとて、これを着せずして、なまじひにすがたは僧形なり。袈裟はこれ三世諸佛の解脱幢相の法衣なり。何これをすつべき。或いは馬衣をきて、衣の裳をつけず、念仏する時は頭をふり肩をゆりておどる事、野馬のごとし。さわがしき事、山猿にことならず。男女の根をかくす事なく、食物をつかみくひ、不当をこのむありさま、併畜生道の果因とみる

と述べ、すがただけは僧形をしているけれども、袈裟は「三世諸佛の解脱幢相の法衣」であるのに、それを着ないで馬衣を着、その上裳もつけていない。念仏するときは「頭をふり肩をゆりて」踊っているが、それをながめていると野馬があばれ、山猿がキァーキァーわめいているようだ。踊りに夢中になっているためであろうか「男女の根をかくす事」もなければ、食物を手づかみで食べている。畜生ともなんともいい

ようがない、とまで口をきわめて罵《ののし》っている。ここにいう一向衆というのは、弥陀一仏のみに帰依して神社に詣で結縁することを拒否していることからすれば、一遍智真の流れをくむ時衆ではない。時衆であれば当然神祇に結縁し、神社に詣でているからである。とすれば一向俊聖の流れを指しているようである。『一向上人伝』によれば一向俊聖も神社に参詣しているようであるが、参詣の記事は『一遍上人絵詞伝』などにならい、それを後人が骨子として付加したものらしい。ところが『天狗草紙』の絵で見ると「天狗長老一遍房」と明記している。おそらく著者が、一向衆という名称とともに京都あたりでは一遍智真の名が膾炙《かいしや》していたことから、いつしか両者を混同してしまったのではあるまいか。

絵を見ると一遍を中心に、十数人の僧らしき者＝時衆が円陣を作り入り乱れて踊っているが、みながみな同じ方向に向いていない。まちまちなしぐさをして踊っている。見るからに統一を欠いているように見える。続いて車の轅《えん》のところに多くの人が集まり、また空から烏《からす》天狗が花を降らし、小水をこうているさまが描かれているが、そのかたわらに、

あわや紫雲のたちて候はあなたうとや、

一遍房あをいで（仰）人の信ずるは、そらより花のふればなりけり、

なまい□はい〳〵や、
やろはい〳〵、ろ《ママ》はいや〳〵、
天狗の長老一邊《ママ》房、いまは花もふり紫雲もたつらむそ、
御房たちいで、み□□《れば》、
はなのふり候、人々御らむ候へや、
いかなるかはな《花》にて候ぞ、
まほしこそちるめれ、
□をば三輩に□□もたするに、
□はい〳〵といふはなにそも、
念仏のふだ、こちへもたひさふら《候》へ、
あれみよ、しとこうもの丶おほさよ、
これは上人の御しとにて候、よろづのやまひ《病》のくすりにて候、
一遍らのおどり〳〵て、き□のてに、しとする□往生のいむ、
しよまう《所望》の人のあまた候に、おほくしいれさせ給候へ、
あまは、め《目》のみへ候はぬに□《め》あらはん、
わらは丶、はら《腹》のやまひ《病》の候へば、くすりに御しとのみ候はむ、

□おとこにも、すこしたひ候へ

と書かれている。どうして一遍を仰ぎ信じたかといえば、空から花が降ってくるからだ。こうした信仰が当時あったらしい。そら花が空から降ってきた、紫雲がたなびいたなどという人がいたので、外に出で見ると、まさしく花が降ってきた。花とは念仏算《ふだ》のことで、人たちは「念仏のふだ、こちへもたひさふらへ」、こちらへも降ってこいよと、口々に叫んで、それを取ろうとしたらしい。だれかがまき散らしたのであろう。著者は鳥天狗だといっているが……。またしと、小水を請う者もいた。その小水は一遍のものだという。上人、すなわち一遍の小水は万病にきくといわれた。一遍のものならなんでもよいといった。絶対帰依の思想が根底にあったらしい。目が見えないから、しとをほしいという者もいれば、腹の薬にしたいからといってもらっていった者もいたという。『天狗草紙』そのものは、反対的立場にたつ人の記録であってから、話の内容をすべて信じることはできない。おそらく一遍に盲目的に従いつつあった人のいたことを風刺したものであったと思われる。

時衆教団の対応

こうした旧教団からの批判に対し、どのように対処したらよいか。時衆教団としては深刻な問題である。批判の対象となったのは、㈠踊念仏を修してもよいという典拠が経典に見えていないということと、㈡法衣が僧としてあるまじき異様な形をしていること、㈢に根を隠さないとか、手づかみで食べるとか、反道徳的行為を犯しているということである。こうした行為を見ていると「外道」のようであり、「野馬」「山猿」のような状態に似ている。あるいはまた「畜生道」に異ならないといわれてみれば、教団人である限りだまって聞きながしていることはできない。この問題に真剣に取り組み、教団の粛正《しゆくせい》を試みたいと願っていた人に遊行七代託何がいた。かれは『器朴論』『蔡州和伝要』などに教団の在り方を説示している。『天狗草紙』や『野守鏡』に見られるような誤解から生ずる批判によって、教団そのものが圧迫を受けることを懸念していた。教団は厳しい規律のもとに運営されていた。民衆とともにあることをモットーとしていた教団としては、心よからぬ者がまったく流入していなかったとはいえない。そうして流入していた人が踊念仏の修行を名として無軌道にはしるようになれば、粛正を志し教団からはじきだすこともやむをえないと考えたようである。

　踊念仏の典拠および、その意義についてはすでに『一遍聖絵』に見えている。『聖絵』は『無量寿経』の「曾更見世尊　即能信此事　謙敬聞奉行　踊躍大歓喜」および、善導の『往生礼讃』に見える「行者傾心常対目　騰神踊躍入西方」の文によって踊念仏が修されているゆえんを明かしたのち、「文の意は身を穢国を捨てて心を浄域にすまし、偏に本願を仰ぎ専ら名号をとなふれば、心王の如来自然に正覚の台《うてな》に坐し、己身の聖衆踊躍して法界にあそぶ」（巻四）と述べて、行者が阿弥陀仏に帰依し、わたしたちを救ってくれるのはこの人よりほかにはないと一心に念仏したとき、自然に歓喜がそとにあらわれ、踊躍し念仏するようになると説いている。当時禅宗などの興隆によって伝灯の有無が口の端にのぼったとき、託何は踊念仏は一遍智真によってはじめて行われたものではない。中国以来の伝統があると強調して、「空也上人ハ三論・真言等ヲ修学シ給ヒケレドモ、念仏行者ト成テ、宋朝ノ少康法師ノ跡ヲタヅネテ踊躍念仏シ給ヘリ。彼和讃トテ有発心求道集トテ書給フニモ、善導ヲ指南トシ給ヘリ」（蔡州和伝要）と述べ、また「漢土ニハ少康、日本ニハ空也。曠劫大慶ニ遇ル事ヲ喜、感涙不レ堪余ニ立踊也。初祖歓喜踊躍アルケルヨリ、此行儀出来セリ」（条々行儀法則）と記しているように、踊念仏は中国の少康に先蹤があって一遍智真の始行したものではない。その少康の「跡ヲタヅネテ踊躍念仏」を修したのが空也であり、空也は踊念仏用の歌＝和讃『有発心求動集』を撰述したときには善導を指南としている。こうして浄土五祖（曇鸞・道綽・善導・懐感・少康）と仰ぐ祖師のうち二人まで出しているとは、踊念仏に伝灯はない。インド・中国に伝灯をもたないものは仏教として認めることはできないといった思想があったために、善導・少康をもちだしてきたのではあるまいか。いわば踊念仏は、善導・少康など中国の浄土祖師と、それを継承した空也の伝灯を受け継ぎながら一遍智真にいたったものであるというのである。

次に反道徳的行為の行われていたことについて、もし『天狗草紙』などが意識されていたとすれば、服装をととのえ生肌《きはだ》をあらわしてはならないといったことも、当然ふれるべきであるのに教団としては一言《ひとこと》も言及していない。しかし、男女のあるべきすがたについては『防非鈔』に「一切の女人を親近するを停止すべき事」「僧尼、互に其境を踰えて交るべからず」「仔細を頭人を経ずして、僧尼互にその用を望むを停《ちよう》止《じ》すべき事」「一切の女性と手を触れて、互に渡《わたし》物を取り、並に同席に坐する事を停止すべき事」などと、口をすっぱくしていましめている。僧尼の共住を許した教団としては、当然のことながら男女間に愛欲の問題が生じていたのであろう。男女が共住すれば、愛欲の生じるすきは十分にあり得る。だがそれは教団成立のころからあったらしく、真教は「悲しい哉、父母の愛結を受け継いで人の形をとりながら、なお本《もと》の業因に立ち還って、愛著に繫縛せらる。近づけば妄に侵《おか》さるべし。遠ざけば面影避け難し。男は女の質《かたち》を遠離《おんり》し、女は男の意に従はざるにはしかず。秋の鹿は笛に寄りて身を取られ、夏の虫は火のために命を亡ぼす。是れ皆男女愛執の過《あやま》ち也」（道場誓文）

鉢叩き　　　七十一番職人尽歌合

と述べている。時衆や一向衆の教団に多くの女性が集まってきていたであろうことは、『天狗草紙』に「おとこにもすこしたひ候へ」、男にも少し分けて欲しい、女たちばかりが取ってしまうのは不都合だ、といった会話をしていることによっても知ることができる。女性たちこそ、男より以上に新教団に関心をもっていたことを物語っていたようである。『防非鈔』の著者解阿は一遍の入滅した正応二年十九歳であったから、年齢的に見ると一遍に師事して出家した弟子の一人であったろう。本書は暦応四（一三四一）年無智の僧尼が邪執とか悪口、諍論といったことでたびたび誓戒を破るようなことがあったので、誓戒を破れば地獄に堕ちることは必定。入衆した者がそうあっ

久世六斎　　　　（京都市南区上久世　光福寺）
六斎は笛を中心に，三種類の太鼓と鉦だけで演奏するが，楽符や書付はなく，口伝えによって，今日まで伝承されてきた．起源ははっきりしていないが，空也が空也堂で六斎日に鉢叩き踊り念仏を修したことから起ったとか，道空が干菜寺で六斎念仏を行なったのにはじるまともいわれる．昭和 28 年指定無形文化財．

ては大変だといった親心から撰述したものらしい。ここには前述したように食事の仕方とか、踊るときの身だしなみについてはふれていない。手づかみで食べ体をはだけてはならないというのは、所作として当然なしてはならない行為であったから記す必要はない、記すこと自身不真面目であると考えたからであろう。次に馬衣《うまぎぬ》について一言しておきたい。馬衣が馬の腹がけのように四角な衣で作られてあったといえば、時衆の法衣の一に衾《ふすま》（寝る時にかける夜具で、法衣として依用）があり、衾は両端に紐をつけて肩から背負うように作られた法衣であったから、その形は馬の腹がけによく似ていた。こうしたことから心よく思わない人たちが、あの衣は馬の腹がけのようだ、馬衣だといったのではあるまいか。事実、時衆では「惣礼の時、衾を着するは未だ他門にも之を見ず」（別時作法問答二三）といい衾を用いていたが、一向派（もと時衆の一）では「空也上人は鹿角を以て本尊となし、一向上人は馬の孜子《へうし》と云う物を取りて袈裟を掛け給ふ。今馬場門徒（一向派）の時衆掛ける袈裟是れ也」（同上）といっているように馬衣を用いた。馬衣について「馬の皮」（同上二九）と解していた人もいたようであるが、これはむしろ馬衣を見ないために生じた誤謬であったと思われる。

第三章　踊念仏の継承と盛行

第一節　浄土真宗における踊念仏

こうした批判と対処が、それぞれの立場でなされたとしても踊念仏は依然として、時衆によって継承されるとともに、他の教団にも影響をおよぼしていった。その一つに親鸞の流れをひく越前大町門徒がある。大町門徒は真宗高田系に属しているが、由来親鸞の流れをひく門流では阿弥陀仏のみを信じ、他の一切の仏を余仏として信じてはならない。念仏以外の行も余行として廃捨するという立場をとっているので、親鸞の本旨からいえば踊念仏は修されなかったはずであるが、正和年中（一三一二―一六）孤山隠士という人が大町の如導を論難した『愚闇記』の中に、

一、踊躍念仏ニ本説無キ事
一、踊躍衆ノ面々、飯汁御菜混合ノ事
一、踊躍衆、網衣ヲ死人ノ上ニ引覆事
一、踊躍道場ニ於テ連歌之事
一、踊躍門弟等六字名号南無之義ヲ立ツル事

と記しているところからすれば、踊躍念仏が大町門徒に流入していたようである。それぞれの条目を見ると網衣＝阿弥衣を用いたり、道場内で連歌を行ったりしており、他面「一向念仏ト号シテ浄不浄ヲ嫌ハズ、阿弥陀経ヲ読マザル事」の一条を挙げているので、ここにいう踊躍衆は時衆を指しているのではないかとさえ思われるが、しかし「一向念仏シテ在家之男女聚メツ、愚禿善信ト云流人之作リタル和讃ヲウタヒ詠メテ、同ジ音念仏ヲ唱」えたと述べ、愚禿善信すなわち親鸞の作った和讃を詠んだといっているところからすれば、親鸞の流れをくむ衆団であったことはいうまでもない。しかも踊躍衆＝大町門徒の祖如導の系譜を受け継ぐ一流の人たちは、別時会のときでさえ「女ハ綾羅錦繍ノ類ニテ身厳リ、面ニ白粉ヲヌリ眉ヲ青クシ、歯ヲ黒ク」染め、「頭ニ長髪懸衣ニタキモノヲ薫」じていたらしく、それはあたかも傾城《けいせい》（遊女）のようなすがたをしていたと指摘し、化粧して念仏する風を厳しくいましめている。しかも衆団中には「男女雑居シテ通夜、行住坐臥、心ニ任スレバ潜ニ心ヲ通」じた人もいたという。それがどの程度真実を伝えているものか知る由はないとしても、こうしたことを指摘されればだまっているわけにはいかない。風紀の紊乱はやがて教団の粛正を要求されないとも限らない。またこれが弾圧の口実にもなりかねない。そのため如導は『愚闇記返礼』を書き「所念ノ佛体、能念之衆生有ラバ、是ヲ踊躍シ玉フ也。能念之衆生何ゾ所念ノ佛体ヲ踊躍セザランヤ」と述べ、自宗の踊躍念仏を本説ありとして弁護し返破している。しかし和讃をうたい、同音に念仏した席で、身を飾った人たちが踊ったといえば、踊念仏というよりも風流踊といった性格をもっていたものであったろう。

だが身を飾って念仏した女性は、傾城ではなく尼僧であったから、「別時ノ寄合」＝別時念仏に尼が「傾城ノ形」をしたというのは、別時の踊念仏を色っぽく演じて俗人の参詣者を多数集めるための手段であったかもしれないという（金井清光著「時衆文芸研究」）。もしそれが事実であるとすれば、僧としてあるまじき行為であり、教団に対する冒瀆もはなはだしく忌憚を受けるのは当然で、その原因は教団自身にあったといえる。傾城のようなすがたをして踊念仏していたというのは、いわば踊念仏の芸能化のはしりとでもいえるが、それは『元亨釈書』にも見えている。『釈書』は元亨二（一三二二）年の成立であるから、『愚闇記』より数年後にできたものであるが、時代的にはほぼ同時代のようすを伝えているといえよう。すなわち『釈書』には、

> 元暦・文治の間、源空法師専念の宗を建て、遺派・末流、或いは曲調に資し、抑揚頓挫流暢哀婉、人性に感じ人心を喜ばす。士女楽聞雑踏駢闐《へんてん》す。愚化の一端とすべし。然るに流俗益《ますます》甚しく動、伎戯を銜し、燕宴の末席を交へ、盃觴の余瀝

を受け、瞽史倡妓を与え膝を促《つつ》めて互いに唱う。痛ましい哉、真佛、秘号蕩を鄭衛の末韻となし、或いはまた鐃磬を撃ち跳躍を打《な》す、婦女を別《わか》たず、街巷喧噪なり、その弊言うにたらず

と述べ、法然の末流の中には流暢哀婉な曲調をもった念仏をとなえている者もあれば、倡妓と手を取りあい宴席に交わり歌っている人もあり、また鐃磬をうって跳躍乱舞した人もいたという。しかも、それは男女を問うことなくともに歌い踊ったためににぎやかなこと限りなしといった状態であった。これが単なる燕宴、すなわち宴席での結果を伝えているものか、講や祭りでの宴を指すものかははっきりしていないが、伎戯と呼ばれるようなアクロバティックな踊りが行われていたのかもしれない。念仏にはリズムがあり、抑揚があった。その念仏が当代人に受けいれられるためには、人性に感じ人心を喜ばす風情があったからであろう。

日下無倫氏の『真宗史の研究』によれば「下野高田から移転された所の伊勢高田派本山専修寺では、大法会に際してまま踊念仏を修する遺風」があり、「昭和三年四月新法主の得度式記念として、この念仏が修せられ」たという。その踊念仏が顕智踊りと呼ばれているものにあたるらしいが、今は行われていないようである。顕智踊りといって踊りという名を伝えているから、元来踊りがあったことは事実であろう。日下

氏の記録しているところによれば、昭和初期にはあったらしい。高田に踊念仏のあった証拠として、五来重氏は『高田専修寺系図』（本願寺本巻七）下野高田専修寺二世真佛の次男信性の条下に「信性　結城領内在住　結城殿朝光頼朝ノ子ノムコ成、真佛ニ寺アリ、専修寺ト申候称名寺ハ朝光立給候、大念仏衆之躰也」とある記事に着目し、高田専修寺には大念仏衆が入っていたようである。大念仏は集団的な念仏行道と詠唱舞踊からなる民俗的鎮送儀礼で、祖霊とか怨霊の鎮送を目的としたものであったから、その依代《よりしろ》としての灯籠とか花傘・風流傘を先頭に霊に扮装した踊り手が行列を組み、村の聖地や祭壇（精霊棚）をめぐって、鉦《かね》太鼓の伴奏で鎮送呪詞としての念仏をとなえ、鎮送舞踊としての念仏踊を踊るのを常としていた。その大念仏を教団に伝えているからには踊念仏が教団内に採り入れられていたであろうといっている（一遍と高野・熊野および踊念仏）。こうしたところに五来氏は高田専修寺と踊念仏の関連を求めている。また専修寺には本尊として善光寺如来像が安置されていたので如来堂とも呼ばれ、太子堂もあり聖徳太子像が安置されていた。善光寺如来像が安置されていたことは、ここに善光寺系融通念仏が入っていたことを意味している。ということは融通念仏の影響下にも踊念仏が行われていたといえる。こうした見解をとって専修寺での踊念仏の存在を認めている。ここでいう大念仏と融通念仏は同義のものであり、専修寺末寺の伊勢三日市の如来寺・太子寺には「おんない」と呼ばれる大念仏が残存しており、一身田の高田本山専修寺門前の厚源寺には最近まで大鼓・鉦鼓・法螺・法剣・法幢・花傘などを用いる大念仏の踊念仏が残っていたという(五来重稿「伊勢三日市のおんないと真宗高田派の大念仏」高田学報四八)。「おんない」とはどういう字をあてはめるのか。またどのような意味をもっていたか、ということははっきりしていないが、天文六(一五三七)年の摂取院文書に恩愛忌とあるので、古くは恩愛の字をあてていたらしい。しかし、そのもつ意味ということになると明らかでない。滋賀県や伊賀で神事を「おこない」といっているので、その転訛ではないかと見ている人もあれば(平松令三氏説)、『高僧和讃』の「恩愛ハナハダタチガタク、生死ハナハダツキガタシ」という恩愛からとったという人もあり、常盤井猷磨氏は岐阜や滋賀のあたりで仏事のことを、「おうやまい」といっているのでその転訛ではないかといっている(「おんない念仏歌考注」高田学報四七)。五来重氏は伊勢の対岸知多半島所在の半田市成岩の「四遍念仏」では大口(調声)の、

なむあみだんぼッ　なむあみだあーあー
なむあみだんぼッ　なむあーみーだ

の詠唱に対し、小口(脇または平)の合唱があり、

オンあいみだあーあ　なむあみだあーあ
なむあみだんぼッ　なみあみだーォー

とつけるのを一繰りとして七回くり返し、ついて中おろしとなって日舞調になっている。これに二十七種の和讃が付いて歌念仏の形式をとっているが、小口の付きに「オン」という発語時間投詞があり「あみだー」と節をまわすために「あいみだあーあ」となり、「オンあい」の発声となるということを例証に挙げて説明し、大念仏の称名念仏の一部からでたものであると見ている（伊勢三日市のおんないと真宗高田派の大念仏）。以上のように「おんない」それぞれに理由づけはなされていても決め手はなく、推測にしかすぎない。「おんない」の念仏歌は五七五七七の短歌形式からなり、伊勢三日市の東西両組に伝承されて現存している。しかし同地に残されていても、両者の歌詩は同一ではない。東組のものには二十八首、西組のものには二十二首あり、合せると五十首になるが、その中、重複しているものは十三首にしかすぎない。この歌詩の成立年代について常盤井氏は「そろ（候）よ」とか、「弔《と》うずる親は弔《と》いもせで、親に弔わるる天の恐れや」という「弔うず」という古い語形が見え、しかも文法上「こそ」の係り結びが乱れていないことから、『閑吟集』の成立（一五一八）からさほど遠からぬ時代のものではないかと見ている（おんない念仏歌考）。

今日伝承されている「おんない」は傘鉾をたて提灯をもち、蓑《みの》をつけ菅笠をかぶり鉦と太鼓をうちならし、念仏と和讃をとなえながら、如来堂とか太子堂をはじめ観音堂・十王堂といった村の聖地をめぐり、ねんごろに念仏し和讃をとなえている。今では念仏し和讃をとなえるだけで踊りを行っていない。そうした現状から類推してもともと踊りはなかったと見ている人もいるが、下野の高田では顕智踊りの名を伝えているし、昭和初年専修寺で踊念仏を修されたといえば、当初踊りはあったと見て大過ないであろう。顕智は嘉禄二（一二二六）年越後に生まれ、のち親鸞の直弟真佛の弟子になったらしい。その後下野に来住し、正嘉二（一二五八）年十二月高田専修寺に住し、正応二（一二八九）年住持職を専空に譲り、延慶三（一三一〇）年七月八十五歳で入滅した。その間、かれは三年ほど三河国に滞在して念仏を弘め（三河念仏相承日記）、時に円善が帰依したという。三河に滞在したのは顕智の息女「御《お》わき」がいたためであったが、『三河念仏相承日記』にはかれを「顕智ヒジリ」と呼んでいる。しかも「御居住のあいだに念仏に入《いる》人数名姓事」として三十二名の名を挙げており、その三十二名はまたそれぞれ何人かの門徒をもっていたであろうから、一時はかなり三河を中心に教団は栄えたことと思われる。のち円善門下の如道（大町）は真佛門下の道性と越前に赴き三門徒派を形成したという。三門徒は讃門徒ともいわれるように和讃を重視している。如道の思想はおがまず秘事であるといい、本願寺の蓮如はそれを非常に嫌っているが、三門徒では当然のことながら善意に解し、当時としてみればきわめて進歩した新しい教学であるといっている。その後顕智は伊勢国に入り三日市で善然を教化し（門徒交名牒・光明本尊は善念に造る）、如来堂や太子堂を建立したと伝えているが、「おんない」の伝承によれば一会の説法があったのみで、風のごとくいずくともなく立ち去ったという。「おんない」は顕智が法会の途中ですがたを消した。その日はあいにく雨であったから、人びとは簑笠をつけ探しに出かけたというのが筋になって組み立てられている。如来堂はじめ「おんない」の訪れて念仏するところは、すべて顕智にとって忘れることのできない聖地であり、東道場は顕智と四人の名主がはじめて伊勢にこられたとき面会したところであった。またすがたを消したところが一ツ橋であったという。こうした聖地＝由緒地をめぐるのであるが、このとき「顕智さんはどこへいったろうな」といって探すしぐさをする。それが顕智踊りの原初的なものではなかったろうか。とすれば顕智踊りは踊念仏というよりも風流踊に近い型体をとっていたようである。顕智は十四世紀はじめに亡くなっているので、顕智踊りと呼ばれた踊念仏が教団内に発生したのは滅後間もない十四世紀前半のころであったかもしれない。しかし踊念仏は教団の行儀としては伝えられていない。真宗からすれば踊念仏を修することは本義にもとる。だが末流では行われていると聞く。こうした事実を耳にした真慧は『御定』に「ツクヅク当門流ノ坊主衆ノ覚悟ヲミルニ、利養狂惑ノ見ニ任シテ、流祖聖人ノオキテヲソムキ、自由ノ悪見ニヨテ末弟等ヲ虚妄シ、ミダリガハシク法意ヲカスムル条イハレナキ次第ナリ」と述べ、流祖親鸞の禁じたことを「自由の悪見」、すなわち個人の意志により行うがごときもってのほかである。以後つつしまれたいと語気鋭く申し渡した条文の中に「世間ニモ舞マイノ猿楽ノ振舞ヲイタシテ、舞マイノタヨリトセントオモハンガゴトシ。コレ不可ナリ」といって、舞をまい踊るような行為をしている人もあるらしいが良くない行いであるからやめるようにとさとしている。このように粛正が加えられたとき、踊りは教団からすがたを消し、念仏と和讃だけが残ったのではあるまいか。

第二節　融通念仏と大念仏

　ここで融通念仏および大念仏について述べておきたい。宗教は個人の安心立命、すなわち成仏を願うとともに他人も救いたいという願いが根底にある。教えを説くことは、説くわたしが仏になると同時に、説いた対象＝被教化者も仏になってほしい、仏になりたいという民衆の声に応じて教えを説くのである。これを一遍の念仏についていうならば、賦算することにより一般民衆たちにも救いの手をさしのべたいというのである。名もなき、欲しいと要求しない人たちにまで念仏算《ふだ》を与えた。ともどもに救いたい、救われたいという願いがあればこそ、こうした方法で賦算し結縁したのである。自分が救われるだけでなく、他人も救わなければならないと願う、こちらにもあちらにも相い通じる思想が融通思想であり、そこに念仏が介在したとき融通念仏となる。しかも、その念仏をより多くの人たちに結縁させ往生させてやりたい。多くの人たちに結縁させることは、具体的にいえば多くの人に念仏の算を配り、往生結縁者として多くの人たちの名を『念仏名帳』に記し、また人を集めてより多く念仏をとなえさせることである。念仏の数は多ければ多いほどよい、功徳はまたそれだけ増すというのである。質よりも量が問われた。念仏の数量化である。より多くの念仏、こうした傾向をもつ念仏を大念仏と呼んでいる。このように考えれば融通念仏と大念仏は同義であったから、一名融通大念仏とも呼ばれている。大念仏の名が記録の上に見えているもっとも早いものは『拾遺往生伝』中の清海伝であり、清海は正暦（九九〇―九九五）のはじめ自他を勧進し、七日の念仏を修したといわれ、この念仏を「超昇寺の大念仏」と呼んだという。金井清光氏は正暦五年六月御霊会を修したとき、神輿に疾神をのせ幾千万とも知れない男女が幣帛をもって難波の海に送っているので超昇寺の大念仏もこれと関連があるのではないかと推定し、疫神の退散を祈る呪術念仏であったと見ている。なぜならば御霊会同様大念仏もできるだけ多くの人びとを動員して念仏させることが望ましいから、それには僧尼や在家の結縁者ばかりでなく、念仏に無縁の俗人も参加させる必要があったというのである（時衆文芸研究）。今、その当否をさておくとしても疫疾が発生したとき、疫神を追いはらいたいと念じ、動員し得る限りの多くの人たちを集め念仏の手段として平和の到来を祈念したことはあったであろう。一つは正暦のはじめといい、一つは正暦五年であって年時の上に齟齬はあるとしても、同一年時のことであるとすれば、それがはしなくも大念仏となったろうことは考えられる。

融通大念仏は京都嵯峨の清涼寺に所蔵されている『融通大念仏縁起』によれば「道御（円覚十万上人）、上宮太子の御霊告により良忍上人の遺風を伝へて弘安二年に始行」したものであったという。しかしそれはあくまで嵯峨清涼寺の融通大念仏であって一般化されたものではない。摂津国平野の大念仏、すなわち融通念仏は法明上人良尊が元亨元（一三二一）年十一月石清水八幡の夢想によりはじめたもので、そのとき用いた法具・法器は石清水の神から授けられたものと伝えている（大念仏寺誌）。通常融通念仏は良忍が比叡山を下り大原別所に隠棲し、勝林院で声明梵唄の法を学び独自の音譜を完成した。以来毎日六万遍の念仏を修し、永久五（一一一七）年三昧中に阿弥陀仏の真相を拝し、「一人一切人　一切人一人　一行一切行　一切行一行　是名他力往生　十界一念　融通念仏　億百万遍　功徳円満」の偈を感得したときにはじまるといい、その後自他融通の念仏を唱導するようになった。独自の型態をもっているとはいえ、その源流は比叡山常行三昧堂に伝承されている引声念仏であり、詠唱の念仏に系譜をもっていたという。引声念仏は慈覚大師円仁が入唐したとき中国の五台山から伝承し、比叡山に移した法照流の五会《ごえ》念仏である。五会とは平声緩念（第一会）、平上声緩念（第二会）、非緩急念（第三会）、漸急念（第四会）、四字転急念（第五会）

をいい、五段階に念仏をとなえるもので、阿弥陀仏のみ名をとなえながら阿弥陀仏の周囲をまわり（常行三昧）、諸法実相の理をさとろうとするものである。ここでは絶えず念仏をとなえることが要求されていた。絶えることなく念仏をとなえる僧、それが堂僧であり、いわば堂僧は常行三昧堂にいて不断念仏する奉仕者であった。『石清水不断念仏縁起』（延久二年一〇七〇）に「常行三昧は四種三昧の一なり。慈覚大師唐土より我山に伝う。常行堂に十四口の僧侶を置き、八月中七か日の不断念仏を修す。貞観中に至り、山上の諸院 各《おのおの》 此の三昧を修し、已《すで》に二百余年に及び、結衆幾千万人なるを知らず。中について西塔常行堂結衆、殊に知徳を択び補するところなり（中略）弟子別当法印大和尚位清成（中略）身を我が山に寄せ、少《わか》き日堂僧の列に入り已に一紀を経る」とあるように、石清水八幡宮にも常行三昧堂が、比叡山から移されて設けられていた。とすれば三昧堂は比叡山の独占ではなく、有縁の地に設けられていたといえよう。石清水のものは比叡山の西塔から移したもので、治暦三（一〇六七）年以来宝前で常行三昧を修していたという。法明上人良尊は天治元（一一二四）年京に入り宮中で融通念仏会を開き、『念仏名帳』に鳥羽天皇の署名をもらったのち、『念仏名帳』をもって諸国を勧進した。良尊以前に融通念仏を修した僧として清海の存在が知られ、その後道御が始行したというように、はっきりした祖師を伝えていない。

ということは融通念仏にしても大念仏にしても、だれがはじめたというものでもなければ、こうでなければならないといった性格はない。いわば始行者を祖とする自由な教団であったらしい。多くの人に結縁し、より多くの人を集めて念仏すればことたりた。俊乗房重源が大仏殿の前で七日の間行ったという大念仏も(四八巻伝巻三〇)、法然の第三年忌にあたり、「御追善のために、建保二年正月に(聖覚)法印、真如堂にして七日のあひだ道俗をあつめて」修された融通念仏にしても(同上巻一七)、また一遍智真が正応二年正月二十七日伊予国三島明神の「桜会の日、大行道にたち大念仏申」した大念仏も(一遍聖絵巻一〇)、融通・大念仏の差こそあれ、「(顕真)法印香炉をとり高声念仏をはじめ行道したまふに、大衆みな同音に念仏を修すること三日三夜、声山谷にひびき林野をうごかす。信をおこし縁をむすぶ人おほかりき」(四八巻伝巻一四)といったような、多くの人が集まり念仏し、たがいの幸福を願ったといった程度のもので特定のものではなかった。いわば念仏が手段となり、多くの人が集まるところ、どこにでも大念仏が行われていたといえる。どこでも行われ、行うことができたといえば、これといった系譜はなかったと見てよいであろう。法金剛院の『融通大念仏血脈』には上宮聖徳太子―円覚(道御)―本如―賢乗―浄雲―賢悟―顕一―承道親王―法深親王と次第している。こうした系譜が作られたのは、融通念仏宗といったイメージができてからのち作り出されたもので、この場合聖徳太子を祖と仰いでいる。相互の間に師資の相承があったか否かについては知ることができないにしても、教団の成立にともない血脈譜をたてる必要が生じたとき作成されたものであったろう。したがって個々別々に作られた大念仏や融通念仏に必ず踊念仏があったというのは誤りで、ある系統によっては修されていたといった方がよいのではあるまいか。だが大念仏を行っていた民衆が興奮のあまり、時衆などの影響を受け踊念仏を行った可能性はある。

『和漢三才図絵』(巻七五)の河内国紫雲山来迎寺の条に「光明帝の時、摂津深江村に沙門有り、法明と名づく。嘗って念仏三昧を修す康永元壬午年四月望夜八幡の神勅有りて曰く。汝信心神感有る故に、我が本形の画像を授くべし。以て大念仏を弘むるなり。同七月十六日法明将《まさ》に八幡山に詣づ。ここにおいて社人塗に値う。河州交野曰く、我は則ち八幡の神人なり。神告に任せ、今汝の許に行くとて、乃《すなわ》ち本尊一軸を授け法明これを松の枝に掛け、歓喜踊躍して念仏す踊念仏はその遺風なり」とあるのによれば、良尊は康永元(一三四二)年七月石清水八幡から授けられた画像の本尊を松の枝にかけ踊念仏したという。このとき授けられた画像に描かれていた本尊は、八幡の本地は阿弥陀仏と信じられていたから阿弥陀仏であったろう。阿弥陀仏であるとすれば念仏してもよいし、ここには前述したように常行三昧堂もあった。かれは元亨元年石清水八幡の夢想によって融通念仏の正統を継ぎ、摂津国杭全平野郷に大念仏寺を開き、同三年播磨国加古に赴き教信の墓前にぬかずき仏事を修したのち、同年七月泉州堺に来迎寺を創建した。大念仏寺では江戸時代のころ毎年七月八日、大阪平野本山の化主ならびに霊仏・霊宝・亀鉦などを迎え、七堂のちの三昧堂で踊念仏が行われていたという(堺市史巻七)。その始源について元亨三年加古から泉州堺に着船し諸人に迎えられたときであるとしているが(融通念仏宗三祖略伝)、元亨三年といえば時衆では四祖呑海の在世時で、時衆の教勢著しく伸張したときであり、また堺には四條道場金蓮寺末の引接寺と金光寺があり、前者は東西三七町、南北三八町の寺域をもつ大寺であったといえば宗風として踊念仏も盛んに修されていたであろう。踊念仏の盛行はそのまま教団の隆盛を意味していたから、良尊は大念仏寺を再興するには踊念仏を用いるにしかずと考え移入したのではあるまいか。とすれば大念仏が行われていた良尊系の大念仏寺などで踊念仏が修されていたのは当然であったといえる。

また融通念仏の本山ともいうべき嵯峨の清凉寺でも踊念仏の行われていたことは、応永本『融通念佛縁起』に描かれている絵によって知ることができる。すなわち本堂の内陣前に置かれた高台の上に二人の黒衣を着た僧が鉦鼓をたたきながら踊っており、

踊念仏　（嵯峨清涼寺蔵　融通大念仏縁起）

柱のかげに立っているもう一人の黒衣僧は手にした撞木で拍子をとっている。そのまわりには多くの道俗たちがむらがり、本尊を取り囲むようにして群衆が円陣を作って行道している。融通念仏は良忍（一〇七二―一一三二）のはじめたものといわれているが、果してかれの在世当時踊念仏が行われていたかどうかは明らかでない。修されていたことを証明するものは一つとして見当たらない。おそらくなかったのではあるまいか。とすれば踊念仏の絵は良忍に仮託しながら、『融通念佛縁起』の成立したころの法会のすがたを描いたものであろう。室町期十四世紀末には清涼寺で踊念仏の行われていたことは事実であるが、それがいつごろまでさかのぼれるか。いわばその始行の年時は明らかでない。伝うるところによれば円覚十万上人道御が融通念仏会をはじめたのは弘安二年であったという。一遍智真が信州伴野の市庭の在家ではじめたのも同年冬のことであったから、一遍にあやかって弘安二年としたようにも思える。

また『万集類』（笹野堅氏「古本能狂言」巻三）に、

信濃国善光寺へ三人参りてかみ《髪》をそる事也。ぐわんいしくどく《願以此功徳》は、さまぐ〳〵お、けれども、此念仏にすぎたるはよもあらじ。是もおもへばむよう《無用》の事く〳〵おどり《踊》念仏もむづかしや。かね《鉦》も衣もぬぎすて、、又いにしへ《古》にならんとて、ふうふ《夫婦》のものはて《手》をくみて、ありしちぎり《契》にかへりあふえん《縁》こそうれしかりけり

とあるのによれば、信州の善光寺でも踊念仏は行われていたのであろう。ここには妻戸時衆と称する一群の時衆がいたので、かれらによって行われていたのであろうし、それは一遍以来の伝統があったともいえよう。

第三節　踊念仏の盛行

聖冏の踊念仏観

聖冏は『破邪顕正義』に踊念仏について、「躍《(ママ)》念仏の行儀、文義にそむくこと」の条下に「女云く、近代念仏行者の中に躍念仏を修する人、これあり。是れの行儀ぞ」と設問し、「彼の門人の行事を見るに奇怪第一なり。これを沙門といはんと欲すれば三衣一鉢の形体を欠く。これを白衣といはんと欲すれば、夙に参り夕べに拝する奉公なし」と口をきわめて非難し、三衣一鉢を欠く者を僧と認めることはできない。踊念仏を修することは僧としてあるまじき行為であるとさえいっている。かれの門人といううかれは特定の人を指しているようであるが、明らかでない。遊行上人か、さもなければ踊念仏していた時衆のいずれかであろう。

『破邪顕正義』は『鹿島問答』ともいわれ、聖冏が鹿島神社に詣でたとき、ただ一心に阿弥陀仏の名号をとなえる老念仏娼と、同じく社頭にぬかずき『唯識三十頌』を読踊する老翁に出会った。この出会いがもとで聖道門と浄土門の二人が問答したということを前提に述作したものであるが、二人の問答といっても実は仮託したもので、老念仏娼こそ聖冏であり、したがってここにもられている思想は聖冏の念仏観であるといえよう。内容的には他宗の徒が浄土宗に対して浴びせた十八か条の論難と折伏とからなっており、その第十三段の下に踊念仏について言及している。本書は永和三（一三七七）年の撰述で著者は聖冏、当時の遊行上人は元愚であった。聖冏は浄土宗白旗派の僧で『浄土二蔵頌義』を撰述して浄土宗義の体系化を試み、『顕浄土伝戒論』『教相十八通』を著わし宗脈と戒脈を二つながら相承すべきことを説くなど、応永二十七（一四二〇）年八十歳で没するまで、当時寓宗とか附庸宗といわれていた浄土宗を独立宗とするため努力した人であった。勝れた宗侶を養成するため談義所を設けたのも、五重相伝という方法でしっかりした宗義を身につけさせるための修行道場を造ることを提唱したのも聖冏であった。かれは踊念仏のようすについて、「一等に鏧《かね》を扣《たたき》て声を挙げ、不同に頭を振て斜《なな》めに躍り、鏧と足と拍子をとゝのえて面白く、声と頭と体裁笑《おか》しく軽忽なり。頗る江魚の渚《みぎわ》に餌とり、又山猿の梢《こずえ》を拾ふに似たり」と記している。これによれば鏧を楽器としたたいて拍子をとり、頭をふり足をそろえ、体をななめに倒しながら面白おかしく踊っていた。声をあげたといえば、念仏するか和讃でも歌っていたのであろう。念仏ばかりを始めから終りまでやっていたわけではあるまいから、和讃を歌い、鏧の拍子に合せ踊っていたと見てよいのではあるまいか。その踊りのさまを魚が渚に餌を求め山猿が梢を飛び歩くようなすがたをしていたといえば、口をぱくぱく開け、ぴょんぴょんと跳ねるようにして踊っていたのであろうか。こうしたようすを垣間見た聖冏は「悲しいかな、究竟の一乗、専ら乞児の幻術となりぬることを。痛ましきかな、果号の三字、偏へに愚夫の渡世と成りぬることを」と述べ、乞児・愚夫にも等しい行いだ。それはあたかも釈尊滅後五百年、愚人がいて形は沙門の身をしているけれども、法衣を身を着けることもせず、学問もなければ智恵もない。ただただ銅鼓をうっては春の野馬のように飛びまわっていた人がいたと聞いている。それにも等しいのが、時衆であるとすらいっている。

またこのとき聖冏の目に映ったものの一つに、法衣があった。法衣には安陀会（道行衣、五条）・鬱多羅僧（受食衣、七条）・僧伽梨衣（転法輪、九条）と呼ばれる三衣があるが、ともに両袖がある。しかし、時衆たちの身に着けているものを見ると、あるものは両袖がなく、あるものには裙裳がない。たまたま袂袖があると思ってみれば、大きな帷《かたびら》に墨染を着けている。こうしたものは袈裟だといっても、法にかなったものではない。聖徳太子（上宮王）はわたしが没し七百年ぐらいたつと異形や裸形をした僧尼も現われ、神社・仏閣を穢し如来の正法さえ滅びるようになるといっているではないか。まさにそうした予言が的中する時代がやってきたような気がする。僧はたがいに心して正法の流布に努めなくてはならない。ここでいう両袖のないのは一向衆の袈裟を指し、裙裳のないのは一遍の流れをくむ時衆の法衣を指している。かれが「躍ること春の馬の如しといえるのは、専ら彼の門人に当れり。但し銅鼓を撃くということ、いまだ是れ何者ということを知らず」といっているところを見ると、聖冏は『野守鏡』を見ていたらしい。時衆では踊念仏を修する証拠は「踊躍大歓喜」とか、「身心皆踊躍」という経文だといっているが、もしそれが事実だというならば、阿弥陀仏は毎日はね踊っていると心得てもよいのか。まさかそのようなことはあるまい。仏は行住坐臥、みな定に住しておられる。経文には踊躍ということばが、あちこちに出ている。それは浄土教関係のものばかりではなく八宗にもおよんでいるが、踊躍の語があるといっても、それを実行した人は一人もいない。往生伝にはまったく踊躍僧の名を記していない。それを「踊るべしと意得《こころえ》」たというのは「愚癡の甚だしき」ものである。「踊躍歓喜とは、身も心もともにはねをどるのみによろこぶ」ことであり、「その意を知らずして、その言を学ぶ故に、この不思議を作り出」したものであるといって非難している。ここに同じ浄土教信仰者でありながら対立している時衆と浄土宗のすがたを、まじまじと見る思いがする。どうして聖冏は、こうまでも時衆を敵対視しているのであろうか。

寛永十（一六三三）年成立の『時宗末寺帳』（内閣文庫蔵）によれば四十四か寺、天明八（一七八八）年の『末寺帳』（水戸彰考館蔵）には諸派をふくめ百四か寺の存在を挙げているほど、常陸国は時衆の優勢な地域であった。この地に永住していた聖冏が踊念仏に接したであろうことは、時衆の宗風から考えると当然首肯できるが、かれ自身語っていないのではっきりしていない。だがかれは石見国に下向したとき、ある念仏道場で踊念仏を見たという。そのときの状況について、

余昔石州ニ下ルコトアリキ。然ルニアル念仏ノ道場ニ七日ノ別時トテ躍リ念仏ヲ行ズ。立チ寄リコレヲ聞ケバ、エモミエホウ〳〵ト唱ヘテ躍ル。不思議ノ思《おもい》ヲ作シテ能ク能ク聞ケバ、ハテハエモミエホウエホエホウエモミエホウト申シテ面白ク躍ル。余其ノ時ニ耆老ノ時衆ニ其ノ由ヲ問フ。彼レ答ヘテ云ク、故上人ノ御時風萎《なえ》、法師ノ時衆アリキ。彼レ加様ニ唱ヘシカバ往生シタリキ。故ニ之レヲ学デ往生ヲ願ズル也云云。余其ノ時ニ言語道断ノ事ニ思ヒ、中中呵呵ト笑ヒケレバ、彼ノ時衆世ニアハズゲニゾ思ヒ侍ベリケル。然レバ則チ彼ノ風萎ヘ、時衆ノ念仏ハ心ニハ南無阿弥陀佛トコソ唱ヘケレドモ、病ニ依テ舌ノ不端不好ニシテ、エモ

ミエホウトコソハ聞エタリケメ。其ノ往生ノ念仏ハエモミエホウト心得テ、此ノ
如ク唱ケルコソ愚癡之中ノ大愚、邪見之中ノ大邪見ナレ

と記し、踊念仏のエモミエホウという囃《はや》しことばは、病のために口のまわらぬ時衆が南無阿弥陀仏というべきところを、エモミエホウといったのを真似たものでまったく意味をなしていない。例えていうならば「外道が鶏狗をまねて天上の業因と思うようなものだ」とすらいっている。その発言たるや同じ念仏者でありながら、あまりにも無慈悲と思うばかりの悪口罵言である。どうしてこうした態度をとったのであろうか。エモミエホウの意味は明らかでないが、なにかの聞き違いではあるまいか。聖冏は常陸の人であり、時衆は石見であるとすれば多少の方言の差もあったであろう。中風の念仏者の発言と一概にきめつけることはできない。

思うに当時、踊念仏をとおして民衆が参加し時衆は発展していた。ところが浄土宗は他宗寺院の軒を借りての仮住居《かり》(寓宗)。盛況に対する不満が、こうした発言をさせたものではあるまいか。ちなみに石州(島根県)の念仏道場というのはどこを指しているのであろうか。石州における時衆道場中の大寺といえば益田万福寺であるから、万福寺を指しているようにも思えるが、万福寺は応安七(一三七四)年十一月領主益田越中守兼方によって建立された寺で、今に南北朝期のものと推定されている七間四

面、九重造りの本堂が伝存している。『破邪顕正義』は永和三年の撰述で、昔石州にいたとき踊念仏を見たといえば、十年一昔と考えても一三六〇年代のはじめであろう。ところが万福寺が創建されたのは、撰述わずか三年前のことであるから、ここでいう念仏道場は万福寺を指しているとは考えられない。当地にはかつて遊行四代呑海をはじめ何人かの遊行上人も来住し、就中呑海は正和二（一三一三）年中州浜崎にあった安福寺を時衆に改宗したという。この寺が清瀧山下に移転して万福寺となったといえば安福寺を指しているようにも思えるが、他にも遊行歴代の努力によって造られた道場も存在していたであろうから、どこと限定することもできまい。

踊念仏の地方的展開

踊念仏は石州ばかりでなく全国におよんでいた。そのもっとも古い記録は宮城県登米郡南方村板倉に現存している正安二（一三〇〇）年在銘の板碑であり、ここには「右為四十八日踊念佛結衆等　五十余人結衆　正安二年閏七月十五日　敬孫奉造立也□聖霊成佛□」と記されている。正安二年といえば一遍智真が遊行してから二十年しかたっていない。にもかかわらず五十余人の結衆がおり、板碑を建てるまでに発展していた。五十余人ということは一戸で何人も結衆に加わっていたわけではあるまいから、五十余戸と考えてよいであろう。とすれば一村ないし近接の村々をあげて時衆に帰依し踊念仏に参加したと見てよいのではあるまいか。遊行三十一代同念の『京畿御修行記』に伊賀国を遊行していたとき一村時衆になった村があったが、何年かたち、いってみたら一村法華宗になってしまっていたと記している。一村時衆になったと思ったのは錯覚であった。時衆は爆発的に増加するけれども、法座などを通じじっくりと膝をまじえ法を説き納得させるといった教化法をとらなかったため、地についた布教とならなかった。帰依するのも早ければ、転宗するのも早い。ここに根なし草としての運命が横たわっていた。だが東北地方の時衆は同郡名越村北郷四ツ塚所在の板碑に「他方便踊念仏　応安元年（一三六八）十一月二十一日　施主敬白」とあるように衰えることもなく存続したらしく、今に剣舞《けんばい》・鹿踊《ししおど》りの名のもとに形をかえながらも、踊念仏は行われている。

四国での踊念仏について遊行二十一代知蓮は「彼檀那ニ宇都宮ト云人、踊リ念仏トテ興行アリ。然レドモ当初《そのかみ》一遍ノ初メテ之レヲ勧メ玉ヒシヨリ已来、是ノ如クノ金《かね》・太鼓ヲ打テ、土民・殿原一同ニ踊躍念仏ス。之レヲ見聞スルニ、即チ年来ノ不審セシ片切念仏ノ曲ナリ」と、ある年の七月中旬宮床願成寺で見聞したさまを記している。当時伊予では土民（農民）も殿原《とのばら》（中級の武士層）もともに、鉦・太鼓を伴奏として南無阿弥陀仏と合唱しながら踊念仏していたらしい（真宗要法記）。ある年がいつであるか明記していないが、知蓮は明応六（一四九七）年五月越前国敦賀西方寺で遊行の法灯を相続したのち、永正元（一五〇四）年八月大和国泊瀬寺（長谷寺）に参詣、ここで観音頂上仏面の戸帳を感得し、翌二年二月『長谷観音佛面帳感得記』を認め（相州文書第五）、その後四国に渡り土佐から伊予をまわり赤間関を経て山陽道に出、さらに東に道をとり伊勢・美濃を遊行、越前・加賀・越後から東国に入り（時衆過去帳）、同九年八月二十代一峯入滅の報に接し藤沢山清浄光寺（遊行寺）に入ったといえば、伊予に遊行したのは永正二、三年のことであったろう。伊予の踊念仏は奥谷宝厳寺時衆の撰述と推定されている『禅時論』にも「踊リ念仏トテ首ヲ振、手足ヲ動シ給フハ一心不乱ノ心カト問バ、時衆ノ云、名号不思議ノ本願ニアヘル事ヲ悦ンデ歓喜踊躍スル心ナルベシ」と記しているので、存在していたのは事実である。事実というよりも時衆では風儀として、どこの道場でも行っていたといった方がよいかもしれない。『禅時論』は禅僧と時衆との問答を内容とした教義書で、書名の下に「託何上人御作」と記している。しかし託何の撰述と認めることはできない。本文中「二條故摂政」とあるので、二條良基の没した嘉慶二（一三八八）年をほど遠からぬ十四世紀末に成立したものではあるまいか。龍谷大学所蔵の『禅時論』には表題に『禅師論　全』とあり、「託何上人御作」の撰名はない。しかも「本朝ノ摂政殿」となっているので、嘉文芸研究)。

慶二年を成立年代の目やすとすることはできない。こうしたところから、金井清光氏は「懐紙・賦物・発句・指合・打越など連歌の専門語が無理なく使用されている点から見て、だいたい室町の中・末期ごろの成立ではなかろうか」と推定している(時衆文芸研究)。

このころ三河国でも踊念仏は行われていたらしく、永正九(一五一二)年二月一日松平信忠は大浜称名寺で敵味方追善のために修された踊躍念仏に水田を寄せて賞したという(同寺文書)。越えて天正七(一五七九)年三十一代同念が尾張に遊行しているのを耳にした清洲城城主桂原加賀守の女中は施主となり、正月十六日城中に一行を招き踊念仏を興行した(京畿御修行記)。このとき遠近の村里から聴聞衆が群集し凹なるところには脚木を立ててそれにのぼり、凸なるところでは前の人の肩にとりすがりのびあがって見ていたという。女中は城中に招き入れる権限もなければ、招き入れる許しを城主に会い得ることのできる立場にもないから、女中というのは城主の女房の誤りであろう。女房にせよ女中にしても、招いて踊念仏を見たいと所望したことは、時衆と深い関係をもつ家の出身だったからであろうか。翌十七日の午前中は萱津の光明寺で修している。これ以前の記録は欠けているのではっきりしないが、天正六年から七年にかけて一行は光明寺で越年していた。したがって踊念仏を城中の者が外にでて見る機会はあったはずである。こうしたことが機縁となって招かれたのかもしれない。この場合踊念仏したのは、遊行上人の一行であり、土地の人たちの参加によって行われたのではない。遊行は踊念仏のできる時衆を引き連れていた。時衆の生命が遊行と賦算、踊念仏にあったとすれば、踊念仏を修するのは当然である。だがここで注意すべきことは城主の女中が施主となり踊念仏してほしいと要請されたので臨時に勤めたといい、また翌日は岐阜山城の家督三位中将織田信雄（信長の子）が初鷹狩に清洲にやってきての帰途、光明寺に参り日中踊念仏を所望されたのでくりあげて勤めたということである。所望されたから臨時に修した。本来、踊念仏は法悦の高まりによって修するものであり、形式化されたとき六時に行うようになった。いわばいつ修するか時間的にも決っていた。ところが尾張国清洲での場合は所望されたから勤めたのである。ということはショー化していたことを意味している。それは清洲での場合に限らず、こうした傾向が当時見られた。人びとは見物席にまわり参加していない。参加したのは時衆だけであった。時衆にまかせられたとき、それは一回限りでその地に残らない。各地に踊念仏が残り得たのは、その輪に民衆のすべてが参加したため、遊行の一行が去ってからのちも、それを真似て修したからであった。

謡曲『実盛』には、

狂言　さては日中の前後に独言を仰せ候も、実盛の御亡心現れ給ふと存じ候間、実盛の御跡を御弔ひあれかしと存じ候

ワキ　我等もさやうに存じ候間、池のほとりに立ち越え、臨時の踊念仏を以て、かの御跡を弔ひ申さうずるにて候間、この由篠原の面々へ相触れ候へ

狂言　心得申して候。皆々承り候へ。実盛の御跡御弔ひの為、御上人篠原の池のほとりにて、臨時の踊念仏を御弔ひなされ候間、篠原の面々皆々参られ候へ。その分心得候へ、その分心得候へ

と見え、加賀国の篠原で踊念仏が行われた由を記している。斎藤別当実盛ははじめ源為義・義朝父子に従い、のち平宗盛に仕えた。源平争乱のおりは平維盛に従い木曽義仲を討ったとき鬢髪を黒く染めて奮戦し、ついに手塚光盛に討たれたという。『平家物語』には、

　又武蔵国の住人長井斎藤別当実盛、みかたは皆おちゆけ共、たゞ一騎かへしあはせ返しあはせ防《ふせぎ》たゝかふ。存ずるむねありければ、赤地の錦の直垂《ひたたれ》に、もよぎおどしの鎧きて、くはがたうたる甲《かぶと》の緒をしめ、金作《こがねづく》りの太刀をはき、きりうの矢おひ、滋藤《しげどう》の弓もて、連銭芦毛《れんぜんあしげ》なる馬にきぶくりん（黄覆輪）の鞍おひてぞの（乗）たりける。木曾殿の方より手塚の太郎光盛、よい敵《かたき》と目をかけ、「あなやさし、いかなる人に

て在《ましま》せば、み方の御勢は皆落候に、たゞ一騎のこらせ給ひたるこそゆう(優)なれ。なのらせ給へ」と詞《ことば》をかけければ、「かういふわどのはたぞ(誰)」。「信濃国の住人手塚太郎金刺《かねざし》光盛」とこそなのたれ。「さてはたがひによき敵ぞ。但《ただし》わどのをさぐるにはあらず、存ずるむねがあれば名のるまじいぞ。よれくまう手塚」とておしならぶるところに、手塚が郎等をくれ馳《ばせ》にはせ来《きたつ》て、主《しう》をうたせじとなかにへだたり、斎藤別当にむずとくむ。「あぱれ、をのれは日本一の剛の者にぐんでうずな、うれ」とて、とて引《ひき》よせ、鞍のまへわにおしつけ、頸《くび》かききて捨てげり。手塚の太郎、郎等がうたるゝをみて、弓手《ゆんで》にまはりあひ、鎧の草摺《くさずり》ひきあげて二刀《ふたかたな》さし、よはる処にくんでおつ。斎藤別当心はたけくはおもへども、いくさにはしつかれぬ、其上老武者ではあり、手塚が下になりにけり。又手塚が郎等をくれ馳せにいできたるに頸とらせ、木曾殿の御まへに馳まいて、「光盛こそ奇異のくせ者くんでうて候へ。侍《さぶらひ》かとみ候へば錦の直垂をきて候。大将軍かとみ候へばつゞく勢《せい》も候はず。名のれ〳〵」と、せめ候つれ共、つゐになのり候はず

と記し、その武勇をたたえている。その亡霊が、たまたま篠原を遊行上人が遊行していたとき尾花の咲き乱れた野中《のなか》に二百三十一年後の応永二十一（一四一四）年あらわれ、「私は敵に討たれ世を去ったが、未だに救われていない。どうか霊をなぐさめ弔

ってほしい」といい、消えていったという。時に遊行上人はねんごろに回向し霊をなぐさめたといわれる。この亡霊に会った遊行上人は十四代太空であったらしい。

　これが事実であるか否かは別として、都にも実盛亡霊出現の報がもたらされたらしく、満済准后はその日記（満済准后日記）に、「斎藤別当真盛（ママ）霊、加州篠原ニ於テ出現。遊行上人ニ逢ヒ十念ヲ受クト云々。去ル三月十一日ノ事歟《か》。卒都婆ノ銘一見セシメ了《おわん》ヌ。実事ナラバ希代ノ事也」と応永二十一年五月十一日の条に記しており、『遊行縁起』にも「加州潮津道場にして、応永廿一年三月五日より七日七夜の別時あり。中日にあたりて、白髪なるもの来て算《ふだ》をとる、世のつねの人ともおぼえぬものかなと思はれけれども、諸人群集の砌なれば、まぎれて見えざりけり。翌日に篠原の地下より斎藤別当より遊行へ参て、算を給たれと風聞せり」と記している。『遊行縁起』は応永二十四、五年の成立と思われるので、早くから亡霊出現の噂があり、まことしやかに伝えられていたようである。このときの実盛の亡霊と遊行上人の出会いを物語化したものが、謡曲『実盛』であり、時宗教団ではその故事にちなみ、八月十四日薄《すすき》念仏会を修している。

　この日、本尊前に置かれた大花瓶にススキと、青竹を立て、青竹の枝に「南無阿弥陀仏」と書いたススキ名号をかけ、その左右に燭台・花瓶・香炉（三具足）を置いたお手掛机とお札箱・磬をならべる。その手前には二畳台があり、二畳台には荒莚《あらむしろ》を敷き、その上に蓮花をかたどった褥《しとね》が置かれている。ここが遊行上人の座である。荒莚を敷いているのは、野外で行われていた当時の名残りをとどめているのであろう。前机には紙衣《かみごろも》が置かれ、周囲には十八箇の白張提灯《ちょうちん》が立てられている。これまた夜行われた行事であったろうことを暗示している。前後に役僧を従えた遊行上人が着座すると、御番頭《ごばんかしら》（法要の指揮者）が香炉をお手掛机の上に置き、前方の紙衣をさしあげると、上人はこれを受けたのち再び御番頭に渡し、元の位置に置かれる。上人は焼香後、磬を百八打ちならして前にかけ、本尊阿弥陀仏に向って立つ。このとき調声役が立ち踊念仏の調声をはじめ、七人の僧が唱和する。こうして薄念仏がはじめられるが、終始「三五三」と呼ばれる念仏が、あるいは高くあるいは低くとなえられる。僧たちは一番役・調声役・三番役・四番役・五番役・二番役（以上六役）・遊行上人の順に一列になり、ススキと二畳台のまわりを三周し、三周後六役のそれぞれが元の位置につき、合十念して法要は終りとなる。

実盛は手塚光盛の手によって非業の最後をとげた。非業の死をとげた人は、この世にたたりをもたらすという。そのため神としてまつり霊をしずめるといった風習が古来からあった。御霊信仰と呼ばれるものがそれである。実盛もその一人であった。他面、武将実盛はあれほどの英雄であったから、災害もはらってくれるだろうと考えた。実盛の像をかたどった人形を作り村境に捨てる風習が各地にあるのは、人形＝実盛に害虫をとりつかせて捨てて焼いてしまおうという考えからでたものであり、実盛塚は災害を封じこめる意味をもっていたらしく、これまた各地に実盛塚と呼ばれるところが残されている。民俗学者は古代の日本には「サネモリ送リ」と呼ばれる稲虫駆除の呪術があり、農民たちによって務められていた。このサネモリと実盛が音の上に相い通ずるところから、斎藤別当実盛がもちだされてきたのではないかという。とすれば時衆は亡霊の鎮魂に深いかかわりあいをもっていた関係で、実盛の霊を念仏によって弔《とむら》うことと、念仏の伴奏楽器ともいうべき鉦や太鼓をうちならすことにより、悪霊＝稲の害虫をおどろかし鎮圧鎮送することが結びついたのかもしれない。

京都での踊念仏

時宗の中心道場といえば、いうまでもなく藤沢の清浄光寺であるが、ここで踊念仏の修された由を記す室町期の記録はまったく残されていない。といっても修されなかったわけではなく記録されなかっただけのことで、毎日修されていたに違いない。記録する人のいなかっただけのことであろう。そうした点では都には文筆に秀でた公家がいたために、かれらは日記中にしばしば踊念仏について言及している。今、記録に見えているものを年次を追いながら列挙すると、次頁の表のようになり、都で踊念仏していたところとして四條・六條・七條の各道場を挙げている。四條道場は金蓮寺、六條道場は歓喜光寺、七條道場は金光寺を指しているが、このほか『康富記』宝徳二（一四五〇）年十月二十日の条に「量阿五條堀川躍道場時衆」あとり、五條堀川の道場が躍《おどり》道場と呼ばれていた。五條堀川には御影堂新善光寺があったから、新善光寺が躍道場と呼ばれていたのであろうか。ともあれ躍道場といわれていたからには、ここでも踊念仏が修されていたと思われる。京都には時宗寺院として一條道場・霊山正法寺をはじめ、寛永十年の『末寺帳』には九か寺を挙げ、七條道場本には二十か寺を記しており、ここに記されている寺は末寺をもつ本寺格の寺であったから、心敬の『馬上集』に「おどり道場真阿」というように、時宗寺院はおどり道場の別名で呼ばれていたと見てよいであろう。とすれば、時衆道場中の本寺格の寺院ではどこでも踊念仏が修されていたのではあるまいか。記録に見える限り、これらの道場に踊念仏を見るため参詣したのは二月九日・十二日・十九日・二十一日、三月二日・十八日、八月九日・十六日であり、二月十九日および三月二日は彼岸の結願にあたっていた。八月十六日は盆であり送り火の当日であったから、六時ばかりではなしに彼岸とか盆といった物日《ものび》に修す

年時	記事	出典
応安 四年 八月 九 日条	六條道場日中躍聴聞了	祇園執行日記
永享 七年 三月 十八 日条	今日七條道場臨時跳御丁聞。自是直可参中入云云	満済准后日記
文明 十年 二月 十九 日条	室町殿（義政）今日時正満散、七條道場躍御聴聞、准后義政公御車（夫人日野氏）将軍御方義尚卿御馬也上様室町殿御同車其外出車一両以上車二両輿数丁、御比丘尼達御輿同舁連也	晴富宿禰記
文明 十年 二月 十九 日条	七條道場御成、今日彼岸結願。おとり御聴聞之。先御方御所様御成、御馬、其後御所様、上様御同車にて御成（中略）御方御所様は御桟敷に御座、御所様は御立車にて御聴聞	親元日記
文明十二年 二月 九 日条	伴一條黄門（大納言中御門宣胤）詣四條道場、躍念仏聴聞、宣秀相具。	宣胤卿記
永正 八年 二月二十一日条	相公羽林詣（三條西公條）詣七條道場、踊躍念仏見聞結縁云々、及晩帰。	実隆公記
永正十四年 三月 二 日条	彼岸結願三間、処々物語。其次四條道場躍令見物了。	二水記
永正十八年 二月 十二 日条	今日宮（知仁親王）御方蜜々有清水寺御参詣。（中略）然後為躍御見物、被寄御輿於七條道場。	二水記
永禄 七年 八月 十六 日条	四條へ道場之躍見物に罷向。	言継卿記

るならわしになっていたのであろうか。しかも、こうした念仏会に知仁親王や足利義政が夫人日野氏・将軍義尚と同道したのをはじめ中御門宣胤・祇園執行顕詮・鷲尾隆景（二水記）といった上層階級の人たちまでが参会している。一般の人たちが参会したことはいうまでもないから、貴賤こぞって踊念仏に結縁するため出かけていったといっても過言ではあるまい。参会したというても、かれらは踊りの輪に入り法悦をわかちあったわけではない。「躍御見物のため」「四條道場の躍見物せしめ了《おわり》ぬ」というように見物するための参会であったから、かれらのために道場側では桟敷さえ用意していた。もはや、こうなれば本来の宗教性とは遊離した遊芸的要素が多分に見られ、ショウ化の傾向が著しくなっていく。こうした傾向に時宗内にも自己批判がおこり、しだいに衰微していった。

高野山における踊念仏

真言密教のメッカ高野山に時宗が入ったのは、いつのことであったかはっきりしていない。五来重氏は鎌倉時代の末から南北朝期にかけてのころ、時衆聖が高野山を指して登り集まってきたといい、その依所が千手院であったと述べている（高野聖）。早くから高野山は浄土教的色彩をもっていたものの、なぜ時衆聖は千手院に集まるようになったのであろうか。山には一心院谷・五室谷・千手院谷・小田原谷・浄土院谷・往生院谷・蓮華谷・宝幢院谷など多くの谷々があり、そこからまたいくつかの枝谷がわかれ、それぞれの谷には寺院が建てられていた。千手院谷は高野山中でのメインストリートを西に折れたところに位置しているが、当然あるべきはずの本寺千手院は地名を残すのみで、寺は現存していない。現存していなくてもかつて存在していたのは事実であり、ここに時衆の聖たちが集まってくるようになったのは、文永十一（一二七四）年一遍智真が故国伊予をたち熊野に向かう道すがら登山したとき止住したのが、国城院だったという縁によるらしい。国城院に止住したといっても、当時の一遍智真は超一・超二・念仏房といった女性たちを具していたので、女人禁制の山に登らせることはできない。したがって山麓の女人堂に置いてきたと思われるから、さほど永く滞在していたわけではあるまい。ちょっと立ち寄ったという程度ではあるまいか。だが高野山では国城院にいたという伝承があったらしく、慶長十五（一六一〇）年三月十五日頼慶が幕府へ提出した『書上』にも「一遍上人、此の山に登て国城院を建て、暫く住みて念仏す。非事吏等随逐して時宗となりて宗の本意を失ふ」と記している。高野山に止住したのが『一遍聖絵』による限り短いのを知っていたためであろうか、あるいはまた国城院建立の時間をうませるためか、『高野春秋』には一遍は熊野から京都に赴くとき、再び来詣して千手院の辺《あた》りに住したと記している。しかし『聖絵』（巻三）には「熊野をいで給て、京をめぐりて西海道をへて、建治元年秋のころ本国にかへりいり給」うといい、再住を記していないので高野山に登ることなく、一遍智真は京を指して遊行したのであろう。国城院は千手院谷の本覚院の奥（裏手）にあったが、いまは廃絶してその跡地と伝えるところが残されているにすぎない。国城院はいつのころか本覚院に合併されたものらしく、本覚院の寺紋は「すみ切り三」である。国城院の本寺が本覚院であったのかもしれない。寺紋に時宗の宗紋すみ切り三を用いていることは、当初時衆寺院として創建されたものと見てよいであろう。また本覚院の台所には熊野権現もまつられているなど、ここにわずかながら時衆聖ないし千手院聖の跡が見られる。一説によれば本覚院は一宿上人行空の開基した聖寺《ひじりでら》で、一宿上人とは隔夜聖を指し、空也の流れをくむ聖で、時宗教団の隆盛にともない吸収されたものであったという（高野聖）。こうして千手院谷の時宗は、漸次蓮華谷聖・萱《かや》堂聖・五室《ごむろ》聖などの高野聖を吸収して時宗化したが、そのとき聖は時宗本来のもつ遊行と踊念仏に合せて、高野聖のもつ勧進を行うことになった。その後、高野山の行人たちにより、本来のすがたにかえすべく粛正が行われるにいたったとき、反高野的行為のすべてを拒否する態度をとることになった。すなわち応永二十（一四一三）年

五月二十六日出された『高野山五番衆契状』（高野山宝簡集巻三七）には、

一、高声念仏・金叩《かねたたき》・負頭陀《おいずた》、一向に停止すべき事

一、踊念仏固く止むべき事　萱堂の外

一、寺辺において新たに庵室を造るを堅く制すべき事

として、いくつかの禁止条項をつらねているが、ここに「踊念仏固く止むべき事」として、その禁止を規定している。当時、高野山では踊念仏をはじめ高声念仏・金叩きが行われ、さらに発展する傾向にあった。発展は堂舎の建立によってあとづけることができる。だがそれもまかりならぬといい、「寺辺において新たに庵室を造」ってはならないといましめている。ここで注意すべきことは、踊念仏の停止は「萱堂の外」のみであると註記し、萱堂は例外であるといっていることである。停止するならするで、すべてにわたっての停止であってよいのに、萱堂をはずしている理由はなんであろうか。思うに萱堂はかるかやの説話の場として人口に膾炙していたところで、人びとのより多く集まるところであった。全面的に停止することはできない。せめて一か所だけは残しておきたい。そうした意味で特別に修行を許したのかもしれない。だが一面から見れば、高野山の粛正という大義名分があるにせよ、停止した背景には踊念仏の芸能化が進み娯楽化して、宗教本来の使命を喪失しつつあったからではあるまいか。

第四節　踊念仏の衰退

踊念仏から念仏踊へ

では踊念仏の芸能化、娯楽化とは具体的にどういうことであろうか。専心に念仏をとなえれば浄土に生まれることができる。阿弥陀仏はだれ一人もらすことなく救ってくださると、思わず合掌したときなんともいえぬ恍惚感にひたることができた。エクスタシーである。人びとは嬉しさのあまり踊躍し念仏した。この場合念仏が主体であり、念仏に重心が置かれ、宗教性が強く保たれている。念仏が踊りに先行しているのである。人たちは踊りの輪の中に入ってともに念仏して喜びをわかちあった。空也や一遍智真が踊念仏したのは、こうしたエクスタシーから生じた歓喜の心情のあらわれであったが、踊念仏の形式化が見られたとき指導者は見せるものの側に立ち、踊りに力点を置いた。念仏よりも踊りに主体が置かれたとき念仏踊となり、宗教性はまったく失われたものになっていった。ヤヤコ踊り・風流踊・盆踊といったものは、踊念仏に発生源をもっているものの宗教性は見られない。宗教性を失い念仏踊から、さらに念仏的要素の片鱗さえもたないものになっていったのである。「別時ノ寄合ニ女ハ綾羅錦繍ノ類」を身にまとい、顔には「白粉ヲヌリ、眉ヲ青クシ歯ヲ黒ク」染めて念仏した（愚暗記）というのは、明らかに念仏踊的要素をもっているが、念仏する場合身を飾る必要はない。必要以上に身を飾り別時の席に侍っている。こうなれば孤山隠士が「唱ル念仏モ穢レテ虚仮ノ行トモ成ルラン」と述べているように、名は踊念仏であっても、その底流には宗教性は微塵も見られない。宗教性が否定され、踊念仏の踊りの面が強く表面に追し出されてきたもの、いわば念仏の卑俗化とでもいえるものが念仏踊である。『元亨釈書』に「抑揚頓挫流暢哀婉、人性に感じ人心を喜ばす。士女楽聞雑踏駢闐《へんてん》す。愚化の一端とすべし。然るに流俗益《ますます》甚しく動、伎戯を衒し、燕宴の末席を交へ、盃觴の余瀝を受け、瞽史倡妓を与え膝を促《つづ》めて互いに唱う。（中略）鐃磬を撃ち跳躍をなす、婦女を別《わか》たず、街巷喧噪なり」といい、鐃磬をうち跳躍乱舞したといえば、本書の成立した元亨二（一三二二）年ごろにはすでにそうした傾向が見られたようであり、しかも身を飾り仮装して加わっているところからすれば、風流を加味した念仏踊もすでに行われていたらしい。

念仏を用いた風流《ふりゅう》踊、すなわち念仏風流がいつ発生したかは明らかでないが、十四

紀伊国御坊市小竹八幡宮のけほん踊と呼ばれている念仏踊（紀伊名所図絵巻四）．

世紀末にはすでに行われていたようである。『看聞御記』によれば応永二十六（一四一九）年七月十四日の盂蘭《うら》盆のとき、石井新堂の前で「田向青侍共、山臥ノ負ヲ作」り念仏踊し、翌十五日の夜には「山村念仏、拍物《はやしもの》有リ、風流有リ。畠山六郎ユイノ浜合戦人礫ノ躰ヲ作ル。又石井風流、為明ガ鬼ヲ仕ルノ風情云々。事々比興ノ風流也。密々之レヲ見物ス。舟津風流、勧進僧ノ躰、之レヲ作ル」と記しているように、山村では畠山六郎が由比が浜で合戦した武将のすがたを、石井では為明が鬼、舟津では勧進僧をというように、それぞれ趣好をこらして風流を作り念仏したという。それは応永二十六年ばかりでなく、同二十八年七月十五日の条にも「其後大光明寺ノ施餓鬼、聴聞ニ参ル（中略）石井念仏ノ拍物、今夜風流有リ。茶屋ヲ立ツ。其ノ屋ニ人形・竭食・金打アヤツイテ金《かね》ヲ打チ舞フ。其ノ外異形ノ風流等之レ有リ。蜜々之レヲ見物ス」とあり、このとき参詣者の便宜をもはかって茶屋もでたという。風流というのは趣《おもむ》きのあるものということで、祭礼仏事などのおりきらびやかな装束を身に着けたり、またはそのようなすがたで踊ることをいったようであるが、当初は北條時政にあざむかれ由比が浜で北條方のために討たれた畠山六郎重保のすがたを藁《わら》で人の形をかたどり作ったというように、人形《ひとがた》を作ってまつり念仏の伴奏によって踊り、その亡霊をなぐさめるといった行事であったらしい。この場合、石井御堂のあった村落と畠山重保とがどのような関係にあったかはわからない。こうしてはじめ藁人形を作るといった素朴なものであったが、しだいに人目を驚かすような装飾をほどこすようになった。『大乗院寺社雑記』文明十年七月の条に「念仏之風流、コレ在リ。太刀辛ニ於テ六方以下見物ス、中市舞車城土郷舞車」（十六日条）、「同風流　河上薬師堂歟　舞車北市舞車今辻舞車、自余ノ郷々ハ両日共成寄郷ヲ以テ了ル」（十七日条）とあり、念仏の風流にあたり舞車が出された。舞車というのは舞をする車のことで、この車の上に人形の飾りつけをし、念仏踊をしたのではあるまいか。中市・城土郷・河上・北市・今市といったところの村々では舞車をもっていた。「自余ノ郷々ハ両日共、成寄郷ヲ以テ了ル」と述べているのは、祇園御霊会に山車《だし》が町を練り歩くように、村々を練っていったものらしい。

ではこうした行事は、いつ行われたのであろうか。『看聞御記』には応永二十三年から文安五（一四四八）年までの三十三年間の記録が記されているが、この記録による限り念仏風流は毎年七月十四・十五の両日、橘俊綱の山荘のあとに建てられた伏見御所で修されていた。七月十四・十五日といえば盂蘭盆にあたるので、盆の行事として修されていたと見てよいであろう。『看聞御記』によれば、この日念仏風流は地下《じげ》の村、すなわち山・三木・舟津・石井の諸村および森町で行われ、それぞれの村では趣向をこらし研を競ったようである。永享三（一四三一）年七月十六日伏見の即成院で念仏踊を行ったときには、伏見宮貞成《さだふさ》親王は「女中・男共《ども》相い伴い、異形風流を興《きよう》にそえた念仏踊を見物に行った」という（看聞御記）。異形風流というのはいままで見なれていたものとは、やや趣向を異にした仮装で念仏踊することで、それが見もので見物した人もいたのであろう。町の経済をにぎる町衆が擡頭し、生活にゆとりがでてくれば、風流＝仮装もはなやかとなり研を競うようになるのは自然のなりゆきであった。念仏的要素をもった異形風流は京都を中心に盛んに行われていた。空也・法然の流れをくむ念仏者は京都を中心に教えを説いていたので、その影響があったと思われるが、念仏の芸能化が進み宗教的色彩がうすらいでしまえば、念仏に気兼ねすることはない。旧仏教の勢力の強い奈良で行われても不思議ではない。『大乗院寺社雑事記』の文明五（一四七三）年七月十五日の条には「念仏ノ風流、コレ在リ。御覧ノタメ禅閤渡御ス御門跡衆一風流、御宿衆一風流」、十六日の条に「風流、古市ニ行《ある》キ向フ門跡衆幷御宿衆」、十七日の条に「古市ヨリ風流、門跡ニ於テコレアリ。種々芸能ノ内、古市胤栄自身大黒ト成ル者也。其ノ興、一ニ非ザル者也」、十八日の条に「上下ノ風流衆、一献コレヲ給フ」と、大和国でのさまを記しているが、念仏風流は十五日から十七日まで三日間行われ、十八日には上下の風流衆が集まり酒肴をかわして終りとしたらしい。しかも念仏風流は辻々で昼夜をわかたず行っていた。もはや念仏踊は宗教的行事として修していたのではなく娯楽化していたのである。京・奈良をはじめ泉州堺などでは町衆が中心となって修していたが、京都での場合、町衆の踊りは四條踊・六原《ろくはら》（六波羅）踊・烏丸《からすま》踊・東山粟田口風流・武者小路風流などと地域の名を冠して呼ばれており（言継卿記）、『蔗軒日録』には堺の念仏踊について「夜間鐘鼓を撃撞し、弥陀を唱うる声、天地を動かす。此間の風俗なり」（文明十八年七月十四日条）と述べ、もと相国寺に住していた禅僧南江宗沅は男は女の服を着、女は男の真似をし、口々に大声で阿弥陀仏のみ名を連呼するので、阿弥陀仏の声が湯をわかすように耳に響いてくると、七言二十六句の詩に詠じている（『鴟巣集』跳念仏行）。しかもそれは盆会を中心に行われ、「京辺土の群集」が吉田へ向ったといい（言継卿記、永禄十年七月二十四日条）、一乗寺の念仏踊には「女房百人、男百四五十人」が集まり、見る人「念仏ノ殊勝、筆舌ニ延べ難シ」と記録しているように、貴族・庶民など多くの人たちが参加した。このようにして京都の盆踊は念仏踊から発達したようである。

室町から戦国にかけての時代は相継ぐ戦乱で世の中がすたれ、生活に追われている人が多かった。「何せうぞ、くすんで一期は夢よ。ただ狂へ、憂きもひと時。嬉しきも思ひ醒せば夢候《そろ》よ」（閑吟集）と当時の人たちが流行歌として口ずさんだ歌は、民衆の無常感を赤裸々にあらわしている。踊ってストレスを解消したいと願う人がでてきた。踊ってぱっともやもやしている思いを爆発させる。盆はそうした思いを晴らすときでもあった。ストレスを解消できる手段、それが念仏踊であり盆踊であったから、多くの人たちが喜んで参加した。念仏踊は「夜中念仏、並びに夜の行為、六方これを止む。尤も然るべき事也。日中に於ては辻子々々に念仏等これあり」（大乗院寺社雑事記、文明五年七月十七日条）というように夜間にも行われていたようである。だが夜間の行動はたとえそれが念仏であっても、風紀上好ましからぬことがあったのであろうか、六方衆徒は停止してほしいと要求している。盆踊の停止は文明十六年七月「六日ヨリ奈良中コレヲ止ム。白毫寺・大安寺等コレヲ止メ了ヌ」（同上七月十七日条）としていくたびかなされたが、停止は名のみで依然として盛んに行われていたらしい。それは「今夜古市ノ大風流也。此ノ間連夜念仏踊也」（同上）と見えていることによっても知ることができる。これが永正三（一五〇六）年になると、幕府は細川高国の政策として盗人・火つけ・辻切・諠譁《けんか》（ママ）といった不道的行為、貨幣の流通をさまたげる撰《えり》銭《ぜに》や相撲・博奕とともに踊りも禁止した。しかも七月十一日盆会を前にして禁止していることは、踊りが熱狂的に行われる結果、暴動化することをおそれたためかもしれない。

阿国と念仏踊

阿国が京に上って、本格的にかぶき踊を大衆の前で披露したのは慶長八（一六〇三）年のことであったと諸書に伝えているが、それより前同五年七月一日阿国は宮中で後陽成天皇の女御《にょうご》近衛氏のために稚児《ちご》踊を踊っている（時慶卿記）。この時の阿国の踊りは稚児踊であって、歌舞伎踊ではない。かぶきというのは、一方に片寄って異風なもの、かぶいた（傾いた）踊りの意で、異様なすがたで踊るのを歌舞伎踊といったようである。歌舞伎踊について『慶長日件録』の慶長八年五月六日の条には「於女院かぶきをどり有之、出雲国人云云」と述べ、浅井了意は「むかし〳〵京に歌舞伎のはじまりしは、出雲神子《みこ》におくにといへる者、五條のひがしの橋詰にて、やや子をどりといふ事をいたせり。其後北野の社の東に舞台をこしらへ、念仏をどりに歌をまじへ、ぬり笠にくれないのこしみのをまとひ、鳧鐘《ふしよう》を首にかけて笛・つゞみに拍子を合せてをどりけり。其時は三味線はなかりき」（東海道名所記）と記している。これによれば阿国は出雲大社の神子で、上洛しやや子踊をしていたが、のち「ぬり笠に、くれないのこしみの《（腰蓑）》」をまとい、首には鳧鐘をかけ、笛や鼓に拍子を合せ、歌をうたいながら念仏踊をするようになったという。阿国がやや子踊をしたことは『慶長日件録』にも「女人御所へ女御殿御振舞アリ、ヤヽコ跳也。雲州ノ女楽也、貴賤群集也」（慶長八年五月六日条）と見え、やや子踊もしたし念仏踊もしていたのである。どちらが早いかといえばやや子踊らしいから、やや子踊から念仏踊に発展したと見てよいであろう。やや子踊の名は、西洞院時慶《ときよし》の記録『時慶卿記』にも見えているが、これよりさき『多聞院日記』の天正十（一五八二）年五月十八日の条にも「加賀国八歳、十一歳ノ童《わらべ》、ヤヤコヲドリト云法楽在之」として見えている。普通やや子というのは、赤児とか幼児・稚児を意味している。八歳や十一歳の童はやや子といっても不思議ではないが、やや子踊の歌詞を見ると恋歌が多いから、幼児の歌うものとしてはふさわしくない。ということはやや子は幼児ばかりを指すのではなく、時には若い女性とか娘を指したのではないかと思われる（郡司正勝『風流踊歌』日本古典文学大系月報）。やや子踊が若い女性の踊りを意味していたとすれば、やや子踊もかぶき踊も同じものの別名であったかもしれない。そうしたことから、高柳光寿氏は奈良春日社若宮の拝殿で、やや子踊した『多聞院日記』に見える「加賀国八歳、十一歳ノ童」を八歳の加賀と十一歳の国と解釈して十一歳の童女を阿国と見ているが、『日記』を素直に読むと加賀国の八歳と十一歳の童ということになって、加賀と国の二つにわけるのは納得がいかない。他の根拠がない限り、ここに見えている国は阿国ではあるまい。別人と見るのが当を得ているような気がする。京都大学図書館に『国女歌舞伎絵詞』という、阿国歌舞伎の内容に絵を添えて書いた絵詞伝がある。今、これによって内容を紹介すると、はじめ出雲大社の社人が出てきて、巫女おくにを京に上らせる仔細を語る。阿国が京都に出てきたとき、京は花のまっ盛り。阿国は四方の花景色をめでながら北野天満宮に参詣し、僧衣をまとい「今日は三月二十五日、貴賤群衆の社参の折柄なれば、かぶきおどりを始めばやと思ひ候。まづ〳〵念仏おどりを始め申さう」といい、「光明遍照　十方世界　念佛衆生　摂取不捨　南無阿弥陀佛　南無阿弥陀　南無阿弥陀佛　南無阿弥陀　はかなしや　鉦にかけてはなにかせん　心にかけよ弥陀の名号　南無阿弥

陀佛　南無阿弥陀佛」と鉦をたたきながら念仏踊をはじめた。

その念仏の声にひかれて、どこからともなく「罪障の里を出るよ　なに〳〵おくにに物申さん　其古の床しさにこれまで参りて候ぞや」と、名古屋山三の亡霊が観衆の中に忽然と現われる。かれはかつて京洛で艶名をほしいままにした遊蕩児で、のち美作《みまさか》国津山で横死したと伝えられている人。そのとき阿国が「さては昔のかぶき人の名古屋殿にましますか」と驚き問えば、山三は喧嘩のためみずから不慮の死をとげたいきさつを語る。

やがて、そうした過去の一切を忘れ「よし、なにごとも打すてて、ありし昔の一ふしを歌ひて、いざやかぶかん〳〵」ということになり、舞台はありし昔をしのぶ茶屋遊びの場に展開する。茶屋での遊び、ここには買手の男に扮した阿国と山三、茶屋のおかか、道化役の猿若の四人が登場して歌い乱舞する。だが茶屋は生前かれが日夜遊んだところ。怨霊をなぐさめるためにここにやってきたのであり、集《つど》う四人はともども、さまざまな珍しい趣向をこらし、伊達男のかっこうをして茶屋の女とたわむれている。舞台の変化には、ことさら心をつかったようである。やがて時がたち群衆も帰り、山三も一同の名残り惜しさに送られて帰るという構成になっている。㈠念仏によって山三の霊が引き出され、㈡茶屋遊びののち送り歌とともに、その亡霊も立ち去る。

いわば念仏踊とかぶき踊の二面から構成されていたものが、当初のすがたであったらしい。苦しみぬいて死んだ怨霊を招き出し、念仏をとなえ踊りをして霊をなぐさめるというのは、念仏踊にありがちな型である。それは阿国でなくてもあり得た類型であったが、山三をもってきたところに歌舞伎の特色があり、民衆の人気を集め、おおいに流行した原因がひそんでいたといえよう。

伝うるところによると、山三は蒲生氏郷の小姓で、不破万作とならんで当代一の美男といわれた人であった。のち浪人生活を送るうち、禁裡《きんり》や仙洞の女房衆をはじめ多くの女性たちと交わり、阿国とも交渉をもち秀吉の愛妾淀殿とも密通し、その結果生まれたのが秀頼だという俗説まであった。それほど有名な、当代人に聞えた好色者であった。山三は慶長九年の春、美作国の津山に赴いたとき井戸宇右衛門と喧嘩し、あげくの果て刃傷におよび横死したという。この年は阿国が都に上った翌年にあたっていたので、もしこれが事実を伝えているとすれば阿国と山三の出会いは慶長八年のことであったろう。しかし阿国との情交説は、当時阿国には三十郎という狂言師の情夫がいたといえば、必ずしも信じることはできない。思うに山三の亡霊説が都にあった。名古屋山三は美男として当代人にさわがれた人であったが、刃傷の果てに世を去っていった。都ではその由を聞き、美男にあこがれた女性たちは歎き悲しんだという。こうして生まれたのが亡霊説であり、この亡霊をなだめ鎮めるという前提のもとに造り出されたのが阿国歌舞伎だったのではあるまいか。またこれが機縁となり演出するにあたり、「お帰りあるか名古三さまは、送り申そよ木幡まで」とか、「来年ござれ……」「お名残り惜しや……」というように、あたかもみずからの愛人に接するような態度をとったため、山三は阿国の情人だったと見られるようになったのかもしれない。

阿国がいたかどうか、その実在性について云々する人もいるけれども、『言継卿記』天正十六（一五八八）年二月十六日条に「出雲国大社の女神子《みこ》、色々御歌、小歌等舞」ったといい、『当代記』慶長八年四月の項に「此比《このころ》かふき躍と云事有、是は出雲国神子女名は国、但非好女仕出」と記しているように実在した人であったことはいうまでもない。ではどこの人かということになると「出雲国の神子女」「出雲国大社の女神子」と記されているにもかかわらず明らかでない。出雲国の人だということだけしかわからない。出雲大社の巫女で、大社修復の寄附金を集めるため、はるばる都を指して上り四條河原や北野天満宮の境内で興行をうったと『国女歌舞伎絵詞』を素直に受けいれるものもあれば、京都の郊外出雲路に住んでいた時衆、すなわち踊念仏を業とする鉦打＝カナジの娘であったと主張する人もあり（吉川清著『出雲のお国』）、有吉佐和子氏は小説『出雲の阿国』の中で阿国は出雲国斐伊川上流の鑪《たたら》（製鉄）の家に生まれ、下流の村で水汲みをしながら足拍子を自然と覚えた。この足拍子が踊りの基本となっていることを指摘するとともに、夫三九郎をお菊に奪われた狂乱の果てに男装してかぶき踊を踊ったと述べている。有吉氏によれば、かぶきとは当時流行の傾《かぶ》き姿、すなわち他と異なった女が男装し武器を手にもつ、また水晶の南蛮念珠《ろざりお》を手にするといったすがたと解し、出雲に阿国の墓と伝えている大きな赤みかげ石のあるのにヒントを得、鑪と結びつけたといっているが、述べるまでもなく『出雲の阿国』（中央公論社刊）はフィクションであって、史実をもとに構成されたものではない。だが、ここから学びとることのできるものはいくつかあろう。

　阿国は時衆の一人であろうことを提言した吉川清氏の説について、河竹繁俊氏は〔普通には出雲大社の巫女と伝えられているのだが、氏は洛北出雲路河原の者ではないかというのである。「たしかにおもしろい。いったい出雲大社の巫女だとすれば、祝詞まがいの祭文とか神楽歌でもうたうはずだが、〝光明遍照、十方世界、念仏衆生、摂取不捨なむあみだぶつ〳〵〟とうたいながら、念仏踊りをやったのである。のみならず、出雲大社そのものとの関連には、何分確証のないことであってみれば、洛北の出雲路河原の出身はずっと自然でもあるし、うなづかせるものがある。洛北の地には唱聞師なども住っていたと伝えられているし、当然猿楽者も住っていたであろう。この狙いはたしかにいい」「お国の念仏踊りが一遍上人に由来する時宗の踊躍念仏に発し、時宗の教徒阿弥族であるところのかねうち（かなじ）による、職業化した念仏踊りにちがいない」と考証している。この点についてもまったくお説のとおりで、すこしも疑いをさしはさむところはない。ことにかなじがお国の父だという鍛冶屋三右衛門を仮構させたものではないかという推断も賛成である」（出雲のお国序）と、その説を支持しているが、金井清光氏は「吉川氏の論証がやや粗雑で、非学問的な面もさることながら、お国が時衆であるかないかという点に関し、確実な史料を欠いているため、賛否いずれとも表しえないのが真相であろう」（時衆文芸研究）と述べ、阿国を時衆と見なすことに躊躇の意を示している。しかし、阿国がもし出雲大社の巫女であったとすれば、神楽歌ないし神をたたえる言葉をもってしたであろうに、神楽歌を用いず、「いかに申候、今日は正月廿五日、貴賤群衆社参のおりからなれば、かぶきのおどりをはじめばやと思ひ候。光明遍照　十方世界　念佛衆生　摂取不捨　南無阿弥陀佛　南無阿弥陀　南無阿弥陀佛　南無阿弥陀　はかなしや　鉦にかけてはなにかせん心にかけよ弥陀の名号　南無阿弥陀佛　南無阿弥陀」といって阿弥陀仏をたたえ、念仏踊をしていることは、彼女が念仏的雰囲気の中で生育したであろうことを物語っている。しかも京都大学所蔵の奈良絵系の『国女歌舞伎絵詞』には、塗笠をかぶり、黒い絹の法衣を着け、真紅の唐織の紐で、首には鉦鼓を懸《か》けてうち鳴らすすがたが描かれている。ここに描かれている絵は、『三十二番職人歌合』の「道場のあるじならねどかねたたき　花は遊行の跡をたづねん」と、かねたたきした聖の歌としてのせている、念仏頭陀すがたの金磬をもつ鉦たたきのすがたに似ている。鉦たたきは時衆道場の主《あるじ》ではないが、鉦をたたきながら遊行上人の跡でも慕おうとしている。いまにも出立せんとする念仏聖のことをよんだものらしい。このように考えると阿国は時衆と無関係の者ではなかったであろう。時衆の鉦たたきと考えてもよいようである。

また阿国歌舞伎には亡霊に対する鎮魂が歌いこまれている。時衆は鎮魂を強調する宗教である。戦いにたおれた者、旅の途中で殺された人、自殺し果てた男女、若くして世を去った者は理由のいかんを問わず、人生をまっとうすることなく不本意な死をとげた人たちである。こうした人たちの霊は御霊《ごりよう》と呼ばれ、たたりをする可能性のある荒荒しい魂《たま》であるという理由から、神としてまつられ、念仏とか踊りの供養を受けるのが常であった。名古屋山三も若くして喧嘩で命を落としたといえば、御霊にふさわしい人であったといえよう。しかも花のように美しかった美男の一人であったといえば、女性たちのあこがれの的であったともいえよう。「お帰りあるか名古三様は」、

国女歌舞伎絵詞　　京都大学図書館蔵

もうお帰りになってしまわれるんですかと、阿国は呼びかけている。もう少し、ゆっくりしていかれてもよろしいのに。だが考えてみればみ霊は帰っていかなければならない。そこで「送り申さうよ、木幡まで」村境までお送りしましょうということになる。かくてみ霊は「来年ござれ」と名残りを惜しみながら来年の再会を約束して別れていくが、ともに踊り興じた盆の三日の日々を回想している。そのストーリーはあくまで盆の精霊送りにふさわしい別れであった。村人は精霊を村境まで送り、ここで念仏踊をした。そうした当時の風習が歌舞伎の中に、名古屋山三に托して語られている。以上述べたような点からしても、阿国には思想と行動の基底に時衆的なものをもっていたといえよう。いわば時衆となんらかのかかわり合いをもっていた人と見ることができる。だが歌舞伎をはじめたとき、本来あるべきすがたとしての念仏的要素はまったく失われ、舞台芸術としてショウ化されていってしまった。

江戸時代の踊念仏

江戸時代に入ってからも踊念仏は修されていたのであろうか。永禄四（一五六一）年八月十七日、パードレ・ガルパル・ビレラが堺からインドのイルマンに送った書状の中に「シシウ（時宗）と称する一派は（中略）ある祭礼を行ふに当り、勤行を終りたる後、坊主一団となり、女の坊主又一団となりて歌ひ、中途に共に踊り又歌ふ」と述べているところからすれば、少なくとも永禄のころには踊念仏は時宗の行儀として行われていたらしい。しかも、それを外国人も認めている。時宗といえば踊念仏、そのように一般民衆からは見られていたようである。『日次記事』二月の条に「凡そ当月彼岸中、諸寺院に法事あり。七條金光寺・四條金蓮寺・大炊道場聞名寺・五條御影堂（新善光寺）・丸山安養寺・霊山正法寺・大津荘厳寺等の時宗、寺僧は踊躍念仏を作《な》す。荘厳法事、東山法国寺の僧、彼地に行きて之れを勤む。四條坊門極楽寺空也像の前にて毎日踊躍念仏あり」と記されている。これによれば江戸時代にもなお、時衆の道場では年に何回か踊躍念仏を勤めていたらしく、四條坊門極楽寺のように毎日勤めているところもあった。しかし修していたとしても、中世のような「大衆踊躍の行、地もとどろくばかり也」（絵詞伝巻十）「肩をゆりておどる事、野馬のごとし」（天狗草紙）と評価されたいきいきした歓喜踊躍ではなく、まったく形式化されたものであった。それは現在の教団で行われているものと大差あるまい。確かに踊躍念仏には荘重さがあり典雅なものであるが、それはうわべだけのものであって生彩さに欠けている。

現行の踊躍念仏は三名ずつ向いあった六名の時衆が、遊行上人を中心に大衆がとなえる念仏とか和讃に合せて鉦を打ちならし、かわるがわる上人の前へ一歩一歩進み出たり退いたりするもので、見たところきわめて荘重な感じはするが、名は踊躍念仏であっても、踊るというようなしぐさはまったく見えない。足を前へ後へと動かしているといった程度のものである。このさまを見た角川源義氏は「踊躍念仏が、少しも踊躍でないのに落胆」したといっている（遊行寺の一ツ火）。期待をもって見れば見るほど味もそっけもない。足は床から少しも離れていないのである。ところが長野県佐久市に伝承されている踊念仏は「善男善女がありがたや〳〵と和讃をとなえながら踊り狂うさまに、中世が生きているという実感をもつ」ことができるという（同上）。形

長野県佐久市に残されている時宗系の踊念仏

式化されたものと、土俗的なものの違いであろう。遊行上人と三名ずつ向いあった六人の時衆によって勤められる法式は、すでに文政八（一八二五）年板行の『浄業和讃』（巻下）の踊躍念仏儀の下に見え、また『時宗要義問弁』にも「七調磬と調うには非ざる也。知識（遊行上人）の金磬共に七調なれば也。踊躍念仏・和讃・毎時の礼讃、法要の前後等、これを鳴《なら》して以て調和す」と記しているので、江戸中期のころとととのえられたものであろうか。はじめ踊念仏と呼ばれていたものが、いつしか踊躍念仏となった。金井清光氏はその時期は形式化し、「極度に規律を重んずる荘重典雅な儀式」となったときと関係があると見ているが（時衆文芸研究）、孤山隠士が越前門徒を非難した条々の中に「踊躍念佛無本説事」と記し、『真宗要法記』（遊行二十一代知蓮）に「日中以後ノ庭踊ハ、又一切衆生及ビ彼ノ癩類迄モ、凡聖不二ノ謂ヲ顕シテ一同ニ踊躍念佛ス。即チ下化衆生之至極也。総ジテ庭踊ハ本来此ノ宗ノ行事、唯是レ耳《のみ》。元祖修行ノ古ハ或ハ堂社ノ庭、或ハ市町ノ中ニシテ踊躍念佛シタマフ。道俗男女同ク踊リケルヨリ、此ノ行儀始レリ」と述べているところからすれば室町末期のころから、すでに踊躍念仏と呼ばれていたらしい。

こうしたオーソドックスな教団に受け継がれた踊念仏とは別に、かつて時衆たちによって修されていた踊念仏は鉦《かね》うち・鉦叩きといった人たちによって受け継がれてきたらしい。それは形式化されたものではなく、佐久の踊念仏のように歓喜そのままをすがたに現わすといったものであった。「遊行上人下沙弥の儀、被慈利《ひじり》と申候。或いは又当時俗に呼で磬打《かねうち》と申候。此の者共《ものども》の儀は五百年以前、時宗元祖一遍上人諸国遊行の節帰依のもの、僧俗共に数多随従致し回国仕《つかまつ》り候。其の中にいまだ妻帯を禁ぜず、無我の剃髪にて上人並びに僧衆給仕のため、薪水の役を仕り候もの共《ども》を沙弥と名附け、なに阿弥・なに阿弥と阿弥号を附け置き召しつれ申候。一遍上人滅後も、此のもの共の儀、国々因縁の地に立ち帰り、別して藤沢附近八州の内に相い留まり、上人遺誡の金磐を首にかけ、和讃並びに踊躍念佛を相い唱へ、在々所々に修行し仕り、掌中の信施を受け候て渡世相い送り、其後遊行代々の上人諸国修行の節、何時にても右沙弥共、其の所々へ罷り出で薪水の給仕致し来たり候」（徳川禁令考）と述べているような阿弥と称するひじりが各地にいて、和讃をとなえたり踊念仏をしていた。かれらは鉦叩きを業としていたが、それぞれの地方での踊念仏の先達であった。先達を中心に踊念仏が修されていた。したがってなんらかのきっかけがあれば、集団として行動することもあり得た。『増訂武江年表』に、

筠庭云、世事談ほうさいの説然るべし。但しほうさいは寛永以前よりいへる事なり。考へあれども記しがたし。無声云、ほうさいは慶長以前よりありて狂僧にあらず、ほうさい念仏絵詞（寛永頃のもの）に、昔常陸国に貴き僧一人おはしける、其名をばほうさい坊とぞ申ける。我住む寺破損しければ、弟子あまた引つれ、太鼓・かねの拍子をそろへ、踊念仏をくはだて、繁昌の所へ踊り出で、一銭半銭のくわんじん（勧進）を得て堂塔伽藍を建立し給ふかや。されば末代にいたってほうさい念佛と名付け、太鼓・かねをた丶きて面白くおどり云々とあるにて知るべし（巻

二）

と述べ、寛永年間に泡斎念仏と呼ばれた踊念仏の流行した由を記しているのは、その一例であろう。寛永のころ泡斎と名乗る狂僧が、弟子を引きつれ町中の人びとの集まっているところで、鉦・太鼓をたたきながら踊念仏したという。踊念仏したといえば、泡斎は時衆系の念仏聖と見てよいであろう。この異形の僧を真似て江戸郊外の葛西の百姓たちは踊りながら江戸の大路を踊り狂ったという（宮田登著『近世の流行神』）。葛西の百姓と時衆との関係ははっきりしていないが、時衆系の人で、先習の教えとして踊念仏を行ったことがあったのかもしれない。それはあくまで推定にしかすぎないが、葛西には応現寺など時衆の道場もあり、関東には鉦打ちというかつて踊念仏を修した阿弥の子孫が住んでいたから、時衆系の人でなかったと断言することはできない。だが泡斎のほか踊念仏を修したという記録が残されていないのは、踊りが大衆化するとともに念仏そのものに中世人がとびついたような新鮮味をいだかなくなったからであろう。いだかないどころか抹香臭いといったような考え方がなかったと断言することもできない。

第四章　踊躍的念仏の変容と実態

第一節　踊念仏の宗教的価値観の変化

元来、踊念仏は庶民の成仏が教団において認められなかったとき、念仏申せばだれでも極楽浄土に往生できると教えられた喜びを形に現わしたものであるとともに、心に鬱積《うっせき》している悩みを念仏と踊躍のくり返しによって吹きとばしてしまいたいという願いをこめて生まれでたものであった。踊躍は歓喜の絶頂の体現であり、踊躍することによって宗教的法悦＝エクスタシーに達した。いわば純粋な気持で、当時の人たちは阿弥陀佛に接し念仏をとなえた。しかし、これだけならばそれほど多くの地域に弘まることはなかったであろう。空也とか、一遍智真、さらにそうした流れをくむ僧たちの影響のもとに弘まっただけであろう。それが爆発的といってもよいほどに各地に弘まったのは、日本人のもつ習俗と結びついたことに大きな原因があったのではあるまいか。習俗といっても、わたしたちから見ればありきたりの、常の生活の中に融《と》けこんでいるもので、これだといって手にとって見ることのできないものである。いわばそれは風土の中に長い年月をついやして形成されてきたものであったから、それを無視しては到底地域社会に深く入りこむことはできない。いわば純粋であることを欲すれば欲するほど融合はできない。融合できないということは、社会から阻外されてしまうということである。社会から阻外されることなく弘まるためには、融合はやむを得ない。外来宗教としての仏教が日本に定着し得たのは、神道ないし土俗信仰と容易に融合し得たからであるが、キリスト教の場合は仏教ほどに融合し得ない面をもっている。そのため多くの信者を獲得することもできず、教会の設立も少なく弘教は極地的で、多くの弘まりを見せていない。ここに純粋性を主張するキリスト教の布教の限界があった。

では古来からの伝統を受け継ぎ、踊躍念仏に接近した習俗とはなんであったかといえば、それは鎮魂という祖霊をまつる行事であったといえよう。古代社会の人たちがもっとも恐れたのは、風害・水害・虫害といった、生活の糧《かて》ともいうべき稲の収穫に多大の影響を与える、さまざまの害悪や疫病であった。こうした害悪は怨霊のたたりであり、害虫は怨霊の化身であると考えられていたから、害虫を手にして村境に送り出し、海や川に捨てて村の平安を祈った。怨霊とは志を得ないで中折した人たちの霊であったから、それを鎮《しず》めるために呪文をとなえたこともあれば、仮面を用い、また足踏みしたり追い放つしぐさを手振りでしめしたこともあった。その方法にいくつかあったとしても、それぞれは疾病を退散させ害悪を遠ざけようとするものであった。鎮魂はあくまで神が中心となっていた。そこに仏教が入ってくれば、自然仏教的変容をとげることはいうまでもない。天武天皇の十四（六八五）年、百済の僧法蔵は優婆塞益田金鐘とともに天皇の命を奉じ美濃国に赴き、白求《おけら》を煎させられた。果たせるかな十一月丙寅、金鐘はこれを朝廷に献じ天皇のため招魂《みたまふり》を修したという。鎮魂といい、招魂といっても内容的には大差あるまい。だが荒れくるいたたりをもたらすと考えられるみ魂を鎮める方法（鎮魂）から、み魂を招きまつる方法（招魂）に変っていく。招鎮魂が神道的発想であるとすれば、招魂は仏教的発想にもとづいたものであった。招魂となったとき、自然その手段も仏教的なものが用いられるようになったことはいうまでもない。すなわち呪言はしだいにすがたを消し、歌謡＝和讃によって仏をたたえたり、念仏したりするようになった。また足踏みは仏を中心に行道するようになったが、仮面を用いたり、剣・弓・杖・ひさごといった呪具を用いた場合は風流となったらしい。どこに重心を置くかによって、当代人の生きるささえをどこに求めたか知ることができる。神に救いを求めるか、阿弥陀仏にすがって浄土に生まれたいと願うか、神や仏を二次的なものと考え現世を存分にエンジョイして生きるか。いずれの世にもプレイボーイはいるが、それがすべてではない。古代人は古代人ながらに信仰をもっていた。それが怨霊の存在を認め、浄土への往生を願う心であったといえるが、浄土教の伝来以来、怨霊をまつる行事は念仏がバックボーンとなっていったらしい。

天安二（八五八）年八月二十七日、文徳天皇が亡くなりその後中陰四十九日までの間、近陵山寺と広隆寺で転経念仏が行われ（三代実録）、貞観九（八六七）年十月十日右大臣藤原良相が世を去ったときには、妻大江氏は死後腥鮮を退けて念仏を事としたという（同上）。死後文徳天皇にせよ藤原良相にせよ念仏を用いたことは、一には死者の霊魂を浄土に往生させてやりたいと願ったからであるが、反面死んで間もないアラミタマは荒魂《あらみたま》であって荒《すさ》びやすい。そこで死霊を鎮めやわらげてやりたいという古代社会の伝統を受け継いだ考えが心底にひそんでいたからであった。天安二年といえば空也の生まれた六、七十年も前のことであり、円仁が入唐し法照の念仏三昧法を五台山の竹林院で学んで帰朝した（承和十四年八四七）十年ほどのちのことであった。このころすでに念仏は鎮魂にかかわりあいをもっていたことを知ることができよう。唐から帰朝した円仁は比叡山の東塔に常行三昧堂を建てて常時念仏を修したが、その後常行三昧堂は西塔にも横川にも、また各地の大寺にも設けられた。その常行三昧堂には守護の神として摩多羅の神がまつられていた。摩多羅の神とはどういう神なのか、まったく得体の知れない神であるが、仏教では煩悩のことを摩多羅といっている。その像は見るからに踊ったすがたをしている。いわばこれから活動しようとする活気に満ちたすがたであり、農耕でいえば生産を意味しているといえよう。足を踏みつけ踊ることは、また魂を鎮める意図をもっていたから、この神は生産の神であると同時に、死をつかさどる神であり、踊躍し歌舞する神であった。念仏三昧することは仏教の鎮魂にあたると考えられ、念仏と農耕行事の関係が密接になってきたころ、この神の信仰が盛んになってきたようである。農耕でまず考えられることは田楽であり、常識的にいえば田楽というのは田の神をまつって豊作を祈願する農耕儀礼から出発したものであったという。五来重氏は「田楽の本質的、起源的な部分は田植踊（田囃子・蚕囃子）とか苗押・だだ押などと呼ばれる跳躍乱舞であって、中世の記録に多くでる田楽躍」（一遍と高野・熊野および踊念仏）が、これにあたるといっている。『梁塵秘抄口伝集』（巻一四）には紫野社（今宮神社）の「ふうりやうのあそび」について「ちかきころ久寿元年三月のころ、京ちかきものの男女紫野社のふうりやうのあそびをして、歌・笛・たいこ・すりがねにて、神あそびと名づけてむらがりあつまり、今様にてもなく乱舞の音にてもなく、早歌の拍子どりにもにずしてうたひはやしぬ。その音せいまことしからず、傘の上に風流の花をさし上《あげ》、わらはのやうに童子にはんじりきせて、むねにかっこをつけ、数十人斗《ばかり》、拍子に合せて乱舞のまねをし、悪気（鬼）と号して鬼のかたちにて、首にあかきあかたれをつけ、魚口の貴徳の面をかけて、十二月のおにあらひとも申べきいで立《たち》にておめきさけびくる」ったと述べている。これによれば京近くの男や女たちは紫野社に詣で、神あそびだといっては歌を歌ったり、笛を吹き太鼓をうつなどしてにぎやかに日を過ごしていたらしい。仁平四（一一五四）年三月のことといえば源平の争乱の前夜ともいうべきときであり、その翌々年保元の乱がおこった。『百錬抄』の同年四月の条に「近日京中の児女、風流を備え、紫野社の前に参り、夜須礼《やすらい》と号す」るものが行われたといっているところからすれば、風流といい夜須礼といっても同一のものであったらしい。紫野社は今でも京都市北区紫野に今宮神社と呼ばれて存在し、毎年三月四日やすらい祭という祭礼を行っている。この日シャグマをつけた踊子＝大鬼・小鬼が鉦や太鼓をたたきながら「やすらい花」の歌を歌いながら、町の中を練りまわって激しく踊り歩く。

このとき踊りに合せて歌った歌が「やすらいの花」であり、その歌詞は、

や、　とみくさのはなや　　やすらひ花や
や、　とみをせばなまへ　　やすらひ花や
や、　とみをせばみくらの山に　　やすらひ花や
やァ　まかまでなまへ　　やすらひ花や

やすらひ花や

やァァまるまでいのちをば

というような調子で続いている。歌詩の部分は音発の人（音頭取り）の唱言と帖音（合唱）の急調子・乱拍子の部分と反唱（返し詞）の三部分からなり、はじめは合唱乱拍子で乱舞したらしい（五来重氏前掲論文）。とみくさの花とは稲をいい、「とみをせば」は米を食べればということ。「やすらひ花や」は花よゆっくりしてくださいという意であり、「なまへ」は南無阿弥陀仏のなまったことばであるという。花が散るのは病気が発生するきざしとされていたから、「花よ、せわしく散るな。ゆっくりいつまでも咲いていてください」といって、疾病の発生をおさえた。しかし、花はいつか散ってしまう、散れば病気がはやる。疾病の根源となると思われていた悪霊を念仏の力で退散させようとして「なまへ」＝南無阿弥陀仏をくり返してとなえた。この歌詩に稲が歌いこまれているのは、元来田歌であったろうことを物語っており、その下になまへすなわち南無阿弥陀仏といっているのは、田楽踊と念仏踊とが結びついたことをしめしている。こうした田楽踊と念仏とが結合した例はやすらい祭ばかりではなく農村社会には多く見られたらしく、大念仏・放下・盆供養念仏・墓獅子・雨乞念仏踊・虫送念仏・ジャンガラ念仏踊・亡者踊・願人坊踊・六斎念仏などは濃淡の差はあっても、それらすべての根底には田楽的要素が残されているという（五来重氏前掲論

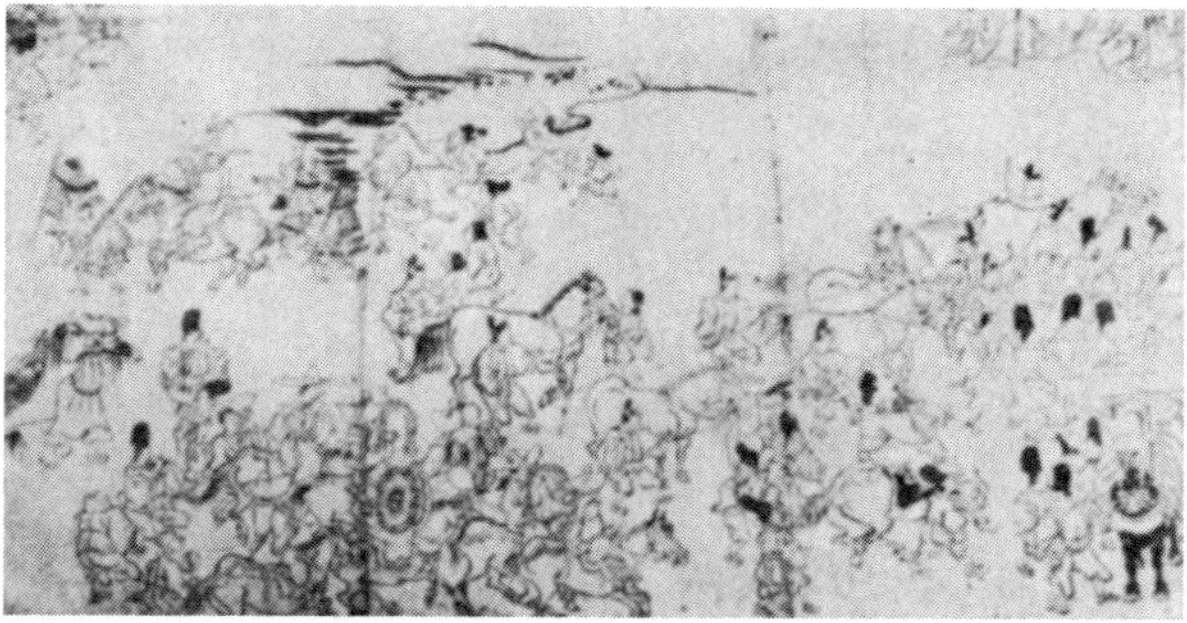

平安時代末期の風流田楽　（年中行事絵巻巻十二）

文)。

こうして土俗信仰は、それは田楽であっても念仏と結びつくことによって、生活の糧を守るためにますます盛んになっていった。それが年々くり返されることにより扮装ははなやかとなり、踊りは意匠化され、身を飾ることに意をそそぐことになる。もはやそうなれば踊る人は神であり精霊である。精霊たちとともに踊るのだといった心はうすれ、なぜ念仏をとなえるかといった考えさえ忘れさられてしまう。忘れてしまえば、それは単なる歌の詞でしかない。南無阿弥陀仏がなまへになったからとて意に解することはない。念仏に宗教的意味をもち、念仏に力点が置かれていた踊念仏が芸能化し、踊りに重心が置かれたとき念仏踊と呼ばれるようになった。基底に宗教的意識があるかないかによって、表現も異なることに注意しなければならない。念仏踊は前代の人たちの行動を受け継ぎ、変わることなく受け継がれていく。受け継がれるといっても、まったく五十年、百年の間寸分の変化は見られないということではない。年々くり返されていくうち、時代の変遷と要請によって変っていく。戦乱がうち続きたおれる人がいれば、その霊をなぐさめるため念仏踊をするであろうし、平和な世が訪れれば衣装を飾ることに意を用いるに違いない。人たちは練りまわり踊りまわるとき、仮装して注目をあびようとする。念仏踊としては邪流であるが、念仏に意味を認める必要はなかった。念仏よりも衣装の重視。こうした念仏踊の分化の道程で生まれたのが風流踊《ふりゅう》であった。

思うに戦国の時代は武士たちが戦いに命をかけ、民衆たちがかれらの利権争いの渦中に日夜呻吟していたときであった。武士にしても民衆にしても明日への望みをいだくことはできない。残された日々を楽しく過ごしたい。それはあいつぐ戦乱につかれた人たちの望むところであった。かれらにとって唯一の心の糧は自分のもつ芸能、すなわち歌や踊りを存分に育てることであった。芸能に扮装も道具も趣向をこらした人がいた。人目を奪うような花笠を着けたり、あざやかな色彩をした花の作り枝や笠鉾をもったりする。そうした豪華できらびやかな装飾を、当時の人たちは風流といった。風流をつけた踊りを風流踊とか風流と呼んでいる。こうした風流を身につけ踊って不安をけ散らしたいと願った。室町から戦国といった時代、さらに桃山時代にかけて風流踊が行われたのは時代の風潮であったといえよう。祇園御霊会＝祇園祭もそうした影響のもとに行われたと見られる。踊りに情熱をかたむけて生きることに努めた。生きることに希望を托して、せつない命を燃焼したいと願っていたといってもよいであろう。こうしたとき念仏の代りに当時流行していた小歌を取り入れた人もいた。念仏そのものの意味を知らない人のなせるわざである。

こうした踊りは、いつ行ったのであろうか。踊りが農業に深い関係があったとすれば、それは花の咲く時期、農作を祈るために行ったのであるから、稲の花かけどき、すなわち旧暦七月半ばごろのことであったろう。このときはまた仏教での盂蘭盆会の時期にあたっていた。こうしたことから稲の豊作を祈る踊りと、祖霊の訪れを迎える行事とが一つになったものと見ることができる。仏教が入ってくる以前の魂祭は正月・七月・十二月に行われていたという。七月の魂祭は仏教と結びつき盂蘭盆となり、正月の魂祭は祝福の面が強くおしだされて残り、十二月のそれはすでに南北朝のころ東国の一部に行われていただけで、京都ではすでに行われていなかったという。こうして七月の魂祭＝祖霊の訪れは仏教の影響を受けて亡霊供養の印象が深く残った。祖霊の訪れの日、盆踊をして祖霊＝精霊をなぐさめたのであるが、盆踊といっても、その原流には、㈠念仏踊に源流をもつもの、㈡疫神払いの乱舞形式につながるもの、㈢相聞歌にともなう踊りなどから生まれたものなど、いくつかあったようである。旧暦七月十五日の夜には丸い月が夜空にくっきりと浮ぶ。多くの人たちが精霊とつれだち野原に集ってくるにしたがい、盆踊の輪は広がり精霊とともに歓をつくすけれども、そのとき歌う歌にはその来るを喜び去るを惜しむことばがおりこまれている。それは亡霊をなぐさめるといった考えばかりではなしに、帰ってくる精霊から祝福を受けたいと望み、また来年きてほしいという願いでもあった。長野県新野の人たちは盆踊のとき、

東西静まれお静まれ
静めて小唄をお出しやれ
市神様へ一踊り
四角四面で良いお庭
四方見晴らし中大堂
七月一日門開き、七日に勢揃ひ
十三日には棚飾り
十二の妃が勇みでる

黄金の臼を千揃へ
黄金の杵を千揃へ
十二単衣着飾って、七十五石の米を搗く
十四日や十五日
神や仏を祭り給ひ
これより奥の松本に
さても大層なことがある
あし毛の駒に手綱《たづな》つけ
弥陀の浄土へ早よ急げ
末を申さばまだ長い
お暇《いとま》申していざかへる
ナンマイダンボナンマイダンボ

と歌っている。祝福の神が去るときの名残りを惜しんでいるかのように見えるが、「ナンマイダンボ」(南無阿弥陀仏)といい、「弥陀の浄土へ早よ急げ」といっているところを見れば、やはり念仏踊の影響を受けて作られたものであろう。このように踊躍的念仏の系譜をたどってみると踊念仏から念仏踊へと分化していったことを知ることができるが、分化の過程でなにが強調されているかを考えてみると、かぶりものの笠が花笠として表面におしだされたこともあれば、小唄が念仏の代りにもりこまれたこともある。しかし、いくつかに分化しているとはいえ踊りの振りや足さばきは、それぞれに共通しているという（三隅治雄著『日本舞踊史の研究』）。こうして形をかえながらも今日に残存している踊念仏の末流を発展の過程と型態から整理してみよう。

第二節　空也念仏の実態

空也上人の流れをくむ一流の僧たちは各地に散在していたらしく、『譚海』（巻一四）によれば京都極楽院空也堂の塔頭《たっちゅう》には、正徳庵・東之坊・寿松庵・利清庵・金光庵・徳正庵・南之坊・西岸庵の八か寺があり、この中、正徳庵には清僧が住み、庵主は八か寺を交互に順次まわって住した。朝夕勤めた勤行《ごんぎょう》には住持と伴僧《ばんそう》二人、このほか有髪の俗人四人がそれぞれ法衣を着、胸に鉦鼓をかけ、住持は経文をとなえ、それに和して伴僧は瓢簞をたたきながら、たがいに前後入れちがいに踊ったという。空也堂は京都市下京区蛸薬師通り油小路西入亀屋町に現存しているが、はじめ洛北鞍馬に建てられたのをのち京都の市中に移したと伝えている。一時三條道場とか櫛笥道場と呼ばれ、時宗に属し三條通り今新在家西町に所在したこともあったが、応仁の乱に焼失、寛永年間東福門院の寄進によっていまの地に移転して再興された。この寺が、他の寺と異なるのは、代々の僧が世襲で、有髪の僧形のまま肉食《にくじき》妻帯して血脈を相続することができたことである。それだけにまた古来の伝統を正しく伝えているといえよ

う。『勤行式之事』（空也堂刊由緒略記）に「歓喜念仏」の一条を挙げ、

> 往昔開祖空也上人、都ノ市中ヲ念佛勧進シ給フニ、影ノ形ニ随フ如ク、共ニ歓喜踊躍シテ念佛讃嘆スルモノアリ。上人何人ゾト問ヒ給フ、彼答ヱテ曰ク、吾等ハ過去ノ七佛毘婆戸佛、尸棄佛、毘舎浮佛、倶留孫佛、拘那含尼佛、迦葉佛、釈迦牟尼佛ナリ、皇子ノ衆生ヲ哀ミ念佛ヲ弘通シ玉フヲ喜ビ、寂光ノ佛ヨリ来リ助力シ奉ルナリ、ト異口同音ニ念佛称名シ以テ上人ノ後ニ従ヒ給フ。是即チ歓喜踊躍念佛ノ起因ニシテ、法ノ座毎ニ七佛ノ廻向、及開祖皇子空也上人、並ニ第二世定阿弥法師ヲ擬シ、九品ノ浄土ニ像リ九佛勤行ヲ修ス。是レ空也堂古制ノ一法式タリ

と記しているところによれば、踊躍念仏は法式の一として行われていたらしく、九品の浄土をかたどった九仏勤行のすがたは「空也堂踊躍念佛図」という一枚刷の、空也堂から発行されている木版図に描かれている。ここに「踊躍念佛図」とあることからすれば、空也堂では伝統的に踊躍念仏が行われていたと見てよいであろう。このとき用いた鳴り物は、京都六波羅蜜寺に安置されている空也上人像を見ると鉦鼓であったらしいが、世に鉢叩き念仏というからには時に瓢簞を用いたことがあったとしても、本来用いるべきものとしては鉢だったのであろうか。

鉢叩き、すなわち踊躍念仏のときには和讃をとなえた。伝えるところでは歌は八百

首もあったという（空也僧鉢敲考）。今その真偽を問うことはしない。思うにたくさん、いく種類もあったということを物語っているのであろう。その中「いとふるく伝えきにけるもの」として、山崎美成はその著『空也僧鉢敲考』に、

よき光ぞと、影たのむ〳〵、たのむちやの、キヨモほとけのキヨヒヨン、あひつのさとキヨに、むつのくにけりキヒヨン、ひやうたんふくべにを付けて、折々風のふく時はヒヨヽラヨンヒヨン、しほせの風のさむさ、さんやにてはどら打ちならし、三界を家と走りめぐり、鉢扣がせいぜいこゝにかけて後生を願はゞ、などか佛にならずらん、キヨヒヨンノウ、五郎三郎夫ハツしよろわしたワイ、なんところんとんづるやうしやうこらくら春テンフンツテンと、たゝからつるには、瓢ならではおほせらしよしやたんた寝てもさめても忘るなよ、唯一念はねぶつなりけり、急て浄土を願ふべし、なむまみはろうだ、ハウパイトウ茶せん〳〵

の歌を挙げている。この歌について堀一郎氏も「いちじるしくくだけたもので、所々意味のとりかねるところはあるが、いかにも稚拙で、空也僧の歌ったらしい面影がしのばれる」（空也）と述べている。「なむまみはろうだ」は南無阿弥陀仏の訛ったことばであり、「唯一念はねぶつなりけり。急て浄土を願ふべし」は、ひとたび念仏申すことによって浄土に往生することができる。さあ、念仏をとなえようではないかとい

う意であるが、その下に「茶せん（筅）〈〜〉」といっているのはなんのことであろうか。その意味がわからない。

天暦五（九五一）年瘟病《おんびょう》が流行したとき、空也はどうしたら病気をなおすことができるかと悩んだ。そのとき、念仏をとなえながら茶を煎じ、茶筅をふりたて観音に供えた茶を病者に飲ませたならばなおるであろうという牛頭天王《ごずてんのう》の告を得た。以来、かれは一丈の十一面観世音菩薩像を車にのせて市中を引きまわし世人に結縁したという伝承にもとづき、空也僧は茶筅を作り市中で売るようになったという（空也上人絵詞伝）。こうした伝承がもとで「毎年元三（正月三日）には空也堂の大茶筅にて茶を立てることになった。「茶を服すれば、年中邪気を免る」（都名所図絵巻一、空也堂の条）ということで茶を飲む風習が世に弘まったという。茶が薬として用いられるようになったのは、栄西の『喫茶養生記』以来のことであるが、一般化したのは室町末期のことであったらしい。鎌倉の武士が捨て茶、すなわち出がらしの茶でもよいからいただけないかといっているところを見れば（金沢文庫古文書）、茶の入手は困難で一部の特権階級が薬用として用いられていたにすぎなかった。

極楽院空也堂は鉢叩念仏の本山であった。明治四年書上《かきあげ》の『時宗鉢敲《はちたたき》弘通派本末名字帳』には「本山　紫雲山光勝寺極楽院空也堂」として、その位置づけをしたのち、空也堂の支配下に置かれている直末寺院として、常陸国新治郡完倉村空也堂・筑前国遠賀郡芦屋村安長寺・伊勢国菴芸郡窪田宿西念寺・同国安濃郡乙部村空也堂の四ヶ寺を挙げている。このうち安長寺（福岡県遠賀郡芦屋町船頭町）は芦屋念仏の本拠で、寺中町と称する四十家を有し、そこの住民は歌舞をよくし、芸を諸国に売って妻子を養っていたという（太宰管内誌）。糸島郡前原町泊（福岡県）の大日堂も天慶年間空也の開基した寺といわれ、その堂側に鉢叩きを事とした人が数十人もいて、ともに空也所化の遠孫であると自称し大日念仏という念仏を伝えている。かれらは傀儡《くぐつ》舞や歌舞伎を業としていたといえば、踊念仏の一種を修していたのであろうか。三潴《みつま》郡（福岡県）江上村江上にも傀儡舞や踊念仏をする人がいたと天和二（一六八二）年ごろ撰述された『筑後地鑑』（巻上）に記されている。それによればかれらは嘉祝弔祭の家にゆき、吉事には舞躍を、凶事には念仏と読経をしたという。また福岡県直方市植木横町にも傀儡舞や歌舞伎を主体とした植木念仏が観音堂を中心に行われていた。このほか宇佐市下時枝（豊前国芝原）の善光寺にも空也系の念仏が伝えられ、その末寺は豊前平野を中心に八十か寺あったといわれ、今になお末寺所在地帯にはバンバ踊・カサボコ踊・庭入りの名のもとに念仏踊の亜流が盛んに行われている。大分県では速見郡から国東《くにさき》半島にかけて空也系と伝えている寺が八か寺ほどあり、ここが楽打という念仏楽の中心地となっている。楽打は楽庭と呼ばれる場所で行うのを常としているが、それは八幡神社の系統が多いという。八幡神社の境内で行うのは八幡神は阿弥陀仏の垂迹《すいじゃく》であるという信仰にもとづいているのかも知れない（松岡実稿「九州における時衆聖の活躍」岡山民俗五一）。安長寺のほか前記『鉢敲弘通派本末名字帳』に見えている寺々で踊念仏を行ったという記録はないので、伊勢（三重県）や常陸（茨城県）での実態は知ることができない。また滋賀県浅井郡小谷村別所の枝郷大洞にも空也上人の流れをくむと自負する鉢叩きがおり（淡海木間攫巻十）、同県栗太郡黒沢村ナツハイ堂にもかつて空也の末流の鉢叩きがいて、毎年七月瓢《ひさご》をたたき鉦をならして踊念仏をしたといえば（栗田志）、近江国（滋賀県）にも伝播していたことは事実であったろう。

しかし、一部には鉢叩きは部落の一種であると見ていた人もあったらしく、『祠曹雑識』によれば稲葉丹後守領内の茶筅部落の人たちは村方と縁組せず、衣を着て鉦をうち念仏をとなえて近郷をまわり米麦の初穂《はつほ》をもらい、正月には茶筅を配って歩いたという。だがかれらは空也上人の末流であるという自覚と自負をもち、村方と区別されてもおおしく生きていったようである。ここでは鉦をうち念仏をとなえたといっているものの、踊念仏したとはいっていない。だが空也の流れをくんでいたからには、他地方の空也の末流と称する人たちと同様踊念仏を行っていたと見てよいのではあるまいか。

現在明らかに空也の流れをくむと伝えている踊りには、福島県河沼郡河東村冬木沢八葉寺（真言宗豊山派）の空也念仏踊がある。伝えるところによれば、この踊りは空也上人が諸国を遊歴したとき会津に下向し、この地の人びとに歓喜踊躍の念仏をとなえさせたのがはじまりであるという。それは会津の高野山とも呼ばれている古刹＝八葉寺の、俗称冬木沢の阿弥陀堂で行われているものであるが、現行の念仏踊は一時中断していたものを大正十年、東京の空也念仏講中の人によって再興されたものである。それだけにどこまで古制が残されているものか心もとないが、おそらく再興のとき中断前のことをよく知っていた人の指導によって中興されたものであったろう。とすれば古いしきたりが多分に残されていると見てよいのではあるまいか。念仏踊は空也入滅の日という九月十一日空也上人の墓前で行われたり、高野まいり（八月一日から盆まで）の八月五日（旧暦では七月五日）阿弥陀堂の前で奉納されたり、時には仏供養などのおりたのまれて在家で演ずることもあるという。踊りは貞盛ずきんと黒衣の袈裟をまとった導師と、職衆と呼ばれる踊り手八人の、計九人が一組となって行われる。導師は鹿の角のついた錫杖（角の長さ三七センチ、竹杖一三八センチ）をもち、職衆のうちふくべを二人、小太鼓を二人がそれぞれ手にし、他の四人は鉦をかぎの字形の木枠につるしてもっている。ふくべは向い合って二人がもつから、金色と銀色に塗り分けている。僧たちは脚絆・白足袋・草鞋ばきで、導師を先頭にして同類が二列になり、ふくべが二列の先頭に一人づつつき、次に鉦と太鼓が左右に一人ずつ続く。こうした型態をととのえたのち、念仏踊は導師の祭文によってはじまる。香偈・三宝礼という偈文をとなえたのち、正面から二人ずつ相い対した念仏の座につき、略懺悔の文で歓喜踊躍念仏に入り、『和讃』に合せてふくべ・鉦・小太鼓をたたく。このとき歌う『和讃』は、

長夜の眠りひとりさめ　　五更の夢にぞ驚きて
静かに浮き世を観ずれば　　僅かに利益のほどぞかし
時候ほどなく移り来て　　五更の空にぞなりにける
念々無常のわが命　　何か生死におとされん
人命無常とどまらず　　山水よりもはなはだし
僅かにきようまで保てども　　あすの命は期しがたく
三界ところ広けれど　　きたりてとどまるところなし
四生の形は多けれど　　生じて死せざる体もなし
三界すべて無常なり　　四生いずれも幻化なり

この中に住む人はみな　　　　たとえば夢にぞ似たりける
東黛《だい》前後の夕煙　　　　　きのうもたな引ききようも立ち
北茫《ぼう》朝暮の草の露　　　　おくれさきだつためしなり

という『和讃』で、このときは鉦ばかりで、ふくべ・小太鼓は用いない。ついで、

惜しめども一度は野べに捨つる身の　あわれはかなき人の果てかな
人の果て何になるぞとよく見れば　煙となりてあとさきもなし
西へ行く心一つがたがはずば　骨と皮とに身はなればなれ
ひとたびも南無阿弥陀佛という人の　はちすの上に登らぬはなし
極楽ははるけきほどと聞きしかど　つとめて至るところなりけり

という空也上人の和歌を五首詠むが、これを長夜の念仏といっている。長夜の念仏の次に導師が『歓喜踊躍和讃』の頭句「思えば浮世はほどもなし」と読みあげると、これに和して職衆が「楽華はみなこれ春の夢」と次の句をとなえ、時にふくべ・太鼓が入り、調子を合せながら、前のふくべが二人そろって中央に進み出て、膝を地につくようにかがめてはのばして前進し、霊前に焼香して元の位置にもどる。ふくべの次に鉦・太鼓と二人ずつ続き、これを三回くり返す。こうしたくり返しをしているときとなえる和讃が『歓喜踊躍和讃』である。

思えば浮き世はほどもなし　楽華はみなこれ春の夢
名利の心をとどめて　急いで浄土を願うべし
願う浄土は他にあらず　聖衆の来迎ときをまつ
死する所は二つなし　最後は念仏ばかりなり
あらありがたの法の声　人間界に生れ来て
末法などおのずから　念仏行者の身とぞなる
観音勢至の来迎は　声を尋ねて迎えある
十悪五逆の雲はれて　末はれんげの開くなり
末の法はもろともに　解脱は何も劣らねど
末代慈悲のみ教えは　念仏往生すぐれたり
念仏十念種として　往生浄土の花ひらく
菩提とこの身なるおりに　利益修業も成就する
八万四千の経文は　無明滅せんためなり
利剣即是の名号は　ただ一声に罪きゆる
女人の佛にならぬとは　難行道のことばかり

されども弥陀の誓いには　　女人悪業えらばれず
摂取不捨の光明は　　念ずるところを照らすなり

この『和讃』ですべてが終り、もとの位置にもどると導師は「なみあみだんぶや」ととなえながら四、五歩進んで、職衆のほぼ中央に進み出、職衆は導師を真中にして円陣を作り、導師が「もうだ」ととなえると、職衆は「なもうだ」と相づちをうつように答える。このとき職衆は鳴り物をたたきながら左足を上げ、ばちをもった右手を充分のばして地につくように低く下げ、体を輪の中心へ傾くようにして踊るという。三巡したとき導師は「ただ今願う、今この念仏の力にて一佛生の縁となる」と述べ、最初の位置にもどり礼拝して念仏踊を終える。

このほか空也流に属するものとして、荼羅富久《だらふく》施餓鬼大念仏と呼ばれているものがある。これは、千葉県香取郡・同海上郡から銚子市一帯にかけ広く行われている念仏行事で、太鼓念仏・だらふく、または単に大念仏ともいわれ、寺院の仏堂とか境内地、時には在家でも行っているが、境内で行うときは仏堂の前に土を盛りあげ、その盛り土を須弥山《しゅみせん》としている。須弥山すなわち、土俵の高さはおよそ一三〇センチ、周囲約十二メートル、東西南北に長さ三メートルほどの柱様の木を建て、春夏秋冬の四季をしめし、ここに四神をまつっている。東は蒼（青）龍、南は朱雀、西は白虎、北は玄武を指し、ここを道場として鐘と太鼓で念仏したり踊ったりする。荼羅富久の大念仏を八葉寺の空也踊に比べるといたって近代化しているが、本質的には八葉寺のそれと関係があり、始源について空也上人は天禄三年九月十一日没し、通夜念仏を昼夜十日間修したが、十日間にわたる通夜のため参会者が疲労し、このままでは通夜念仏を勤めることができなかったので、鐘と太鼓でやるようになったと伝えている。

第三節　一遍智真流の踊念仏

『一遍聖絵』や『一遍上人絵詞伝』に見えているように、信濃国小田切の里で、一遍智真ははじめて踊念仏を修した。末法の世に弥陀の本願に救われた嬉しさのあまり踊りながら念仏したという。当初はまったく型式がなかったが、踊っているうちにいつしか型が生まれた。小田切の里での図を見ると阿弥衣を着た一遍智真と念仏房が音頭（調声）を取っているが、二人はともに食器の鉢と撞木をもち念仏の声を和してうちならし、輪の中にいる時衆の一人は鉢、他の一人はささらのようなものをもっている。『絵詞伝』は「同行共に声をと丶のへて念仏し、ひさげをたたきてをど」（巻一）ったと記し、音頭を取るためひさげを用いたといっている。ひさげは酒や水をくむ器であった。こうしてみると当初は手にする鳴り物に一定したものはなかったようであるが、二年半ばかりのちの相模国片瀬での踊念仏では、時衆は胸に鉦鼓をつるし、板屋根の踊小屋の中で踊っている。もはやこのころになるとある程度、形式がととのってきたと見てよいであろう。しかし、その後の変遷となると資料はまったく残っていないのではっきりしない。しかし変移があったとしても、時衆教団における限り、そのオーソドックスなものは教団に伝えられていたと見てよいであろう。

現行の踊躍念仏を見ると、本尊前の中央に遊行上人がおり、上人のやや前方の左右に三名ずつ、計六人の僧が向い合ってならぶが、このとき出座する僧のうち、句頭(調声)・一番鉦《がね》・二番鉦を三役といい、他の僧を助鉦《すけがね》と呼んでいる。道場の左右には僧座と尼座が設けられ、本尊に向って右の席を僧座、左を尼座といっているところからすれば、もとは僧尼の両衆によって修されていたのであろうか。今はその座名を残すばかりで、教団には尼僧はいない。僧尼両座にいる大衆が唱和する念仏とか和讃に合せ、出座する僧たちは胸にかけた鉦をうちならし、かわるがわる上人の前に一歩一歩、足拍子をととのえ進み出てはまた退く。今、その進退の法を図示すると第一図のようになり、第二図のような所作によって行動する。『別願和讃』の「身ヲ観ズレバ水ノアワ、キエヌルノチハ人モナシ。命ヲ思ヘバ月ノカゲ、イデイル息ニゾトドマラヌ」の句で一例をしめせば、句頭が「身ヲ観」ととなえると、僧尼両座にいる総衆は「ズレバミヅノアワ」と唱和する。このとき中央の位置まで出ていた一番鉦の僧は遊行上人の前に進み出、「キエヌルノチハヒトモナシ」と大衆がとなえているとき、足の出し入れ、すなわち足を前に出したり後に引いたりし、「イノチヲオモヘバツキノカ」で中央の位置まで下り、「ゲ」のとき足踏み、「イデイルイキ」で退りはじめ、「二」でまた足踏み、「ゾトドマラヌ」で曲る。こうして六人がくり返し進んでは、また退っていく。

これは和讃の場合であるが、念仏のときも進退の所作に変りはない。和讃に代り念仏を用いるときは終始「ナムアミダブ」の反復で、その調子には抑揚があり、しだい

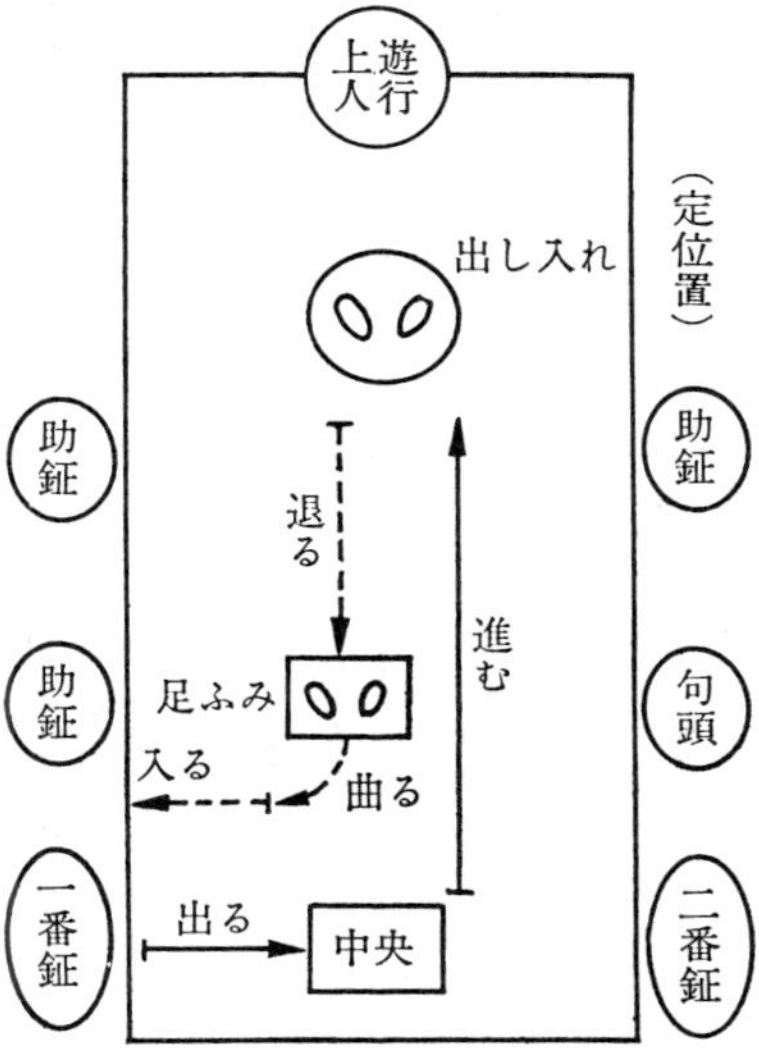

第一図　踊躍念仏時の僧の進退

第二図　和讃の鉦の打ち方と足の運び方—中居良光編『時衆踊躍念仏儀和讃編』による—

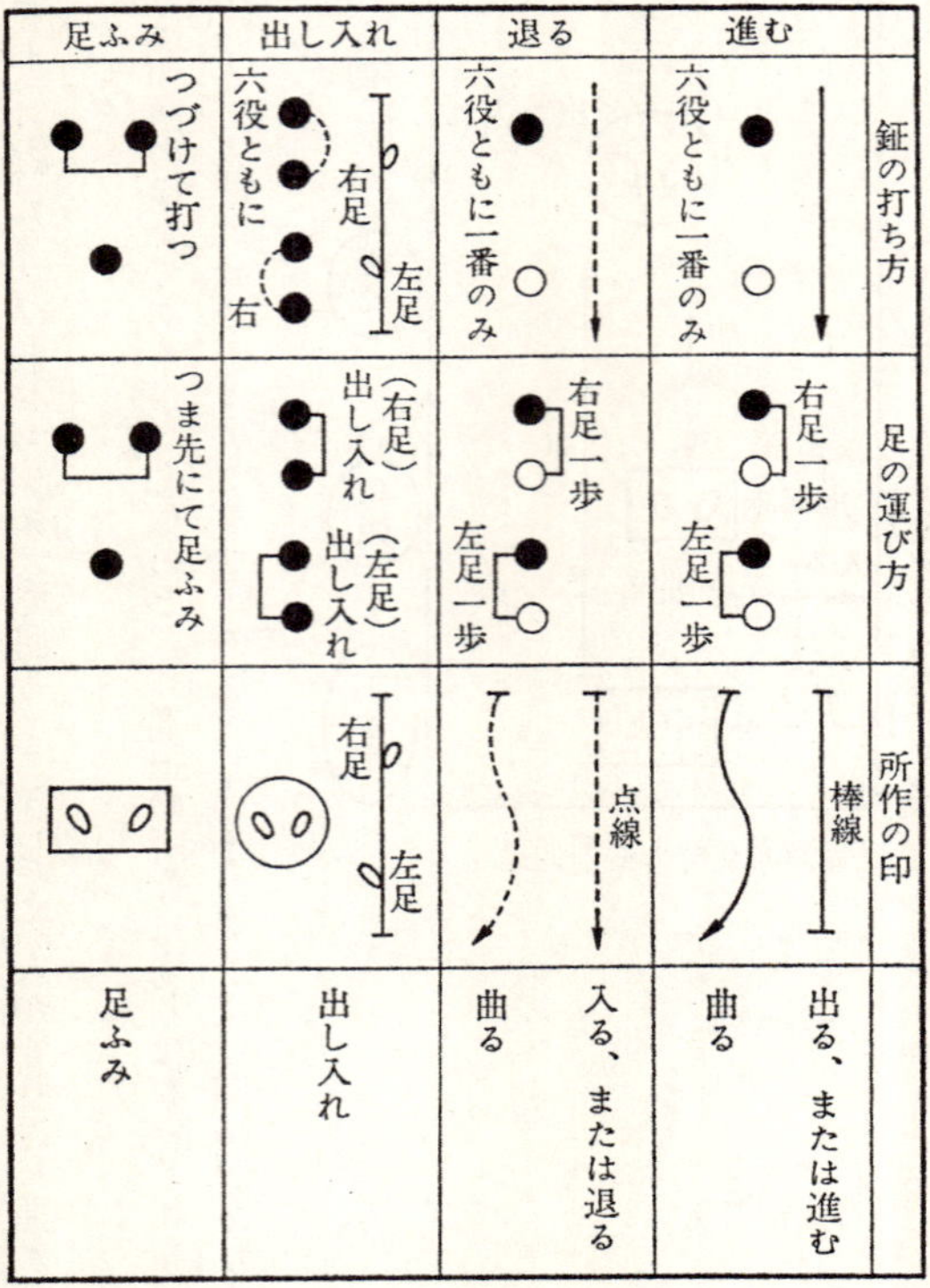

足ふみ	出し入れ	退る	進む	
つづけて打つ	六役ともに 右足／左足 右	六役ともに一番のみ	六役ともに一番のみ	鉦の打ち方
つま先にて足ふみ	（右足）出し入れ／（左足）出し入れ	右足一歩／左足一歩	右足一歩／左足一歩	足の運び方
◯◯	◯◯ 右足／左足	点線	棒線	所作の印
足ふみ	出し入れ	入る、または退る／曲る	出る、または進む／曲る	

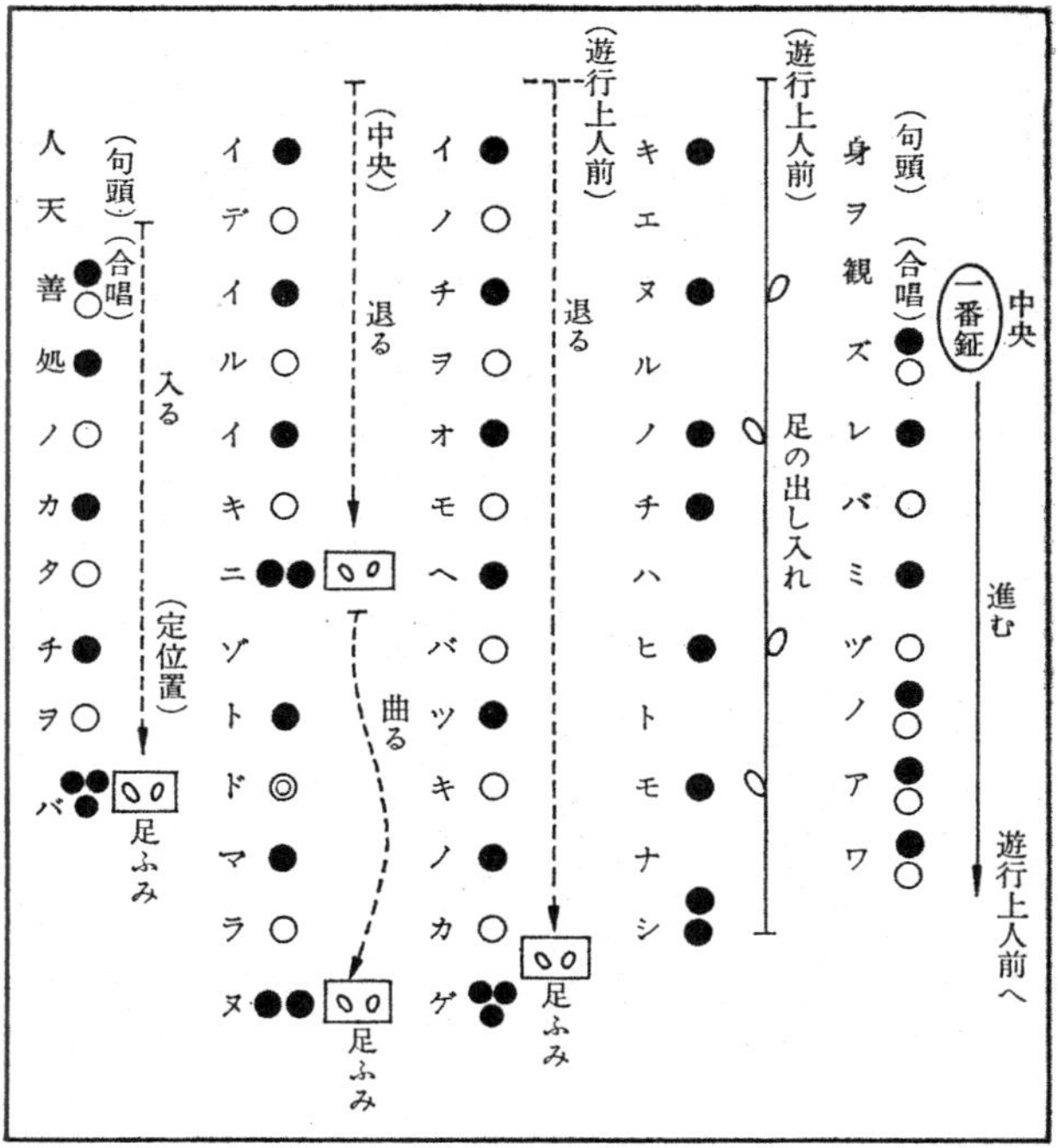

中央
一番鉦
進む
遊行上人前へ
(句頭)
身ヲ観ズレバミツノアワ
(合唱)
(遊行上人前)
足の出し入れ
キエヌルノチハヒトモナシ
(遊行上人前)
退る
イノチヲオモヘバツキノカゲ
足ふみ
(中央)
退る
曲る
イデイルイキニゾトドマラヌ
足ふみ
(句頭)
(合唱)
入る
(定位置)
人天善処ノカタチヲバ
足ふみ

に高まっていく喜びのさまをしめすときもあれば、歓喜極まって静寂の境に入り心豊かに念仏するときもあるといったように変化に富み、なんとなく荘重さがうかがわれる。念仏のさなか一番鉦の僧は「アイ！」と叫んで遊行上人の前に足の出し入れをしながら進みゆく。上人前にいたればやがて退出するが、そのしぐさは踊るといったようなものではない。足が少しも地から離れていない。元来、あった踊りはいつしか退化してしまったようである。退化したとはいえ、踊念仏は教団にとって重要な儀式であったはずであるが、大正末期ごろからしだいに勤めることが少なくなったという。こうした現状を憂いた中居戒善師ら心ある僧たちによって、戦後世の落ちつきとともに再興したいという気運が高まり、その弟子中居良光師は戒善老師の指導のもとに昭和三十一年九月『時衆踊躍念仏儀』を編集、同三十七年五月には神戸真光寺の再建慶讃法要のおり踊躍念仏を修した。戒善師は沼津市内浦重須《おもす》光明寺の住僧で、明治期における声明の泰斗一行博士、すなわち京都東山迎称寺の一行足下《そつか》の薫陶を受けた人である。一行は時宗声明の中興と仰がれ、その指導によって行われた声明は今日の時宗声明の主流をなしているという。声明の極意は「具サニハ師ニ逢ウテ、口伝ヲ受クベシ」（調声口伝集）というように口伝によって伝承されたようであるが、『聖絵』の図を見ると右廻りに駈けるようにして体を存分に動かしている。これならば何人でも輪

現在行われている時宗の僧による踊念仏

の中に入り参加することができるが、現行の踊躍念仏では遊行上人を加えて七人しか参加できない。場所の関係もあるかと思われるが、そればかりではなく見せるための踊躍念仏を主眼に、型式が作り替えられた結果であり、文政八年刊の『浄業和讃』中の「踊躍念仏儀」に七調声とあれば、すでに江戸中期には七名に固定されていたと見てよいであろう。

　教団で行われているもののほか、一遍智真に源流をもつと伝承されているものに、長野県佐久市跡部の西方寺で行われている踊念仏がある。伝えるところによれば弘安二年一遍智真が善光寺に参詣された途次、この地に立ち寄り霊感を得てはじめたものであるという。昔は毎年四月十七日に行われていたが、現在は八月十六日に修されている。本堂の前に道場を設け十人が一組になって、太鼓や叩き鉦をうちながら念仏をとなえ輪になってまわる。はじめは静かにゆるくまわるが、しだいに早く激しくなり、もとのゆるやかな調子にもどって、次の組と交替する。かつては佐久地方の各村で盛んに行われていたが、今ではこの寺にのみ残り、長野県の無形文化財に指定されている。教団に残っている前述のものに比べると、かなり古型をとどめているように思われる。八月十六日は盂蘭盆であり精霊の送り日にあたっているから、それにちなんでこの日に行われるのは当然であるが、四月十七日に行われていた理由は明らかでない。

このほか山口県美祢郡秋芳町別府の厳島神社で行われているものも、一遍智真にはじまるといっているが、この場合は原型があり、それが念仏化したのは一遍教化の結果であるというのである。伝説によると、その昔、この里がまだ大森林であったころ、別府の長者飯田石見守の夢枕に立った白髪の老人が、「汝、この鎌をもってこの郷を開け、肥沃の地となって万物よく育つべし」と告げた。夢さめた別府の長者は枕辺に置かれた二丁の鎌を取り、喜びいさんでさっそく郷を開拓したが、水が出ない。水が出ないため、天を仰ぎ渇望していたところ、再びその年の旧八月七日の夜、郷に鎮座する諏訪明神から、これより北に弁才天の社がある。この神を勧請し祭りを行ったならば、必ず水が得られるとお告げがあり、一本の青竹の杖が授けられた。そこで長者は神に祈り神楽《かぐら》を奏したのち、青竹の杖をもち水源を探し求めたところ、その杖の跡から一夜忽然と多量の水が湧出した。そこが現在の弁天池であるという。この神から与えられた水に感謝するため、たまたま遊行していた一遍聖の教えによって、この里に住む限り念仏踊を「定願の踊り」として奉納することを誓った。それを今日まで伝承してきたといえば、田楽の一種であったかもしれない。踊りには腰輪楽・鶏頭楽・花楽の三種があり、そのうち腰輪楽と鶏頭楽が念仏踊で、花楽は念仏踊といわず子踊りと呼んでいる。

この念仏踊は神社を中心に上組と下組とあり、まず御旅所で神輿を迎えて念仏をすませ、神輿のうしろに列を作って厳島神社に向う。行列の先頭は別府長者の家系を受け継ぐ翁《おきな》が勤め、翁に続いて踊り子たちが長蛇の列を組み、道中囃子をかなでながら神社に練りこむ。先頭の翁は麻の裃を着けた年寄りで、水を探し求めた長者の古事を表わし、青竹をついている。行列が境内入口の鳥居の前でとまり、神輿が拝殿に上ると念仏踊の組は境内に入る。上下二組が境内に入り終ると舞台で庭誉《にわほめ》の狂言がはじまり、それが終ったころ鉄砲を合図に念仏踊を行う。二組が終ると、また鉄砲の合図で子踊り、続いてもう一度境内で念仏踊を行い踊り子は神社を出ていく。その後念仏踊の一切を支配する家＝当家で念仏踊をしてすべての行事を終える。

念仏踊と呼ばれていたために一遍上人云々の伝承が附加されたものか、中世末より近世にかけ盛んになった念仏踊と村落における氏神の祭礼とが混同したものかはっきりしていない。なおこの踊念仏は今は九月八日の厳島神社の祭礼の一環として行われているが、かつては同神社の縁日に修されていたもので、秋芳町別府念仏保存会の手により伝承され、山口県の無形文化財に指定されている（山口県文化財概要第五集、佛教大学編『民間念仏信仰の研究』）。

一遍智真は各地を遊行し、「四十八日踊念仏礼拝のため、五十余人結縁」して宮城県登米郡南方村板倉に板碑を建てたように、共鳴者を得て衆団を作り踊念仏が行われた。前記板碑は正安二年、すなわち一遍智真の没後十一年にして造立されたものであるから、いかに早く弘通したか知ることができよう。こうして踊念仏は各地に行われていたようであるが、いつしか廃止されたり、他の芸能と結合したりして一遍智真流の踊念仏はまったくすがたを消してしまった。それは一遍ばかりではなく、次項に述べる一向俊聖流のものであってもいえる。しかし、他の芸能と結びついたとしても一遍云々の伝承があってもよいのに、そうした伝承を伝えていないのはなぜであろうか。思うに中世末以来踊念仏は批判の対象となり、江戸時代に入りさらに芸能が厳しく統制された結果、宗教的面の伝承が著しくそこなわれたためではなかろうか。

その他遊行上人云々の伝承をもつものに、長野県須坂市野辺（上高井郡高甫村野辺）の念仏獅子がある。伝えるところによれば嘉暦のころ（一三二六—二九）野辺に光雲（または高雲）という人がいた。故あって旅に出たが、ほどなく呑海について教えを受け僧となり、呑海を連れて帰ってきた。呑海は遊行四代の知識で、藤沢に清浄光寺（遊行寺）を建てた人である。村人たちはこの僧を喜んで迎え入れるとともに、呑海のもとに集まり朝夕念仏三昧にひたっていた。一遍や真教の教化を受けた当地方では、すでに賦算する遊行上人の名は知られていたのであろう。そうしたある日、念仏のさなか牝鹿と牡鹿が現われ念仏を聞いていたが、念仏の声が終ると同時にどこともなく立ち去っていった。不思議なこともあるかと思っていると、翌朝二頭の鹿が念仏道場の庭で死んでいたという。この地で修している念仏獅子は、鹿が仏門に帰依するさまをかたどったもので、「念仏に鹿も出て逢ふ道野辺に、止まり給ふ四世の名号」という和歌が今でも伝えられ、念仏獅子を修するとき、六字名号（呑海および二十七世他阿の筆、二十七世他阿とは遊行二十七代真寂か）と達磨の像（狩野元信筆）を正面にかけ、その前に声明、左右に鉦人、中央に二基の太鼓がすわり、各自『念仏和讃』の写本を開き念仏獅子を行うという（高甫村誌）。高甫村は長野市の東十六キロほどのところに位置している。この念仏獅子が踊念仏系のものであることは、『科野佐々礼石』（巻十四余の四）に「野辺座の念仏遊行上人の例にて、鐘・太鼓をならし、獅子をかぶり踊ながら念仏する也。尤も諸国に講ありて、信濃に六座の免許有」とあることによって知ることができる。しかもこの原型について、金井清光氏は「本来この獅子舞は農作物を荒す野獣を追放する呪術として、農民が演じた芸能」であったが、「たまたま善光寺参詣の途中、この地を通りかかった呑海と自称する遊行聖が導師となって行ったところ、非常に効果があがったので、以後年中行事化」したもので、鎮花祭の変形したものと見ている（時衆文芸研究）。

第四節　一向俊聖流の踊念仏

一向俊聖系のものとして残されているものに、山形県天童市天童佛向寺に伝存しているものと、同県村山市大槇松念寺に伝承されている踊躍念仏があり、前者は佛向寺踊躍念佛保存会に、後者は踊躍念佛同好会の人たちの努力によって伝えられている。以前は滋賀県坂田郡米原町番場の蓮華寺にもあったようであるが、番場には旧一向派所属の末寺も少なかったためか残されていない。踊躍念仏の内容は、それぞれの会に伝存している記録によって知ることができる。後者の記録は明治二十年ころすでに記録されていたものに、大正十一年奥山良栄氏が加筆したもので、その後この記録は昭和十八年現伝承者（大槇松念寺住）川越祐兼氏に贈与されたが、昭和二十九年踊躍念仏同好会（事務所得性寺）の設立にともない、同会に川越市から寄贈されたものである。また佛向寺の記録は昭和八年佛向寺前住職井沢隆彦氏が本山蓮華寺で加行を受けたとき書写したものであるといえば、当時蓮華寺では修されたこともあったらしい。なお天童の踊躍念仏は昭和三十二年山形県の無形文化財に指定された、伝承者は川越

天童佛向寺での一向俊聖の流れをくむ踊躍念仏

祐兼氏である。

踊躍念仏は毎年十一月十八日の一向俊聖の忌日を中心に一週間行われているが、二祖礼智阿が「盆会・祖師忌には踊躍念仏、或いは行道念仏叮寧なるべし」と定めているところからすれば、もとは祖師忌のほか盂蘭盆会にも修されていたようである。踊躍念仏は教団の中心的法儀であったから中世期には盛んに行われていたが、しだいに衰退していった。末寺そのものも、江戸初期には百七十四か寺あり、蓮華寺の門前には二十二の塔頭が甍をならべていたが、貞享（一六八四―八八）のころには百二十余か寺に減少、昭和初期には八十七か寺しかなかった。しかも近江近在の末寺は四散して二か寺しか残っていない。そうした関係で踊躍する僧を確保することもできず、明治期には踊躍念仏を行うことが少なく、明治二十年ごろの記録には「踊躍念仏は我が門の枢要なり。故に長老以上の輩をして、必らずこれを熟練せしむべし。然るに輓近これを勤むるもの、甚だ稀なり」と記している。それにしても時宗内では「時宗一向派大本山蓮華寺以下時宗管長ニ属スト雖ドモ、浄土正統ノ法義ヲ奉ジ、兼テ一宗ノ法脈ヲ相続ス」（宗制寺法綱目）と一派の存在を認め、蓮華寺法主は派内寺院から選任された。また寺院の子弟は、本山蓮華寺で独自の宗風を学ぶことが許され、加行《けぎょう》も行っていたが（大本山蓮華寺法。拙著『番場時衆のあゆみ』参照）、昭和十六年浄土宗帰入後の蓮華寺は本山と名乗っているものの、それは一向派の本山を意味するものではなく、浄土宗制上の本山であり、ここでは独自の行儀は認められていないし、修されてもいない。一向俊聖は然阿良忠の弟子であり、他の寺院とまったく同一であるから別派視することはないというのが、本心のようである。だがせっかく長い間、一向派の僧たちによって伝えられてきた踊躍念仏であるからには、宗風として旧一向派寺院の僧によってでも、伝承してほしいと思う。

踊躍念仏は黒衣の上に阿弥衣を着て結袈裟を着け、首から鉦をつるした九人の僧俗によって行われるが、一人欠けたときは七人でやるというように奇数でやるのが原則

で、念仏の内容は十二段に分かれている。同好会および保存会にある記録によれば、
その次第は、

第一段　舎利念仏（句頭二首、一同四首）
「南無阿弥陀　南無阿弥陀　一同南無阿弥陀　南無阿弥陀　南無阿弥陀　南無阿」
第二段　和讃（句頭初句、次句より一同）
第三段　行道念仏（句頭一遍、一同三遍）
第四段　モ上ゲブユリ（句頭一遍、一同三遍）
第五段　阿ハリブ引キ（句頭一遍、一同三遍）
第六段　陀下ゲブ上ゲ（句頭一遍、一同三遍）
第七段　重ネモ引キ（句頭一遍、一同振リ向キ三遍ヅツ）
「南無阿弥陀仏　阿弥陀　無阿弥」
第八段　半伏セ念仏（一同四遍ヅツ三礼）
「ナンマイダンブツ（三遍）　ナモアミ（一遍）」
第九段　足踏念仏（一同四遍ヅツ三礼）
「ナマイダブツ　ナムマイダナモ（三遍）」
第十段　踊躍念仏（一同一匝）

「ナンマイダブツ　ナンマイダンブツ」
第十一段　屈伸念仏（一同四遍ヅツ）
「ナンマイダブツ　ナンマイダンブツ」
第十二段　結式念仏（一同高声念仏一遍）
となっている。この中第二段の『和讃』は踊躍念仏保存会と踊躍念仏同好会に伝えられているものとを比較すると、多少の相違が見られるが、その原型は『一向上人伝』に見えているものが、それに近いであろう。

一向俊聖に源流を求める踊念仏は山形県天童を中心としたものを除けば、一つとして流布していない。もし、かつて存在していたとしても一向衆の僧俗が浄土真宗教団に流入したとき消滅してしまったものではあるまいか。初期真宗教団の中に踊念仏の行われた由を記しているのは、その痕迹がたまたま記録の上に表われた一齣で、その多くは雑行を極力廃捨した教団の手により消されてしまったものと思われる。一向俊聖は近江国番場の辻堂でその一生を閉じ、辻堂はのち成長して蓮華寺となった。浄土真宗八代の蓮如は「夫《それ》、一向宗と云、時衆の名なり、一遍一向是れなり。其源とは江州ばんばの道場、是れ則ち一向宗なり」（帖外御文）として、一向宗（衆）の本寺が番場の蓮華寺であったことを認めている。番場といえば一向衆の代名詞として用いられたこともあったらしい。そうした観点から松岡実氏は大分県芝原善光寺を中心に行われているバンバ踊を一向流の踊念仏の変形したものと見ている。この踊りはカサボコ踊とか庭入り・シカシカと呼ばれ、初盆の家に村人は鉦や太鼓をうちならし、念仏をとなえながら、カサボコという御幣を切り下げた大きなカサをもってゆき、和讃をあげ、青年の代表がシカシカという目蓮尊者の盆供養の由来を口上にのせ、「オホコノ下にいり、衣の袖をふりたてて踊らせ給う。その楽をここに当村老若男女集りて、バンバ踊をとりくみ候。これ伝来の遊にはあらず、歌うも舞うも法の道、見る人聞く人ともに蓮のウテナに遊ばんものおや」といい、「サァサァ音頭をはじめたり、はじめたり」といって、はじめてバンバ踊を踊る。バンバ踊は美作国にもあったというが、主として大分県で行われている原始的な盆踊である。このとき用いられる踊りの文句には、宇佐八幡・善光寺・四天王寺などの社寺を歌いこんだものもあれば、害虫封じの神として著名な佐賀・関町関の権現などの神をたたえたものもある。初盆が十歳以下のときは『地蔵和讃』、十歳から三十歳までの人には『花田和讃』、三十歳から六十五歳までの男子の場合には「コレヨリ空」、女子のときは「帰命頂礼」、六十六歳以上の男には「箱根」、女子には「ソモソモ都」というように、亡くなった人の年齢と性別によって『和讃』を代えている。ここに一つの特色があるが、『和讃』に歌いこまれた社寺名の多くは、時衆となんらかのかかわりあいをもっていたところであるという。そうしたことから松岡実氏は、バンバ踊の盛んな地帯が一向俊聖を中心にした番場時衆が活躍した地域と推定しているが（九州における時衆の活躍）、その証拠があるわけではない。文字の上だけでバンバは番場のことだろうというのは危険であり、バンバ踊の中心が芝原善光寺であるとすれば、善光寺の前生についても考えてみる必要があろう。

第五節　六斎念仏とその実態

六斎念仏は「笛・太鼓・鉦などで囃《はや》しながら踊る念仏踊」（角川書店刊『俳諧歳事記』秋の部）で、空也の念仏遊行の名残りであると伝えている。だが一口に空也の流れをくんでいるとはいうものの、それにはいくつかの流れがあったらしく、一般的には空也系と道空系があったといわれ、また高野系と京都系に分けている人もいる。この場合、京都系は極楽院空也堂系と干菜《ほしな》山光福寺系のものに大別され、内容的に六斎念仏であっても、前者は空也念仏といわれ、六斎念仏と呼ばれていない。そうした意味で空也念仏は空也の流れをくむものとして第二節空也念仏の実態の下で言及したので、ここでは触れない。では六斎念仏とはどういう念仏をいうのであろうか。その特色はなにか、全国的分布などについて述べてみたい。

六斎というのは上半月の八・十四・十五の三日と、下半月の二十三・二十九・三十の三日の計六日、「諸事をつつしみ、食物をたつ」ことで、この日健康な比丘は一か所に集まり布薩説戒し、優婆塞《うばそく》はこれらの日に、一日一夜八斎戒を保つべきことを

『十誦律』（巻五七）に規定している。八斎戒というのは、㈠生きとし生けるものを殺さない、㈡人のものに手を触れない、㈢よこしまな行い（邪婬）をしない、㈣うそいつわりの発言をしない、㈤酒を飲まない、㈥香を塗るなどして身を飾り歌舞したり、またそれを見たりしない、㈦高い床に坐り下を見おろすような行いをしない、㈧正午を過ぎてから食物を口にしないという規律であり、こうした戒律を保ちながら、定められた六斎日に念仏した。身を正しくして月の六日＝六斎日に念仏することを六斎念仏と呼んでいる。この六斎念仏をいつごろ、だれがはじめたかということについては明らかでないが、『空也上人絵詞伝』には「上人、松尾へ参社有。念仏を唱へ給へば明神出現して御対面あり。師弟の御契約をなして、御衣を内陣に納め、倶に合掌して手を履とり、又念仏を申給ふ事しば〳〵也。誠にかんたん肝にめいずるばかりなり。神これを悦、御前の鰐口と太鼓を布施に上人にあたへ、末世の衆生利益の為に、この太鼓をたゝき念仏をすゝめ給ふべし。この報謝には上人念仏あらんかぎりは、影の形にしたがふごとく守護し申さんと宣ひて、内陣に入せ給ふ。上人歓喜かぎりなし。それより国々在々所々に入て、毎月斎日ごとに太鼓・鐘をたゝき念仏唱へ、衆生を勧め給ひて、往生する人のある時は、太鼓・鐘をたゝきて念仏を申、有縁無縁の弔をなしたまふなり。是に依て俗呼で六斎念仏といひ伝へたり」（巻上）と述べて、空也との結びつきを強調している。強調しているとはいうものの、『絵詞伝』自身後世の成立であって当時のものではない。したがって、これをもってただちに六斎念仏を空也に結びつけることは、史実の上からすると危険であろう。おそらく空也が踊念仏の祖といわれていたので、六斎念仏にも踊躍的な面があることから、両者の結びつきを容易ならしめ物語化されたのではあるまいか。

道空は心阿法如と号し、筑前国博多に生まれ、寛元年間（一二四三―四七）に入洛、西山証空の孫弟子観智の門に入り、禅門菩薩戒を受け、山城国乙訓《おとくに》郡向日町柳谷の東南安養寺谷に東善寺を中興するとともに、洛中春日通り烏丸（御所の東南隅）の常行院をも兼住し、伎楽の音声をもって衆生済度の縁にしたいと願い念仏踊をはじめたという。その後、かれは『最勝王経』『六斎精進功徳経』の精髄を取り入れて『浄土常修六斎念佛興起書』を著わし六斎念仏を修し、その教義づけをされた。正和四（一三一五）年八十一歳で入滅したが、その法系は空察・察源・信光・寿観にと相承して発展した。信光の代に柳谷安養寺内に建てられた斎教院を、永正年間（一五〇四―一二）東河原の現在地に移し、また斎教院の一代寿源の弟子となった宗心は、俗系の祖父宇津筑前守重安（父は重度）が宇津郷に建てた武蔵寺を現在地に引移し斎教院と合寺した。斎教院はのち光福寺と改名したが、それには豊臣秀吉との出会いが伝説として語られている。

秀吉が織田信長の麾下にあり京都守護職であったころ、洛中を巡視していると、鐘鼓をならし念仏している声が聞える。何事かと怪しみ浅野弥兵衛を遣わし調査すると、洛中洛外の戦死者の霊を弔い、とかく暗くなりがちな人心を明るくするため念仏踊をしているという。時に秀吉は誠に殊勝な心がけであると喜び、金銀の陣太鼓を下賜した。その後天下人となった秀吉は文禄二（一五九三）年鷹狩の途次、この寺に立ち寄った。そのとき寺僧はほし菜《な》を馳走としてもてなしたが、ことのほか賞味した秀吉は、以後「六斎念佛総本寺安養院殿斎教院干菜山光福寺」と名乗るように指示されたといわれている。光福寺には「六斎念佛総本寺」の資格を与えるという、文禄二年月空宗心宛の秀吉の許状があるので、これは事実として認めてよいであろう。以来光福寺は六斎念仏の総本寺として栄え、全国の六斎念仏講中を支配したらしく、宝暦五（一七五五）年九月改めの『六斎支配村方控牒』によれば百三十余の講中のあったことを記しており、その範囲は東は甲斐国（山梨）、西は肥後国（熊本）にまでおよんでいる。その中洛中がもっとも多く、近江国（滋賀）がこれについでいる。近江では伊香立を中心とする湖西地方に多く分布し、堅田町真野の法界寺には古い型態が、今なお残されているという。

京都干菜山光福寺の六斎念仏　（明治44年）

光福寺はかつて浄土宗西山派に属していたが、のち寛永十四（一六三七）年八月二十九日知恩院の末寺となり、浄土宗に属するようになった。浄土宗に編入するにあたり、支配する末寺二十数か寺と行動をともにしたが、時に知恩院より六斎念仏総本寺としての体面は充分に尊重するから、末寺をよく統率して宗風を宣揚してほしいと要請され、起約状が下附された。こうした因縁で五十年ごとに知恩院で厳修される大御忌会には、大殿前で六斎念仏を奉納する歴史的栄誉をになうことになったという。知恩院や光福寺に残る奉納絵図や知恩院から光福寺、光福寺から末寺、さらに近郊の講中に出した書状によって、その華麗で人目を奪ったさまを知ることができる。すなわち宝永八（一七一一）年の五百年の御忌会以来、六斎念仏は恒例の法儀として大殿前で勤められてきたが、そのときの状況について「日中法要後、東河原光福寺住職（宝永八年時の住職は六世道誉）は其衆徒三百余人と共に堂前に於て六斎念仏を興行し感興を添へ」たと記し、文化八（一八一一）年六百年御忌（住職十世真誉）の記録には「余日の唱導、二十三日の六斎念仏等亦先例の如し」と述べて、その盛儀のさまを伝えている。

光福寺系のものと伝えられているものに京都市右京区桂の地蔵院、同市南区吉祥院をはじめ、真野の法界寺に伝承されているものがあり、桂の六斎念仏は吉祥院のものより古いという。古い新しいということは、単なる伝承にすぎないものもあれば、感覚の相違からきたものもあるので、今後芸能史研究者によって精緻な研究が望まれる。桂の六斎は近隣に住む農家の青年によって組織され、十五歳ころより稽古に励んだという。楽器としては、鼓・太鼓・〆太鼓・笛・鉦などが用いられ、その所作は吉祥院のものに比べるときわめて地味である。曲の順序は発願・道行（念仏）にはじまり、青物づくし・土蜘蛛・三番叟・祇園ばやし・四つ太鼓・かっぽれ・御公卿侍・道成寺・さらし・玉川・八兵衛さらし・石橋・獅子太鼓の順で演出されるが、六斎念仏というからにはその主流は念仏であったはずである。にもかかわらず、曲名によってみてもわかるようにわずかに道行に念仏が行われているにすぎない。いわば本来的なものが片隅におしやられ、念仏は添えものといった感がしないでもない。しかも内容的には能・狂言とか舞踊から取材したものが多い。それはまた六斎念仏の発生した時代背景を物語っているような気もする。すなわち能とか狂言が中世末期の人からもてはやされ行われた結果、自然当代人の興味をそそるために曲の一つに加えたのではあるまいか。囃子《はやし》方《かた》といえば浴衣がけが普通であるが、桂の場合、舞踊の装束に金襴緞子《どんす》を用いたものがあるなど、衣装はきわめて立派で人目をうばうものがあり、立派であることがまた桂の誇りでもあるという。だがこうした傾向は、ひとり桂にのみ特有なものではなく、空也系のものに多く見られる傾向である。空也系のものと道空系のものを比較すると、空也系の六斎念仏には獅子も出れば、蜘蛛《くも》もでる。しかも、獅子がアクロバット式な面白い芸を見せたりして、見ていても楽しい。だが道空系のものにはアクロバット式なものは一つもない。鉦に合せて太鼓をたたくといった程度のものである。ただ念仏の声に合せて鉦をうち太鼓をたたく。念仏を素直に受け入れていた当時の人たちは、それだけで歓喜しことたりた。なんの余興も加えられていなければ、それが素朴であり原型にもっとも近いものということができよう。

　また空也系のものには、蜘蛛が糸を吹きかけて獅子を苦しめ、その獅子もやがて念仏の力によってよみがえり、蜘蛛は苦しんで倒れるという場面がある。善（獅子）が勝ち、悪（蜘蛛）が負けるといった内容をもっていた。道空系のものには、そうした見せ物はない。のちに時代的な要求に応じて附加されたものがない、いわば古風なものが残されているといえよう。こうした相違はいつごろから生じたのであろうか。それについて前者は豊臣秀吉をはじめ大名・富豪の支援があったためにはでになり、後者は支援を得ることなく庶民に細々と伝承されたために、手を加えられないで今日にいたったものではないかと見られている。すなわち元来は念仏踊であったはずであるが、それに能・浄瑠璃・歌舞伎・長唄、あるいは祇園囃子・万歳などの芸能を取り入れるようになったといえる。

吉祥院の六斎は伝えるところによれば、一條天皇の御代、毎年同地の天満宮に勅祭が行われ獅子舞が奉納されたのにはじまるという。その後天正十年、本能寺で織田信長を倒した明智光秀は、豊臣秀吉の軍と山崎で争い、その結果、光秀の軍勢は破れ残党は吉祥院に逃げこんだ。しかし残党を追い、反乱軍の一掃を念じた秀吉のために、かれらはここで討たれ悲惨な最後をとげた。戦いとはいえ、その争いを目前にし戦死者を見た村人たちはねんごろに弔うとともに、死者の冥福を祈るため光福寺の六斎念仏に模して、ここでそれを修したという。こうして六斎念仏は吉祥院で行われるようになったが、吉祥院では前々から獅子舞が行われていた。獅子舞と六斎念仏とは、発生を異にし修する日も違っていたが、いつしか両者は習合し、六斎の日に獅子舞を演ずるようになった。さらに近世に入ると、能楽や歌舞伎の盛んになるにともない、こうした伎芸もいつしか混入して現在見るような遊芸化した六斎念仏ができあがったようである。現在行われている六斎念仏は獅子舞風の踊りが中心となっているが、それは天満宮での獅子舞の名残りであり、鉦念仏や経文和讃は六斎念仏の伝統を継いだものであろう。

この六斎念仏は若者仲間の行事になっていて、最年長者を年頭《としがしら》、上席八人の幹部を上《かみ》八枚と呼んでいる。年頭は若者仲間すなわち青年会を統率したり六斎の演技を指導する人であるが、仲間入りできるのは十五歳になったときで、その年の正月十四日の御日待《おひまち》の夜に青年の集いがあり、その席で入会をたのむのがならわしとなっている。入会が認められると六斎の手ほどきを受ける。六斎は入会が前提ではじめて許される仕組になっている。六斎には法具として笛・大太鼓・獅子太鼓・太鼓（四つ太鼓に用いる）・豆太鼓・鉦・両釣り鉦などがあり、他に木魚・釣鐘・太刀を用いるが、この中もっともむずかしいのは四つ太鼓・六つ太鼓・八つ太鼓のうち方だという。法具の使用のいかんによっては、聞く人見る人をして恍惚の境におとしいれもするし、味気ないものにもしてしまう。それだけに練習は大変だ。それにしても伎倆が磨きあがると組を作って六斎をうちにでかける。当初、清水寺・六地蔵・東寺・壬生寺《みぶでら》・吉祥院天満宮で演じ、ついで八月の盆行事に修するのが常になっているが、寺々で勤めるのを物詣、盆に招かれて行うのを勧進といって区別している。その中なんといっても盛儀なのが八月二十五日天満宮でうつ六斎念仏で、全講中が参加して夕方から夜の明けるまで、東條・西條・北條・南條といった組が交替しながら徹夜で行うという。このほか西加茂の西方寺や西七條・嵯峨水尾でも六斎念仏は行われているが、踊りはなく念仏だけでつとめるという。

たとえ踊りはなくても、かつてはあったかもしれない。ここで西加茂の西方寺の六斎について述べてみたい。西方寺というよりも京都の人たちにとっては、送り火の一つ船型万灯籠の寺といった方が知られているであろう。この寺も光福寺の支配下にあったらしく、『六斎支配村方控牒』に「西加茂西方寺講中」としてのせられているが、開山が道空であるところからすれば、やはり道空系六斎念仏の寺であったろう。しかし、その創建は九世紀にさかのぼるという。寺伝では西方寺の創建を円仁が承和十四（八四七）年建てたと伝えている。円仁は勅命を受けて入唐。二年の留学期間を終えて帰国しようとしたが、海上で台風に会い帰ることができない。ひとまず中国に寄港し、日本への船便を待ったが得られないため、さらに唐で学び、ようやく船便を得て数年後帰国の途についたが、またもや台風に会うというように前後三回も玄海灘で遭難した。そのためこの上は阿弥陀仏の加護を得るほかないと思い、南無阿弥陀仏と名号をしたため海中に投じたところ、さしもの波風も静まり無事帰国することができたと伝えている。帰国後勅命により西賀茂の地に建てたのが西方寺であり、その後方明見山に五穀の成就と災害平癒のため船型万灯籠を造り点火したのが万灯籠のはじまりで、大文字五山の一つとして今日におよんでいる。その後四百年ほどして、道空によって六斎念仏が取り入れられたようである。

西方寺の六斎念仏の場合、数え年十八歳に達した青年が若中《じゃくちゅう》となる。若中は十八人おり、かれらは盆の八月十六日の夜船型万灯籠に点火したあと、境内で六斎念仏を行う。若中を終えた者が中老となるならわしで、若中の数は決っているから、若中が一人増えれば定員ははみだすことになる。そこで最古参の若中が中老となる仕組になっている。いわば中老は若中のOBといったところであろうか。だが中老は第一線を退いたといっても退役ではないから、船型万灯籠の割木を作ったり、松明《たいまつ》を作ったりして若中を助けなければならない。すなわち行事の指導的立場に立ったのが中老であったといえよう。こうして何百年もの間続いてきた行事も太平洋戦争の結果、若中に不足をきたしたため一時中絶したこともあったが、戦後間もなく船型万灯籠は復活し、六斎念仏も昭和四十三年京都府知事からの要請もあり明治百年を記念して復興した。六斎念仏を行うとき若中は白装束に身を固め、太鼓をもって円陣を作り、正面にならんだ中老の鉦の音を合図にいろいろなしぐさをしながら、いっせいにあるいは一人ずつ太鼓をならしていく。六斎念仏といい、同じ光福寺の支配下にあるといっても、伝承によっていつしか変化をしていったようである。佛教大学編の『民間念仏信仰の研究　資料篇』には、六斎念仏に二十六例を挙げているが、その多くは盆に行われ「高調子鐘鼓念仏し、歓喜踊躍」（六斎念仏興起）するのを例とし、「歓喜踊躍の具体的表現が曲打ちとなり、福井県遠敷郡上中町地域に見られるごとき身振りを伴うに至った」（民間念仏信仰の研究）といえば、一遍智真系の踊念仏のようにはっきりした踊りの部分はなくても、踊躍的な要素は多分にふくまれていたと見てよいであろう。しかし六斎念仏が踊念仏の亜流であるということには疑問もあるが、亜流でないにしても踊念仏系のものと見られているのは、伝承の中に空也とのかかわりあいを説いているからであろう。

最後にもう一例、もっとも古い型を残しているといわれる滋賀県滋賀郡堅田町大字真野法界寺の六斎念仏について紹介してみたい。ここで行われている六斎念仏には、八個の太鼓と四個の鉦が用いられ、これに参加するのは念仏講の講員で二十五歳以上の既婚の戸主があたることになっている。太鼓をもつ人は本堂の正面に向い会って四人ずつならび、右側をオオバイ、左側をスッポンといい、スッポンの後方に鐘座《かねざ》があって鐘打ちの四人がならぶ。この中の中心人物を頭者といい維那の役割などをし、太鼓と鉦をもつ人を脇と呼んでいる。六斎は自然念仏・白米念仏・発願経・タイコ讃・おろし念仏の順で行われ、「願以此功徳《がんにしくどく》」の文で終る。この中、自然念仏と白米念仏の二つを融通念仏といっているが、自然念仏は頭者と脇十二口（人）で、白米念仏は頭者と脇二十四口で勤める。念仏には四遍白米を最要とする四十八通りの念仏のとなえ方があり、鉦と太鼓にはまた三種の打ち分け方があるなど非常にむずかしい。太鼓は自然念仏・白米念仏・発願経のあとでうつが、このうち方に、おし渡し・ろくろ・七つ・いさみ・ほうがんの五種があり、おし渡しが普通で、速いうち方をいさみ、とくに速いうち方をほうがんと呼んでいる。タイコ讃には末尾にのせたような八種の歌詩があり、頭者がはじめの句を呼び出したのち、脇が発声するのを例としているが、この行事は盆に限らず、春秋の彼岸をはじめ地蔵盆・十夜・葬式の野辺の送りなど、時に応じ年に何回となく行われているようである。法界寺の六斎念仏のさまを見聞した伊藤真徹氏は「六斎念仏の鐘と太鼓の奏《かな》でる妙曲は、荘重華麗、しかも勇猛精進、不退転の念仏を勧めるが如きである。門外漢はただ見とれるだけ、聞きとれるだけであるが、年中行事として毎回この会に遭遇う老若男女は、斉唱して念仏策励の途とすることができるであろうと述べている（「六斎念仏について」浄土二七の一二）。いかに荘重で、念仏三昧の雰囲気の中にひたりさせるか知ることができよう。

(一)せいしゅふしゃ《摂取不捨》のこうみょう《光明》はナー
ねん《念》ずるところをてらし《照》たもう
かんのんせいし《観音勢至》しゅのらいこう《来迎》は
こえ《声》をたずねてむか《迎》へたもう

(二)ひちじゅうは
ほうじにさけるはなちれども
さらにつきしどり
ときはかきはのいろなれど
はる《春》ともあき《秋》ともおよはたし

(三)あみだ《阿弥陀》ーぶつ《仏》
なんまいだあぶつ《南無阿弥陀仏》　なんまいだ

なんまいだんぶつ　なんまいだぶつ
なんまいだ
(四)じょぽうさんぜ《十方三世》のしょぶつ《諸仏》のあーナ
くどく《功徳》のひかり《光》をたずぬれば
ただ　このみだ《弥陀》のみょうごう《名号》は
ろくじ《六字》のなかにおさまりし
(五)いまこのー　しゃば《娑婆》のはな《花》のはる《春》
もみじ《紅葉》のあき《秋》のそのもとは
かんのんごくらく《観音極楽》のほうじにて
いかへにならべてほうずべし
(六)ねが《願》わくば　このくどく《功徳》のあナー
あまねくしゅじょう《衆生》ほどこして
おなじくところへおとしつつ
あんらくこく《安楽国》におうじょう《往生》する
(七)じぞうぼさつ《地蔵菩薩》のみょうごう《名号》はナー
まいにちじぞう《毎日地蔵》ぼねん《念》ずれば

われら《我等》をくんずるひとびと《人々》の
たから《宝》のおてら《寺》におさまりし
㈧しかるにみだ《弥陀》のじょうぶつ《成仏》のあナー
けいらくふだいのところにて
じみょうむりょう《寿命無量》にながければ
たの《楽》しみつきることはなし

法界寺は京都市上京区寺町にある大本山清浄華院の末寺で浄土宗に属し、慶長二（一五九七）年の開創と伝えている。開山は桂林昌公。いつごろから法界寺で行われるようになったのかはっきりしていないが、当地では同じ真野の真野沢部落にある浄国寺（西山浄土宗）でも修されているし、雄琴・佐川・栗原でも行われているので、湖西地方で古くからの伝承があり、法界寺の創建と同時に部落の人たちにより、寺にもちこまれ修されるようになったのではあるまいか。

第六節　大念仏とその実態

道俗の大衆が参加し念仏を合唱するのが、大念仏の基本的形態であるという。一人ならば独自の方法でやることもできるであろうが、二人三人さらに大衆が参加するということになれば、一定のテンポと音楽的リズムがなければならない。仏教の中にはいくつもの行法があるけれども、その中音楽的要素をもった念仏は常行三昧堂で修している引声念仏である。引声念仏にはリズムがあり、多くの人たちが声をそろえてとなえることのできるように工夫がこらされているが、それは円仁が唐の清涼山に登り、法道和尚から伝えたものといわれている。『三宝絵詞』には「念仏は慈覚大師のもろこしより伝て、貞観七年より始行へるなり。四種三昧の中には、常行三昧となづく。仲秋の風すゞしき時中旬の月明なるほど、十一日暁より十七日の夜にいたるまで不断に令レ行なり」と記している。慈覚大師は入唐僧円仁に滅後贈られた大師号であるが、不断にたえることなく常行三昧堂で勤めたので、その念仏を不断念仏というが、またテキストの一語ごとにつけられた節《ふし》まわしが極端に長く引きのばされているところから引声念仏とも呼ばれている。したがって常行堂の念仏といい、引声念仏・不断念仏といったところで同一のものを指しているらしい。引声念仏について、歌論書『野守鏡』には「法道和尚は御身に極楽世界にゆきて、宝池の浪の音を引声の念仏につたへ」（巻下）たと述べ、円仁の師法道がこの身のまま極楽浄土にいったとき、宝池のさざ波の音を聞いて考え出されたものであるといっている。今、その真偽を問うことはしない。だが、こうした伝承が中国にあったものか、日本に入ってきてからだれかがいいだしたものか明らかでないが、すでに鎌倉時代のころにはいわれていたようである。

仏教では音曲のことを声明《しようみよう》といっている。音曲は造形芸術と違って、一瞬のうちに消え去る運命をもっているから、耳から耳へ、口から口へと伝えられた。しかし、そうして伝承されていくうちにも、記譜法が確立されていない限り、多少の変化があるのはやむを得ない。十二世紀の終りころ天台宗には蓮界房浄心と蓮入房湛智という二人の声明に長じた人がでた。浄心は古くから伝えられてきた声明を忠実に守っていきたいと願ったが、湛智はそんなことにはおかまいなしに、当時行われていた一般の音楽の構成をもとにして改変した。だれでもとなえられなければ意味はない。ただ前代から受け継がれてきたものを後生大事《ごしよう》に墨守するだけではいけないというのが、湛智の持論であったといえよう。思ったように改革したい、そうしてこそはじめて一般人と直結した声明を完成させることができるし、弘めることができると考えた。経典は難解で、読むことはおろか、内容を把握することもできない。ただ聞いているだけ。イニシアチブをとるのは僧であり、民衆は参加しているにすぎない。そうした行為から見れば念仏はだれでも容易にとなえることができ、どうぞお救いくださいという願いをみずからの体験のうちに述べることができる。念仏の美しい調べに男も女も耳を傾け、ともにとなえて恍惚感にひたった。念仏ばかりでなく、これを経典にも取り入れることはできないものだろうか。経典の意味を知りたい、こうした要求に応じて作られたものが『和讃』であったといえよう。『和讃』は和語を用い、経典の意図するところを韻文でつづっている。読みやすく覚えやすい。自然に口に出るように作られているといえよう。和讃は空也や源信によってあみ出されたという。それらの人師の伝灯を受け継ぎ、和讃や声明によって阿弥陀仏の教えを説こうとしたのが住蓮や安楽であった。美しいリズムと和語によって記された阿弥陀仏の教え。読み、そして称えるうちに自然と理解できる教えの方法＝和讃に耳を傾ける人が多くなれば、新教団は発展するが、反面旧教団の発展ははばまれるので、教団の忌憚にふれることになる。六條有房が「専修念仏の曲流布して、男女是にこぞりしかば、人皆声明のききを遠し

侍りけるに、嫡々相承の妙曲をあらためしゆへなるべし。それよりして今にいたるまで、専修念仏の曲さかりなれば、正道の仏事をおこなふ人まれなり」といい、専修念仏が流布し男女こぞって帰依したために長い間受け継がれてきた妙曲は大衆化し改められてしまい、伝統の曲を行う人が少なくなってしまった、残念なことだとうれい、さらに語をついで「かの念仏は後鳥羽院の御代の末つかたに、住蓮・安楽などいひし、その長としてひろめ侍けり。これ亡国の声たるがゆへに、承久の御乱いできて王法をとろへたりとは、古老の人は申侍し」（野守鏡巻下）と述べ、曲をかえてしまったのは住蓮や安楽であると決めつけ、承久の変のおこった原因をもとをただせば亡国の声

をとなえたかれらのなせるしわざであるとさえいっている。こうなればかれらは浮ぶ瀬はなく罪人扱いにされてしまう。ではなぜ念仏や和讃は亡国とかかわりあいがあるのであろうか。

念仏や和讃をとなえたときの声は、哀傷愁歎のひびきをもち、もの悲しさを覚えるから亡国の音だと、旧教団に属する人たちはいっている。和讃にひきつけられて旧教団を離れていく人たちを見たとき、旧教団が唯一の真実の仏教であると自任しているかれらにとって、それはゆゆしきことであると心に映ったに違いない。新仏教に心を傾ける人がいればいるほど、仏教はすたれ国は乱れると思った。たとえそれが旧教団に属する僧たちのねたみであるとしても、新仏教教団の栄えゆくさまを見てだまっているわけにはいかない。念仏は亡国の音だ、和讃は哀音だ、国が乱れる前兆であるといってののしった。だがひとたび放たれた火は消えない、消えないどころか広がっていく。念仏者は家族ぐるみ、さらに血縁と地縁をたどって増加していった。こうして多くの共鳴者を得、参加者が増していき、ともどもに、声を一にして念仏をとなえたとき、念仏は大念仏と呼ばれたらしい。

伊藤真徹氏は「嫡々相承の妙曲」というのは、大原別所の良忍が定めたものであろうというのを前提に、改めゆがめられたというのは念仏の音調に変化をもたらした、すなわち音階が正統なものと比較したとき乱れがあることを指摘したもので、それは具体的にいえば融通念仏用に作り替えたことを意味している。『四十八巻伝』の法然上人の三回忌厳修の下に、聖覚は真如堂で「七日のあひだ道俗をあつめ融通念佛をすゝめ」たと記している。もしこの念仏が良忍・叡空・法然と次第したものであり、融通念仏の伝統を受けているものとすれば、「寿永、元暦のころ、源平のみだれによりて、命を都鄙にうしなふもの其数をしらず、こゝに俊乗房無縁の慈悲をたれて、かの後世のくるしみを救はんために、興福寺・東大寺より始て道俗貴賤をすゝめて、七日の大念佛を修しけるに、そのころまでは、人いまだ念佛のいみじき事をしらずして、すゝめにかなふものすくなかりければ、俊乗房このことを歎て、人の信をすゝめむがため」(巻三十)法然上人を招き、浄土三部経を講じ、合せて修した念仏は融通念仏であったろう。しかも、この念仏を修するにあたり道俗貴賤の人たちが、こぞって七日の間念仏をとなえたといえば、その念仏は同音による合唱の念仏であったはずである。それぞれの人たちが別々に、勝手に念仏することにあるまい。したがってこの念仏は大念仏であったと思われる。しかも「良忍上人の融通念佛には、鞍馬寺の毘沙門天王くみしたまひ、あまつさへ諸天善神をすゝめ入」らせられたといえば、毘沙門天王を媒介として、顕真の大原勝林院の同音念仏が良忍の融通念仏の系譜につらなっていることを知ることができる。こうしたことから大念仏は、融通念仏に源《みなもと》を発し、住蓮・安楽らの能声によってさらに歪曲され、世の移り変りにしたがい鐃磬をうちならしたり、跳躍したりするような演技も一枚加わるようになったのであろうという（民間念仏信仰の研究）。

佛教大学編の『民間念仏信仰の研究　資料篇』には大念仏の名のもとに現存しているものとして十七例を挙げており、それは北は岩手県花巻から南は佐賀県伊万里にまでおよんでいる。わたしたちは普通大念仏といえば、住んでいるところや観光案内書によって差はあるけれども、嵯峨釈迦堂清涼寺での大念仏とか、壬生《みぶ》寺の大念仏がまず頭に浮かぶ。それほど両寺の大念仏は有名であるが、そのほかにも多くの大念仏が残されている。釈迦堂の大念仏は京都市右京区嵯峨藤ノ木町の清涼寺で、毎年三月十五日と四月十九日に行われているもので、清涼寺は一名釈迦堂とも呼ばれている。呼ばれているというよりも、釈迦堂といった方が世に知られ、親しみがある。それがまた京都のもつ風土であるといった方がよいであろう。ここには寛和三（九八七）年東大寺の僧奝然が宋から伝来した釈迦如来の像が安置されている。この像はインドから中国へ伝えられたものであり、さらに日本へと伝来されたので三国伝来の釈迦といわれ、また胎内に五臓六腑をかたどった紙片が納められて、あたかも生きてましますように造られているので生身の釈迦とも呼ばれ、平安時代のころから多くの人たちの信仰を集めていた。奝然はこの像を請来するにあたって、その像を左大臣源融《とおる》の別荘栖霞観を融の死後寺とした棲霞寺内にお堂を建てて安置した。これが釈迦堂である。堂は当初棲霞寺の境内の一隅に建てられたささやかな堂にしかすぎなかった。いうなれば阿弥陀堂を中心に発展した棲霞寺の軒先を借りていた堂であったといえよう。ところが三国伝来、生身の釈迦としての信仰が澎湃としておこり、またたく間に貴賤上下の信仰を集め、本寺をしのぐまでに発展した。これが釈迦堂であり、一方本寺として建てられたはずの阿弥陀堂は今でも釈迦堂に対した一隅にひっそりとして建っている。軒を借りて棟を盗られたとでもいえようか。そのような寺が釈迦堂である。

ではここで大念仏が行なわれるようになったのは、いつのころからであったろうか。清涼寺には応永二十一（一四一四）年の記年銘をもつ『融通念仏縁起』を所蔵しているが、その中に「清涼寺の融通大念佛は、道御上人、上宮太子の御告により良忍上人の遺風を伝て、弘安二年に始行し給しより以来、とし久しく退転なし。毎年三月六日より同き十五日にいたるまで、洛中辺土の道俗男女雲のごとくにのぞみ、星のごとくにつらなりて群集す。是ひとへに鈍根無智の衆生を済度せしめむがためなり」とか、「彼霊場にて出世本懐の念佛を勧進すべきよし、上宮太子の示し給へる融通大念佛なれば、一度も参詣結縁の道俗の中に先立て往生の素懐をとげる人あらば、各留半座乗花葉待我閻浮同行人の益あるべきものをや」といっているので、応永のころにはすでに融通念仏が清涼寺で行われていたことを知ることができる。ここには弘安二（一二七九）年道御が良忍の遺風を伝えて始行したと述べているが、寺伝も十萬上人（修広、または円覚上人ともいう）が弘安二年三月嵯峨清涼寺にて念仏会を修し、同五年洛西法金剛院で大念仏会を行い盛んに都の人たちを教化したと伝えている。現在大念仏は嵯峨に在住する念仏講の人たちによって受け継がれているが、それは十萬上人追善のための大念仏会という形をとっている。この十萬上人について、十萬が生母に一目でもよい会いたいと願い、法隆寺の夢殿にこもり祈願していたところ、融通念仏を行い世の人たちを教化したならば、必ずや生母に会うことができるであろうという夢の告を得た。そのため夢の告にまかせ各地で念仏会を行い、時に愛宕の地蔵菩薩にも詣で母に会いたいと祈念していたところ、播磨国にいるという夢告があった。さっそく播磨にいったが、時に路上で会った盲嫗がかれの母であったという。このため大念仏でとなえる念仏は「ハハァーミータ」と聞える。母に一度でもよい、会いたい＝母見たいという言葉になって残されたのであるというが、「ハハ見タ」は阿弥陀の名をくり返しとなえているうちにそのように聞えるようになったのではあるまいか。無意識にとなえていたことばに、意味をもたせ、今日のようなとなえ方にしてしまったものらしい。

壬生寺の大念仏は一般に壬生狂言ともいわれて京都の人たちに親しまれ、三大念仏狂言の一つにかぞえられている。三大念仏狂言というのは嵯峨釈迦堂と壬生寺、それに千本念仏とも呼ばれている京都市上京区千本通り廬山寺上ル閻魔堂町の引接寺に伝えられている大念仏をいう。およそ狂言というのは猿楽からわかれて独立した諷刺を主とするセリフで、南北朝時代のころから盛んになったが、もとをただせば比叡山の学僧玄慧がはじめたものであるという。はじめ猿楽狂言などといわれ、農民たちの大衆演芸として成立したものであったが、のち京都に伝えられ広く庶民の支持を受けるようになったものらしい。壬生狂言は毎年四月、京都市中京区壬生梛ノ宮町の壬生寺で行われている。わたしたちは壬生寺といいならわしているものの、壬生寺が正式な名称ではない。正しくは宝幢三昧寺地蔵院といい、本尊は延命地蔵菩薩、定朝の作と伝えている。開山は三井寺の快賢僧都で、正暦二（九九一）年の創立。この寺で大念仏が行われはじめたのは鎌倉末期のころらしく、正安三（一三〇一）年三月天下に悪疫が流行したため、その悪疫を退散するため融通念仏を行ったのが、そのはじめであるという。しかし、これより前正嘉元（一二五七）年五月十萬は大和三輪明神の鎮花祭の古式にのっとり、正行念仏（融通念仏）のほかに乱行念仏（念仏狂言）を創案し、無言で念仏をとなえ、手足身振りで地蔵の種子を表現し、狂言に托して仏道に誘い入れたり、疫病をはらい、福寿を増長したいと願ったといえば、十三世紀末にはすでに行われていたのかもしれない。はじめ念仏狂言をしたのは、もと寺中に止宿していた寺侍《てらざむらい》であったという。念仏狂言は無言でやるのが本来的なすがたであるといっても、千本念仏は無言ではなく有声である。内容的にいえば壬生狂言には桶取り・大原女・愛宕詣り・賽の河原・湯立ちなどがあるが、その多くは能狂言から取材したもので、直接念仏とかかわりあいのあるものはない。行事的にいえば一月二十八日のスネキリのとき、四月の狂言には必ず出演するという誓いを立て、四月二十日の開白式を迎える。この日本堂の修法に参詣して本尊の地蔵菩薩と同体分身であるという位をもらい、狂言には地蔵の化身であるという資格で演じるという。狂言は終始無言、二枚の白布で顔と頭を包み仮面をつけ、衣裳を着飾り、手足身振りをする。これが踊りであるといえばいえないこともないが、本来的なものはすでに失われてしまっている。

これに対し千本念仏は、花挙げ式ではじまる。これは閻魔堂の住職が大念仏講中の人たちを招き狂言の執行を依頼する式であり、開演の前日面揃えを行い、翌日から上演するが、そのときの演《だ》し物にはおよそ五十種あり、それを一週間で演じる。上演にあたっては毎日一番に閻魔の帳付けを、最終日の最後に千人切りをやることになっている。閻魔の帳付けは、この寺の本尊の功徳を説いたもので、閻魔の庁に引き出された亡者が獄卒の苛責を受けることになった。時たまたま亡者は手に千本引接寺にまつる閻魔大王の御手判をもっていたので許され、極楽浄土へ送られたという筋書になっており、千人切りは鎮西八郎為朝に関する狂言である。内容的にはこのほか加茂川渡り・神崎渡し・寺譲り・贋地蔵などがあるが、念仏狂言といっても念仏の功徳を語るものもなければ、踊り的要素も見られない。それは釈迦堂の大念仏であっても同様であるが、釈迦堂には念仏がある。念仏といっても「ハハァーミータ」と聞える念仏が、敲鉦や太鼓・鰐口に合せてとなえられているにすぎない。

こうした大念仏に対し、福島県の平市を中心として行われているジャンガラ念仏は、耳をつんざくような、かん高い鉦の音に和して激しく踊る念仏踊である。東北地方には早くから一遍流の踊念仏が入っているので、そうした影響のもとに、流布したものかもしれない。伝承ではそれほど古いものであるとはいっていないが、踊念仏が下地としてあったところに新しい要素をもって流入したために、早く民衆にとけこみ展開したのではあるまいか。激しい踊りをもった踊念仏が時代の下降とともに形式的となり動きをしめさなくなる傾向があるとき、ジャンガラ念仏が流動的・活動的であることは踊念仏そのものの実態を考える上において重要であるが、この念仏については後述しいまはふれない。

千本念仏は、一名死杖祭とか活速祭ともいわれている。活速というのは死からよみがえる＝死生を意味することばであるから、亡霊をなぐさめる祭りからはじめられたものらしい。また花鎮《しず》めともいわれているところからすれば稲の花鎮め、花が散らないように祈る、豊作を願う行事に発生源をもっていたのかも知れない。これに念仏行道と詠唱念仏が加わって大念仏となったものの、大念仏には鎮魂的な色彩が強い。静岡県の浜名湖の周辺で行われている大念仏は、元亀三（一五七二）年十二月徳川家康が武田方の将兵と三方ケ原で戦ったとき、敗北した武田方の怨霊が害虫＝蝗となり、大群を組んで農作物を荒し、疫病が流行したので、その怨念をなだめ、亡魂をあの世に障りなく送り出すため、家康が貞誉了伝に命じ七日七夜の別時念仏をはじめた。これが遠州大念仏のはじまりであるという。また愛知県新城市には信玄塚と呼ばれている塚がある。ここは織田信長と武田軍との戦い、すなわち長篠の戦いに敗れた武田勝頼麾下の将兵を葬ったところで、死後その怨念が無数の蜂（あぶともいう）となって田畑を荒し村人を苦しめたので、怨霊を供養するため盆になると村人はその霊を迎え、鉦や太鼓をうちはやしながら踊ったという。

山梨県南都留郡秋山村無生野に伝えられている大念仏にも、怨霊との結びつきが語られている。鎌倉の土牢内で淵辺義博のために首をはねられ悲業の最後をとげた後醍醐天皇の皇子護良親王の寵姫雛鶴姫は、建武二（一三三五）年七月十六日親王の首級を抱いて暗夜に乗じ鎌倉を脱出し、だれ一人身よりのない山深き無生野に入った。身の安全をはかるためである。だが、このとき姫は親王の胤《たね》をやどしていた。そして子供のすこやかに生まれ育つことを願っていた。出生を願っていた姫も、寒風吹きすさぶ雛鶴峠で暮もおしつまる二十九日一子を生み落すとともに、生との引き換えに世を去った。このころすでに姫の身の上は知られていたらしい。姫の死を耳にした無生野の人たちは、無念やるかたなく命を断った姫の悲運に同情し、正月を迎えても門松を立てて祝うことのできなかったその日を思い、門松を立てず、クシベの葉を縄にはさみ、門松代りにした。その風習は七百数十年を経た今日にまでおよび、今もってこの地では門松を立てていない。このとき姫の産んだ子が葛城綴連王で、この地で生涯を終えたと伝えているが、長じて王は父宮と母姫の菩提のため念仏を修したという。念仏には大念仏と小念仏があるが、小念仏には踊りはない。このように大念仏と呼ばれているものには怨霊との結びつきを説いているものがあり、踊りを伝えている。地だんだ踏むことによって、霊を地中に封じこめてしまいたいという願いがこめられていたからである。

これに類したものに南條踊がある。南條踊は広島県山県郡大朝町に残されている民俗芸能で多勢の若者たちが、それぞれ陣笠、白鉢巻という勇ましいいでたちで、「実盛さんのおん太刀なれば、稲虫どもがついてたつ」と歌いながら踊るという趣向になっている。このときかれらは実盛になったような気持で踊るので、踊りらしいしぐさが充分に感じられる。この場合稲虫は稲につく害虫であって、斎藤別当実盛にたとえられ、その怨霊であるとみられている。こうした夏のころ、水田に発生する虫を実盛の怨霊であるとみる信仰は全国的にあったらしく、稲に虫がつくとさっそく実盛のすがたをかたどった藁《わら》人形を作り、これを大勢の人たちでかつぎ、鉦や太鼓をうちながら「ナンマイダンボ〳〵」と叫びながら、田畑をめぐり、最後に人形を村境に送り出す風習が各地にあったということである。ナンマイダンボ、すなわち南無阿弥陀仏と阿弥陀仏の名号をとなえているところに、浄土教とのかかわりあいが見られる。見られるというよりも、それが人であろうが動物であろうが、虫であっても死体を送り出すときには念仏をとなえるのだという考えが、人びとの心の中にあったのかもしれない。山口県岩国市にも南條踊と呼ばれている踊りがあるが、この踊りは前述した広島県のものと同じ名であっても発生を異にしている別なものである。すなわち岩国藩のいる。それは天文二年（一五三三）伯耆国（鳥取県）羽衣石城主南条元続が攻めたとき、部下の兵士を踊子《おどりこ》に仕立てて敵城に送りこみ、めでたく勝利を得ることができたことを記念して行ったものと、土地の人たちはいい伝えているが、元来踊りには亡霊をなぐさめるという信仰が根底にあるので、敗れた南條家の怨霊をなぐさめるためはじめられたものではあるまいか。このほか西日本には菅原道真にゆかりをもつ念仏踊がかなり多く分布しているが、東国ではそれほど盛んではない。盛んでないというよりもほとんどないに等しい。それに引き換え東国には曾我兄弟とか鎌倉権五郎景政といった人が御霊《ごりよう》としてまつられている傾向が多い。曾我五郎にしても権五郎景政にしても、その名五郎が御霊と音が通じるところから御霊として恐れられ、農村地帯で丁重なもてなしを受けた。曾我五郎はあっても十郎はない。五郎が御霊と通じるためである。しかし、東国の場合直接御霊信仰が念仏と結びついていることはほとんどない。思うに浄土教の伝播が早く西日本に広まっていた結果ではあるまいか。

岩手県花巻市一円で行われている大念仏剣舞《けんばい》も、祖先追修の儀礼の芸能化したものであるといわれている。その始源について平安初期のころ五條中将が仏教を弘める手段としてはじめたもので、五穀のみのりと亡霊供養の意図をもっていたというが、坪井俊映氏は大念仏剣舞保存会に伝っている巻物三巻のうちの一巻に、万治二（一六五九）年三月十五日武蔵国隅田川村法母寺の住持祐元より、岩手県紫波郡赤石村南日詰二十木の高橋家に伝えたと記されているところから、このとき江戸から伝ったもので、元来奥羽の地にあったものではないと推定している（民間念仏信仰の研究）。とすれば岩手での流布はそれほど古いことではないが、それならばどうした縁で、この地に伝えられたかということになるとはっきりしていない。考えられることは祐元が高橋家に有縁の人であったかもしれないということである。剣舞は花巻を中心に紫波郡・胆沢郡・和賀郡などの村落に広く行われており、このとき直径一・五メートルほどの円形の大笠《だいがさ》を用いる。笠の中央に南無阿弥陀仏と記した三階または五階のお堂を建て、堂の周囲を金銀の蓮華や紅白の牡丹、秋草の造花で飾り、四方に発心門・修業門・菩提門・涅槃門を意味する朱の鳥居を建て、堂の部分のすそには長い布きれを垂らす。布きれは笠を頭にのせて踊る者の上半身が隠れるほどの長さである。橋讃とか門讃・灯籠讃・庭讃などを行い、十六ばちで庭まきをしてから、この大笠を頭にかぶり笠振りをする。踊子《おどりこ》は鉦はり（鉦を掌にてうちながら踊る者で二人）・ふくべふり（ふくべをもつ者で六人）・太刀踊り（逆さ太刀で前後に空を切りながら踊る者で二人）・扇踊（三人）・唐団扇（四人）の十七人で構成され、みな一様に花をつけた妻折り笠をかぶるが、そのうち前の八人は持蓮華をあしらった模様の着物を着、囃子は太鼓・鉦・ササラを用い、太鼓を囲んで輪踊りをする。この踊りの特色は、それぞれが異なった持ち物をもち、同時に踊ることで、ことに美しい飾りをした大笠を頭にかぶった笠踊りは念仏信者にとって、阿弥陀如来の来迎かくやと思わせるような雰囲気にひたらせるという。

遠州大念仏は「セーオーササイ」「セーセー」とのかけ声とともに、音頭取りの南無阿弥陀仏の声に、太鼓もちが切り棒で踊りつつたたく八ッ拍子・十六拍子（この場合の太鼓を太鼓切りという）の太鼓と、特殊のやわらか味のある音色の双盤合せで、一般の組員が念仏をとなえる。途中、音頭取りの「ヨイナー」のかけ声がかかるけれども、それより後は一般の組員と音頭取りとのかけ合いになり、「ヨイヨイソリャセイ、ドッコイセー、ドッコイセーヨイ、ヨイ　ヨイ、エーソコダセーセ」とはやし、回向の唄枕を歌い、再び前と同じように念仏をくり返し、音頭取りの「願以此功徳《がんにしくどく》」の発声に続き、「平等施一切　同発菩提心　往生安楽国」とみながいっせいに唱和し回向を終えるという。この大念仏は中老と四、五十人の青年たちによって行われ、頭先《かしらさき》と呼ばれる中老の先導で円陣が作られ、念仏をとなえながら、太鼓とか双盤、笛に合せて踊る、念仏踊であり、中でも笛に調子を合せ太鼓を割れるばかりに強くうち、一気に飛びあがり、太鼓を地上に引きずるように、一足は高く一足は低く片足で飛ぶように頭を左右に振りつつ踊るが、そのさまはまことに勇壮そのものであるという。この踊りについて、平祐史氏は「念仏踊りの服装や作法、更に勇壮な曲調と踊りの様式からみて、極めて遠州的な風俗や気質を充分くみとることが出来、特に双盤の利用に特殊な工夫をこらし、宗教的な音楽効果をねらっているところなど注目に価する。そしてこの踊りは、本邦に広く伝承する多くの念仏踊りや太鼓踊りと同様に、災厄退散、亡霊鎮送を目的としており、その鎮送のための呪術行動としての念仏の唱言と踊り(跳躍動作)を用い、楽器として太鼓・鉦を用いていることなど、念仏踊りの基本的形式を備えているといえよう。かかる意味で、この大念仏も本邦に広く行なわれている念仏踊り・太鼓踊りなどの同じ系譜の中で、その性質を相互に交換しながら成長して来たものであろうと考えられる」(民間念仏信仰の研究)と述べ、念仏踊の一つとして高く評価している。このほか踊念仏的要素を多分にもっているものに前述したジャンガラ念仏がある。

ジャンガラの起源について、高木秀樹氏のようによく似た踊りが南蛮貿易港としてにぎわった長崎や平戸に今なお残存していることからオランダ語から出たものという人もいるが、一般には激しい鉦の音から名づけられた名称と見られている。福島県平市で七月七日、七夕《たなばた》の晩、街道で踊るジャンガラ念仏は太鼓の伴奏によって行進し、踊りの体形をととのえながら円陣を作り、中央で太鼓をうつ三名は白い毛のついたばちを両手にもち、身振り美しく太鼓をたたき、他の者は鉦をきらないで軽く踊る。踊りは六節からなり、その間念仏をもじったと伝えている三節からなる歌を念仏調で、三回くり返しとなえる。踊りは一節で右手を左に挙げて右足を左前に出し、右手で袂の下をすくう。二節はその逆で、左手で右手の袂をすくい左足を右前に出す。三節は右手を右肩に伸ばし、左手を右に挙げ、左足をつまだてる。四節は三節の逆、五節は両手を前に下げ、足を揃え六節で合掌する。こうした踊りを三回くり返し、三回で一つの踊りとなっているという。歌詞は、㈠はあはあはあはい、もうほうほうほい、わあはあはあはあはあ、めいへいへいへい。(囃子)おせいおせい。㈡はあはあはあはあ、ようほうほうほい、もうほうほうい、さあよい。(囃子)なんだそれ。㈢そうれいなあはい、もうほうほうほい、わあはあはあはあ、めいへいへいさあいい、といったような調子で言葉自体ははっきりしないが、ちょっと聞いたところでは「もう」「ほう」「へい」などのくり返しにしかすぎない。念仏をもじったものだと伝えているが、どうしてもじったか、もじらなければならなかったか、念仏ではどうしていけないかということになると皆目明らかでない。一通り踊りが終ったあとで端歌・歌祭文・語り物のようなものが行われるが、全体として見れば歌の切れたころ、呼び太鼓と鉦がかん高く鳴らされて、急にテンポを早めてぶっつけになる。右廻り太鼓三人を中にして時々、「やれ、やれ、やれ」とはやしながら、いかにも歓喜踊躍の念仏の極致にでもあるかのような狂わしげな踊りになる。いまは踊りは右廻り、鉦は左廻りであるが、昔は全部左廻りであった。人によっては鉦は右手でたたくから左廻りでないと廻れないからだという。しかし、『一遍聖絵』を見ると胸に鉦鼓をつけた数十人の時衆たちは鉦をたたいたり合掌したりしながら、猛烈な勢いで右廻りに踊っているから、右廻りが本来的なものであったかもしれない。ジャンガラというのは、このぶっつけの部分を指しているらしく、太鼓うちは体をかがめて回転し、ばちをうち振り、踊りながらうっていくところに念仏踊の妙技がでており、このとき周囲の鉦叩きは鉦をかん高くうちならし、狂わしげな足拍子に合せて調子をとっている。一遍は正応二(一二八九)年正月二十四日、故国伊予国の三島明神に詣でたが(一遍聖絵巻十)、この日はちょうど桜会にあたっていた。このとき一遍智真らの一行は大念仏を修したという。大念仏を修したのは衆生を済度するのが目的であったが、大行道は練りとか、道行・入り羽・庭入りといわれる行道踊躍で、もし一遍智真が大念仏をやったとすれば、時衆がこぞって修したため、そのように呼ばれたのかも知れない。いわば踊念仏と大念仏は『一遍聖絵』による限り同じものであったか、別個のものであったかについてはっきりしていないが、もし大念仏を修していたとすれば、各地に残されているものの中には踊念仏同様、遊行の聖《ひじり》たちによって伝播されたものもあったであろう。伝播されていくうちに、内容とか歌詩の上に改変が加えられ変質していったであろうことはいうまでもない。そのため別個なものと思われているものでも、もとをただせば一遍智真とか時衆にさかのぼれるものもあるかもしれない。

第七節　各地に遺存する念仏踊の実態

　このほか大阪市住吉区平野上町の大念佛寺と、奈良県橿原市十市町には、融通念仏系の念仏踊が残されている。大念佛寺は融通念仏宗の総本山で、この寺には本堂の後門から正面まで高い廊下をめぐらし、その上を大和禅門講の人たちが鉦鈷をうちながら踊り、本堂正面から入り須弥壇を一周するという行事が、毎年五月四日から一週間ほど行われている。このとき先頭の者が「融通念仏　南無阿弥陀佛」ととなえる声に合せて、後にならぶ講員一同が鉦鈷をたたき念仏をとなえながら、高廊下を進むという仕組になっている。また橿原に伝えられているものは、融通念仏宗第七代の僧法明がはじめたものであるというが、行儀的にいえば同一のものらしい。嵯峨清涼寺所蔵の『融通大念佛縁起』も、大念仏とはいいながら融通念仏系のもので、ここに描かれている図を見ると、低い仮設の台の上で四人の僧が鉦をうちながら、跳ね踊っている。それは一遍智真のものと大差はない。足踏みと跳躍、そのくり返しにしかすぎない。跳躍は足踏みを効果的に、また美的にしたもので、足踏みするよりも踊った方がより美しく見える。多くの人たちが美しい衣装を身に着け同じしぐさをすれば、なおさらのことである。足踏みは「ただ」と呼ばれるもっとも基本的な呪的動作で、あらゆる舞踊の基礎をなすもの。大念仏では「はねこみ」または「はねおどり」が重要な部分をしめているというが(五来重稿「踊念仏から念仏踊へ」)、それは一遍智真や一向俊聖系の踊念仏であっても同じであったろう。踊りという基本型になにが加味され、どの系譜を引くかによって、融通念仏とか大念仏といわれているのが現状のようであるが、今となってはそれを詳しく知ることができない。大念佛寺の場合は二十五菩薩の来迎、すなわち二十五菩薩の面をかぶり衣装を着けた者が、菩薩として娑婆世界(穢土、この世)から極楽浄土(本堂)へいくという練供養《ねりくよう》が附加されており、踊躍念仏の衆はそれに先行して橋を渡ることになっている。これに類する練供養は、東京都世田谷区玉川奥沢町九品佛浄真寺(八月十六日)・京都市東山区泉涌寺山内町即成院(十月第二日曜)・和歌山県有田郡糸我村得生寺(五月十三、十四日)・岡山県久米郡久米南町誕生寺(四月十九日)・同県邑久郡牛窓町佛法寺(五月五日)・奈良県南葛城郡当麻町当麻寺(五月十五日)などに伝えられているが、大念仏寺のほか踊念仏は残されていないようである。ということは踊念仏は大念仏寺独自のものということができよう。独自な形で伝えられ、練供養に先行して踊躍念仏が行われているのは、踊念仏が行われてからのち練供養が附加されたことを意味しているのではあるまいか。以上いくつかの項目に分け、踊躍念仏の亜流と思われるものを紹介したが、踊りの中に念仏を受容したものは、まだかなり見られるようである。しかし、その実態は踊躍念仏の悉皆調査が全国的になされていないので不明であるが、その主なものを佛教大学編の『民間念仏信仰の研究』をはじめ、各都道府県の発行にかかる『無形文化財調査報告』などにもとづいて表示すれば、次のようなものが挙げられる。

名称	月日	場所	組織	法具	備考
鬼けんばい	盆 秋祭り	岩手県和賀郡和賀町岩崎		笛 太鼓 銅鈸子	鬼けんばいは高館物怪、阿修羅踊りなどとも呼ばれ、平泉の高館で歿した源氏方の亡霊をかたどったものといわれ、南無阿弥陀仏の口拍子と、笛・太鼓・銅鈸子で活潑に踊る。県の無形文化財の指定を受けている。
花笠念仏踊り	旧七月十四日	福島県石川郡玉川村南須釜　東福寺	少女	花笠	十四、五歳の少女が、華麗な花笠をかぶり、振り袖、襷、手甲、脚絆を身に着け、念仏をとなえながら踊るもので、踊りに立ち踊りと綾踊りの二種がある。
白河歌念仏	各部落の縁日、久田野	白河市一円から栃木県	老人	鉦 太鼓	空也や一遍が伝えたものというが明らかでない。念仏には供養念仏と歌念仏とがあり、芸能に重点

	では、毎月十六日	那須地方にまでおよんでいる		木魚	が置かれている。
安珍念仏	二月二十七日	福島県白河市根田	老人	白扇 念珠 鉦 太鼓	毎年二月二十七日の安珍忌に、供養塔の前で念仏しながら踊る。根田は安珍の出生地といわれ、墓もある。この念仏が農村に広く行われ、次第に形がくずれて農家老人の慰安を兼ねた歌念仏になったという。
白河さんじもさ踊り	旧六月一日	福島県白河市関辺字仰渡、八幡社境内	農民	鉦 太鼓 棚	天道念仏ともいわれる念仏踊で、天道すなわち太陽を念じ、農作を害するいなごなどの害虫を駆除し、五穀の豊穣を祈るもの、一に虫送り念仏ともいう。
小念仏踊り	農閑期の間毎月の縁日	茨城県猿島郡岩井町の寺院	壮・老年・女子など	大念珠 太鼓 鉦	宝永・享保年中より行われたものと伝えているが、念仏するとはいえ、荒除け真言（二百十日の前）、雨乞い真言（旱魃時）といい、光明真言も用いているので真言系のものであろう。
みたま踊り	盆	茨城県新治郡八郷町園部の寺院	青・壮・老数十人	鉦 太鼓 笛	みたま、すなわち精霊供養のための踊り。先頭にくりこみがあり、その後から、老若男女が四種の踊りをする。楽師が十人ほどおり、県の無形文化財の指定を受けている。

おしゃらく	十二月三十一日	千葉県佐倉市青管宗吾霊堂	六座念仏講の老人（女性）	小鉦	小念仏・おおだいぶし・中山踊りともいい、もとは下総中山および船橋あたりの漁場で、夜を徹して盛んに行われていた。青管での場合、佐倉惣五郎をまつる宗吾霊堂で逮夜を勤め、元日に成田山に参詣するのが例となっている。
踊躍念仏	大法要	千葉県佐倉市坂戸西福寺	老人、男女五十人	鉦 太鼓笛 赤襷	開山上人追善の踊念仏で、三十三年ごとに迎える開山忌のとき、昼夜にわたり境内で行う。
念仏踊り	七月十三〜十六日	長野県下伊那郡阿南町和合	和合念仏踊り保存会	高張灯籠 ささら 太鼓 鉦 笛 花笠	和合村開発領主宮下氏の追善のため行う踊念仏で、熊野神社の境内で行列をととのえ、林松寺で念仏と和讃をとなえる。天竜川下流の遠江・三河にも類似したものが伝存しており、阿南町深見の念仏踊は盆踊りのもっとも古いすがたを伝えているという。県指定無形文化財。
坂部の盆踊り	八月十四〜十六日	長野県下伊那郡天竜村坂部、金毘羅社境内	坂部部落在住者全員	鉦 太鼓 笛	踊りには、掛け踊りと手踊り（庭踊り）があり、十五日は手踊りのみを踊る。
盆踊り「大の	八月十三〜	新潟県北魚	町内在住者	櫓	堀之内町が三国街道の宿場町として栄えていたと

阪」	十六日	沼郡堀之内町、八幡神社		太鼓 笛	き、越後縮の集散地小千谷・塩沢の商人が取引していた問屋筋の者によって京阪地方より伝えられた。江戸末期には本陣を中心に街道を流し歩いたこともあったというが、いまは八幡神社の境内でのみ行われている。歌詩は十五残っているが、念仏踊とはいうものの歌う文句や囃子の中に念仏はいっさい用いられていない。ただ歌詩の一つ一つに「南無西方」の言葉があることから、念仏踊と推定されているだけであるが、内容的にも詠歎調の哀調を帯びているので、浄土教的色彩が強い。思うにかつては念仏中心に踊りが進められていたのであろう。県無形文化財の指定をうけている。
念仏踊り	五十回忌のある時	新潟県佐渡郡相川町石名	老人		五十回忌法要を勤めるとき、踊りの組を招き、酒肴を供して踊りをしてもらう。
念仏踊り	七月二十三日	新潟県佐渡郡新穂村潟上	念仏講員、主として老人	太鼓	江戸末期までは潟上に藤堂という仏堂があり、毎年七月二十三日盛大な念仏踊が行われ、近辺より多くの人が集りにぎやかであったという。現在は演芸化し、太鼓のバチの曲取りをしたり、衣装を一定するなど素朴性が失われている。

田峰《だみね》の念仏踊り	旧七月盆	愛知県設楽郡設楽町田峰観音境内	村の青年	弓張提灯 笛 太鼓 鉦	踊りの起源は未詳であるが、近世中期にはかなり盛んに行われていたようである。田峰観音は、田峰田楽として著名。念仏踊は、盆踊りの一部で、盆踊りは、はね踊り・盆踊り・手踊りからなり、山間の部落で夏の夜を楽しむ素朴な踊りの一つであるという。県無形文化財指定。
放下《ほうか》念仏踊り	七月十四～十六日	愛知県新城市大海	大海放下保存会	切子灯籠 笛 鉦 団扇 ささら	放下とは、元来我執の念を離れ名利に束縛されず、仏道に専心精進する修行僧の生活を指したものであったが、のち諸国を流浪する僧を指すようになった。源平争乱をはじめとする戦乱により、寺院に寂居し修行することのできなくなったとき、僧はかれらの所属した寺院の信仰と儀式とをもって独立の道を歩み、また芸能によって処世の法を考えたが、中には曲芸や手品、その他の雑芸を事とし、組や座を組織して大道芸人として発展したものもいた。こうした僧を放下といい、放下が念仏した場合、放下念仏踊りといったものらしい。放下念仏踊りは三方ケ原の合戦のおり犀が淵で戦死した亡霊を弔うため天正元（一五七三）年の盂蘭盆会に修したのがはじめであるという。もと三

					河・西遠江で盛んに行われていたといわれ、現在は県無形文化財に指定されている。
綾渡の夜念仏と盆踊り	旧盆	愛知県東加茂郡足助町綾渡	綾渡夜念仏会 綾渡踊り保存会	■夜念仏 灯籠 鉦 ■盆踊り 浴衣 編衣	旧盆の行事であって、起源は明らかでない。夜念仏と盆踊りの二部から構成され、夜念仏は夜、折子という灯籠様のものをかざし、鉦をうち歩きながら念仏したり（道念仏）、止って念仏したり（庭念仏）する。この念仏の後に盆踊りが行われるが、このときは楽器の伴奏はなく、浴衣・編笠・下駄ばきのすがたで音頭取りの歌に合せて踊る。県無形文化財。
はみだ踊り	彼岸 盆	京都市左京区一乗寺地区	老人十五人	太鼓 団扇 三巾前掛 襷 手拭	盆にあたり、旧一乗寺村の人が祖先の供養と無縁仏供養のために、西円寺境内で南無阿弥陀仏と名号をとなえ、ゆるく早く太鼓の音に合せて踊る踊りで、平安朝のころから一乗寺の里で踊りつがれてきたというが、これが盆や彼岸の行事として行われているところを見ると、当地で戦死したり兵火に会い死んだ人たちの霊をなぐさめるため、里の人たちの手で修されたものであろう。
本願寺両堂、御再建踊り	堂宇再建の時	大阪府門真市三ツ島	本願寺門徒		明治初年、東本願寺の大師堂・阿弥陀堂再建のとき、大阪北浜の鈴木又兵衛が三ツ島の橋川三十郎

					方に滞留して村人に教えたのがはじめであると伝えている。十歳前後の子供が美しく着飾り、三味線・胡弓・尺八・太鼓などではやしたてつつ、近郷を踊って歩き、賽銭を両堂の再建費として寄附した。再建の地鎮にあたり北河内から多くの人が参加したので、これを地築音頭というようになったという。これがどの系統に属するものかについては、鈴木又兵衛がだれに教えられたものかはっきりしていないので系統を知ることはできない。
念仏踊り	大法要の時	奈良県高取町市尾	青・壮・老年二十人	鉦 采配	「ざいふり」ともいい、市尾の在家で行うのを例としており、昭和三十六年の法然上人七百五十年遠忌のときには盛大に行ったという。
篠原踊り	天満神社の祭礼	奈良県吉野郡大塔村篠原	氏子		様式的に見た場合、鎮花祭などの一連の道行を主とした念仏踊の系統に属し、男踊りと女踊りが二つの別々な輪を作り、一曲にのせて違う演技を行う。この場合、男踊りは太鼓踊り系のものであり、女踊りは小唄踊りの形で、手のふりこみ・足の扱いに古風さがうかがわれる。
カッコ踊り	盆	三重県渡会郡小俣村中	老若男女	カンコリ 太鼓	羯鼓《かんこ》を用いた踊りには、念仏踊（盆踊）と、雨乞い踊り（神事踊）の両系があるが、三重県下では

		小俣		法螺貝	伊賀盆地に雨乞い系、伊勢平野に念仏踊系が多く存在しているという。踊る目的が豊年を祈るか、死者の霊をなぐさめるかにより、前者の場合は雨乞い、後者の場合は念仏踊となる。その起源は不明であるが、室町時代には太鼓踊が各地にあったようである。
カンコ踊り	盆	三重県伊勢市西豊浜町	青年二十人	大太鼓 小太鼓 名号を書いた衣装	一名ブーデンとも呼ばれている。村の広場で青年が小太鼓をもって円陣を作り、中央に大太鼓をすえ、大太鼓をうつ人が故人の法名をとなえて南無阿弥陀仏と名号をとなえると、円陣の青年が小太鼓をうって踊る。村最大の行事であるという。
太鼓念仏踊り	八月十五日	兵庫県多紀郡今田町	西方寺の檀徒数人	鉦 太鼓	盆供養として、山麓西方寺および小野原の和田寺で、昭和三十五、六年のころまで行われていたが、いまは中絶している。
擢踊り	旧七月盆	和歌山県東牟婁郡那智勝浦町浜ノ宮	青年十人	櫂 腰みのはっぴ	盆に漁捕供養として行われた念仏踊りから転化したものであるという。
念仏踊り	旧七月十六日	岡山県真庭郡落合町吉、	法福寺檀徒の青年	太鼓 鉦	始源は明らかでないが、室町期の鉦があり、踊り自身も農民を中心としたきわめて素朴なものであ

		法福寺		サイハラ	るから、かなり古くから行われていたものらしい。本堂前に円陣を作り、総代が法名を呼び上げ、音頭取りが「ナンマイダーホイ」というかけ声をかける。その声に応じてサイハラという竹の棒をもった二人の法被を着た人がうち合う真似をする。ついで鉦太鼓をもった輪の人びとが一礼をして鉦をならして横っ飛びに飛ぶ。この踊りは一般の盆踊や念仏踊のようにはなやかではない。踊り中、棒使いの動作をするところから、久米郡塀和《はか》の竹内流の杖術の要素と田楽の一部、それに念仏が混合した踊りと見ている人もいる。県無形文化財。
踊り念仏	盆	岡山県御津郡加茂川町年末　観音堂	部落十三軒	ささら	部落十三軒で行っている念仏踊りで、各自がささら（木の棒に溝をきざみ、これを竹のササラでこすり音を出す原始的な楽器）をすり、念仏をとなえながら輪になってまわる。いつはじまったものか明らかでないが、踊り以前の素朴な念仏信仰のすがたが見られる。
念仏踊り	八月十五日	島根県簸川郡佐田村、須佐神社	六人	鉦 太鼓 笛	神社では切明神事《きりありのしんじ》と称しているが、鉦の銘に「茶蓋大念仏　飯石郡宮中村」「須佐大念仏　飯石郡宮中村」と記しているところより見れば、もとは

					茶盞大念仏とか須佐大念仏と呼ばれていたらしい。大立花を立て、踊子六人が、花笠をかぶり素足で踊る。大立花は高さ四メートルほどあり、それに桜の造花をつける。昔は大立花を中心に、そのまわりを踊ったというが、いまは花と無関係に踊っている。須佐神社の伝承によると神功皇后が三韓征伐から凱旋したとき、踊りをして皇后を迎えた故事にはじまるというが、真偽は明らかでない。おそらく中世におこった念仏と神社に伝わった田植の神事＝田楽とが混淆したものであろうという。県指定無形文化財。
腰輪踊り	夏土用の中	山口県山口市大字陶字御、八雲神社	踊子十五人	鉦 太鼓	この踊りは約四百年以前から念仏踊りといわれ伝わっていたものであるというが、いまは念仏は失われて用いられていない。
法楽踊り	旧盆	広島県因島市地蔵院、艮神社境内	村の青年十数人	太鼓 双盤 剣 ハチマキ タスキ	もとは広く行われていたようであるが、いまは広島県因島市の東岸椋浦と外浦とのみに伝えられて残存している。この法楽踊りは因島村上党と称して海上交通の実権を握っていた越智・河野両海賊が出陣したり、帰陣するにあたり、神仏に祈誓し、

					手甲 脚絆	または帰陣の報告祭のとき用いられた踊りに、時宗の念仏踊や虫送り行事（俗称チンコンカン）と、死者追善儀礼の要素が附加したものである。踊りの輪の中央に鉦、右に小太鼓、左に大太鼓が位置し、のぼりを立て、中央の道具方が「ナムアミ」と称えると、輪の踊子が「ダンブ」と受ける。こうして道具方と踊子がたがいにとなえながら、鉦と太鼓に合せて踊る。この踊りは念仏のみで歌詞は存在しない。
都濃念仏踊り	旧七月七日	山口県都濃郡都濃町長穂、龍文寺境内	木津・門前・小原三部落の家督相続人	大幟 太鼓 鉦 お面		伝承によれば周防国若山城主陶晴賢は弘治元（一五五五）年毛利元就と安芸厳島に戦い敗れ自刃したが、時に晴賢の子長房と弟小次郎は城中を脱し龍文寺に入った。龍文寺を根拠に毛利軍を迎え討ったが、攻防数か月におよぶも勝敗を決することができない。そのため毛利軍は一計をあんじ土人とはからい、氏神周方大明神の祭事として伝わる念仏踊りの踊り子に兵士を変装させ、渡川して寺域内に入らせた。長期の籠城に疲れていた兵士が心を許し踊りを見ていたすきに乗じ、踊り子は兵士にすがたを替え武器を手にして陶軍を攻め、龍

					文寺を攻略し、一族は自害し果てた。この踊りは滅亡した陶一族の菩提を弔うため修したのがはじめであるという。陶氏は敵方である。しかも滅亡の契機となった念仏踊りで追善供養するのは理解に苦しむ。こうしたことから近世になり一般民衆の間に念仏踊りが盛行したとき、大内時代よりあった念仏踊りが陶氏追善のものに転用されたのではないかと、見ている人もいる。
夏祭	七月十八日	山口県都濃郡都濃町中須、周方神社	中須部落の氏子		御田植御礼祭とか、青田御祈禱といわれ、氏子中を巡回し、道具持ち・御供人など五十人が手踊りするが、この中に念仏踊りがあるという。
念仏踊り	旧五月	山口県吉敷郡阿知須町野口、厳島神社	野口部落の氏子		厳島神社の祭礼で、太鼓を胸にいだきうちならしながら鶏のあい闘うような踊りをする。そのため闘鶏踊りともいい、また南無門前踊りとも呼んでいる。
鶏闘楽	十月二十六日	山口県萩市奥玉江、五鬼権現社	十二人	袢 締太鼓 腰輪 団扇	踊りの起源は明らかでないが、明治初年までは念仏踊りと呼んでいたという。

北條念仏踊り	夏	香川県坂出市	一組三十人（数組あり）	刀 長刀《なぎなた》	雨乞い念仏踊りともいい、菅原道真が国司として在任中、当地に大旱魃があったとき、道真が城山上で七日七夜雨乞いしたところ、恵みの雨が降った。そのため狂喜した農民が踊ったのが、この踊りのはじめであるという。踊りは十二人の武士が抜刀して円陣を組む中を囃子に合せて四人が踊る。県指定無形文化財。
滝宮の念仏踊り	旧七月二十五日	香川県綾歌郡綾南町滝宮	五十人位	長刀 抜刀 棒突甲冑 鉦橦木	法然上人が讃岐に流罪中旱魃にみまわれ、滝宮村の農民が困窮しているのを見て、念仏を一週間となえて雨乞いをしたところ、満願の日に雨が降った。農民は嬉しさのあまり念仏をとなえながら踊った、これが念仏踊りのはじめであると伝えている。五十人ほどが輪になってまわり、その中十人ほどの人が特色な衣装を着、「たからばち」をかぶり、「ナンマイドーヤ」と称えながら鐘と橦木をもちたたきながら踊って歩く。県指定無形文化財。
南鴨念仏踊り	旱天または豊年の時	香川県仲多度郡多度津町南鴨	南鴨明神社氏子	笛 太鼓 法螺貝	伝説によれば、道隆寺の理源大師が菅原道真に降雨の祈禱を乞われ、この祈念の結果雨が降ったので、農民が喜びのあまり踊ったのが、そのはじめ

				鉦	であるという。もとは滝宮へゆき踊ったというが、いまは出向くことはない。踊りそのものは滝宮の念仏踊とよく似ていて、念仏をとなえながら下知役の指揮によって踊る。県指定無形文化財。
踊り念仏	八月十七日 または雨乞 い時	愛媛県八幡 浜市白土町	青年	鉦 太鼓	青年たちによって念仏踊と呼ばれ親しまれていたというが、昭和初年廃絶していまは行われていない。
かね踊り	旧八月一日	愛媛県宇摩 郡新宮村	壮年十五人	鎧	悪疫が流行したとき、退散を祈願したのにはじまる。徳島県三好郡山城谷村の念仏踊りもまたかね（鉦）踊りと呼ばれているところからすれば、同一系統のものであろうか。
念仏踊り （鉦踊り）	旧八月十六 日	徳島県三好 郡山城谷村	青年十八人位	鉦 鉞 錫杖 長刀 太鼓	山城谷村の寺野名・茂地名・粟山名など八名（部落）に伝わっている念仏踊りで、踊りに使用する鉦に「宝暦十三年午歳八月吉日」の銘があるので、それ以前から行われていたことは事実である。山城谷村は吉野川の上流、四国山脈を横切る山嶽重畳たる山間にあり、いつごろから念仏踊りが行われはじめたかは、明らかでない。県指定無形文化財。

花取り踊り	旧七月八日	高知県高岡郡大野見村神母野	部落民二十数人	太鼓 鉦 団扇	昔、寺子屋で筆にするため、師匠の敷き物にしていた虎の毛皮を盗んだ寺子がいた。その寺子は村人によって銃殺されたが、その子供（寺子）の怨霊を鎮めるための踊りであるという。踊りは屋内で円陣を作り、団扇を右手にもち、太鼓と鉦とを中心に団扇を上下に動かしながら念仏する。念仏は「ナムオミトーボヤ」という。
花取り踊り	旧七月八日	高知県須崎市多ノ郷、賀茂神社	賀茂神社氏子	太鼓 鉦	花踊りともいわれ、土佐遺聞録によれば永正・天文のころ土佐七人衆が分立していたとき、幡多中村一條公の臣敷地某が高岡郡半山城主津野氏の居城岡本城を攻めたが容易におとすことができない。そこで一計をあんじ、踊りをもよおして城兵をおびき出し、そのすきに乗じて攻め入り津野氏を滅したという。このときの踊りを花取り踊りというが、他地区のように追善のためという意図は見られない。踊りはまず本音頭が「ヨウ成リマサル・吁、ヨウナリマサル」と唄いはじめるが、これはもと「ヨウ南無阿弥陀仏」と歌ったのを、後訛ったものではないかという。

念仏踊り	旧八月一日（八朔）八月十五、六日	熊本県八代郡五家荘久連子	村人全員	銃 白の狩衣	久連子《くれこ》は九州第一の僻境五家荘（椎原・久連子・葉木・仁多尾・樅木）のうちの一。ここには古代踊りが伝存し、都落ちをした平家の一族がこの山岳重畳たる山間の僻地に住みつき、月の夜、雪の朝、遠く都を慕い寄り集っていた間に、いつとはなしに自然に生まれた踊りであると伝え念仏踊りは古代踊りの一部分をなしている。古代踊りは踊子十五、六人で踊るが、念仏踊りは、村人総出で踊る。このとき随意変装した男子が踊りの終るころ銃を手にして現われ、肩ににない「ナムアミダ」「ナムアミダ」ととなえながら、念仏踊りの外側に大きく輪を作ってまわる。銃が何を意味するか明らかでないが、銃をもっているところを見れば案外はじまったのは時代がくだるかもしれない。
じゃんがら念仏	七月十八日	長崎県平戸市上・下・大下	青・壮・老年	鉦 小鼓 紺地の帷子 幟	平戸に伝わる農民の豊年祈願の踊りであり、豊年祭に田楽や念仏がとり入れられたものである。古くから行われきたったものらしく、平戸藩主の保護によって栄えた。「じゃんがら」の「じゃん」は鉦、「がら」は小鼓を一斉にうつ音を表現した

ものであろう。幟を立て、菅笠をつけ、円形または半円形になり鉦・小鼓相対して踊る。県指定無形文化財。

以上表示したものが、遺存している踊躍的念仏のすべてではなく、まだまだ各地に伝存しているものはかなりあると思われる。しかし、これによって、およその傾向を知ることができよう。念仏踊というからには、そこに信仰的要素が介在していると否とにかかわらず、念仏が中心であったはずである。岡山県御津郡加茂川町年末の踊り念仏や広島県因島市で行われている法楽踊りは念仏だけで終始し、念仏以外の歌詩をまったく伝えていないという。一遍智真が縁に立ち食器を手にして拍子を取り時衆が踊ったときの踊念仏は、おそらく念仏だけしか用いなかったのであろう。念仏だけでよかった。念仏をとなえるだけで恍惚感にひたることができた。それが本来的なものであったろう。ところが時が進むにしたがい、念仏だけでは無味乾燥であるということから和讃がとり入れられたらしく、すでにそれは一遍智真の在世中にもあったらしい。

一遍は踊念仏の先蹤は空也にあるといっている。世に『空也和讃』というものを伝え、また空也の伝記『空也上人絵詞伝』には「それより教をたがへず、有髪にして衣を着し、一瓢にて寒中の行おこたらず、和讃称名を唱へ念仏修行して衆生を勧むる故なり」（巻上）といい、「定盛法師洛陽に有て、市中道場極楽院に御開山上人の御影を安置し、左右に地蔵・毘沙門天の尊像を作り奉り、霜月十三日宗派を集め、法事を勤め、一瓢鐘をたゝき、和讃称名念仏を執行」（巻下）したというように、空也はすでに和讃を作ったかのように伝えているが、市聖《いちのひじり》空也の時代に和讃が果してあったかということになると、疑問もないわけではない。『嬉遊笑覧』（巻六）にも、

諸法実相と聞くときは
岑《みね》のあらしも法の声
万法一如とくわんずれば
はまの螻蟻も佛なり
佛は三世にましませど
かゝるひぐわんはたのみなし
ひぐわんきやうしゆの釈迦だにも
ねはんの雲にかくれます
ましてや凡夫の愚にて
いかでか無常をのがるべき
無常眼の前にきて
火宅を出でよとすゝむれど
名利の心つよければ
聞いて驚く人もなし
人は男女にかはれども
赤白二つに分られて

生ずるときもたゞひとり　死するやみぢに友もなし
東岱前後の夕煙《ゆうけむり》　北嶺朝暮の草の露
おくれ先立つ世のならひ　たゞ何事も夢ぞかし

という、二十二句よりなる七五調の和讃を伝えているが、これが史実であり原型を残しているということになれば問題はないが、おそらく空也のものではなかろう。空也伝としてもっとも信憑性のある『空也誄《るい》』には踊念仏について言及していない。空也は踊念仏もしなければ、和讃も用いていなかったのかもしれない。だがくだって一遍智真の時代ともなれば、明らかに踊念仏が行われ和讃が作られている。踊念仏の出現によって、念仏すれば往生できるといった喜びにこおどりした民衆は、なにひとつ娯楽らしいものをもたなかっただけに飛びついてきた。

踊念仏が都鄙に流行するにしたがい、貴賤の別なくこれに参加した。参加したというよりも、旧教団から阻害されていた人たちが喜んで踊りの輪の中に入ってきたといった方がよいかもしれない。時衆のいるところ、どこにも踊りの輪ができ声を合せて念仏をとなえた。念仏オンリーであったはずの踊念仏は、民衆の間に浸透するにつれ、いつしか娯楽性をそなえるようになった。娯楽性をそなえ歌詩が加えられても、それが念仏踊である限り、阿弥陀仏をたたえる言葉でなければならない。しかし、農村社会における切実な問題は米や麦の収穫である。収穫が零であれば死を意味する。収穫をはばんでいるものはなにか。雨・日でり・風・虫、それらのすべては収穫の敵であった。収穫を請い願う農民たちにとって、これをいかにしてさけて通るかが問題である。それをさけるため神や仏に豊作を祈り、生活の安泰を願った。念仏に生産を請い願う行事が加われば、太陽を念じ豊作を害する蝗などの害虫を駆除し五穀のみのりを願う念仏となり（白河さんじもさ踊り）、雨乞い念仏となっていく（伊勢のカンコ踊り）。今その変化していく念仏の一例として放下念仏踊りについて考えてみたい。放下念仏保存会で刊行しているパンフレット『大海放下踊り』（新城市大海商工会刊）によって歌詞を見ると、歌詞は「うたまくら」「お念仏」「ほおか」「おひねり」の四部からなっている。この中「ほうか」には「ここを通りしくまの《熊野》道者のうえにめしたる帷子《かたびら》は、かたすそは稲の出乱れ、中は中手の刈り株や、今年しまいの稲のおおさよ、俵はどこに置ずやら、白金で蔵をたてさせ、黄金でみ枡をささせそろ、是より西の矢作からぼうじが四人出でそろや」というように農村的色彩がおりこまれているが、「うたまくら」や「おひねり」には「上の山高きたまや《霊屋》は誰がたてた。親のお墓へわれがたてそろ。みたまやは左日輪、右は月中に燈明をたてて輝く」「わが親は後生願いの身であれば、弥陀の浄土へ急ぎ行くらん。有難や、さかのみ寺の弟子と成りひにち毎日念仏の声」「ほととぎす、まこと浄土の鳥ならば、わが子ゆくえをかたり聞かせよ。やうやうとかたるまいぞや、おやがなげくに」「年若で何を急ぎて死出の山、親になげきをかけるかなしさ。なさけなや、親をとうみでありながら親に訪はれる身こそつらけれ」「わが親の年忌来たぞよ、この月は千ぼ万ぽをよんでたむけん。有難や千ぼ万ぽのお経よりも、これにましますわがよねんぶつ」(以上うたまくら)、「正月しん米ほしや、二月なすびのほうしさよ、三月さらももしや、四月大根のほうしさよ、五月うすゆきをほしや、六月氷のほうしさよ、七月なずなのほしや、八月筍のほうしさよ、九月きゅうりのほしや、十月まうりのほうしさよ、霜月鮎のほしや、しはす梨のほうしさよ。それほどおつわりなされたならば、男の子をうまずば、はじでそろ。もしもその子が女の子なら、あやにしきのおこしにのせて、前なる小川へおしながせ。もしもその子が男の子なら、黄金のこばかましたてきせて、やぁがてお寺へあげましょに」(おひねり)とあり、祖先や捨てた赤児の供養が主となっている。ここで「おひねり」というのは、生活苦にあえぐ農民たちが、いくらかでも生活にゆとりを得たい、支出をくいとめようとしてかれらの間に生まれた子供を、心を鬼にしてひねり殺し、女子ならば綾錦の輿にのせ、男児ならば黄金の小袴を着け前の川に遊びにいかせたと

語り合い、ひそかに闇から闇にと葬ったことを指し、歌に托して赤児への追善を歌ったものらしい。「お念仏」の歌詩は、

みんだはーーい
なーあむあああみだあはんぶ。南《ァ》無阿《アハ》弥陀《アハン》仏。ぶつなーあみだあはんぶ。
仏みんだんなーあみだ。
あみだはーい
なーあむああみだあはんぶ。ぶつなーあむあーあみだあはんぶ。
なんまみだぶつーなんまみだーにせくどくべうどうせーさいどうほつぼだいしん
往生あん。（願以此功徳　平等施一切　同発菩提心　往生安楽国の意か）
南無阿弥陀仏　南無阿弥陀仏　南無阿弥陀仏

で、いまこれを成立の順序から考えると、当初「お念仏」があり、これに「ほうか」が加わり、念仏踊が盆行事と関連をもったとき「うたまくら」と「おひねり」が附加されたものではなかろうか。現在、この放下念仏踊りは八月十四日から三日間、盆の行事として行われている。念仏踊の多くは、夏の盂蘭盆行事にとり入れられてい

るが、盆に行われているのは祖先追善の行事と結びついた結果であった。前記の表の中で盆に行われていないのは、福島県白河市の安珍念仏・白河さんじもさ踊り、山形県天童を中心とする踊躍念仏、千葉県佐倉市のおしゃらく、大阪大念佛寺の踊躍念仏、山口県の都濃念仏踊り、野口厳島神社の念仏踊り、闘鶏楽ぐらいなものであろうか。それにしても安珍念仏は安珍の、天童の踊躍念仏は一向俊聖の、それぞれ忌日に行われ、おしゃらくは佐倉宗吾の逮夜に勤められているというから、まったく追善と無関係になされているということにはならない。

こうした中で都濃の念仏踊りは、毛利氏によって滅ぼされた陶長房一族の、土佐の花取り踊りは幡多中村の一條公の臣敷地某が津野氏を攻めた、その霊をなぐさめるため行われたものであるという。そうした例は大念仏中にも見られた。すなわち徳川家康が三方が原で甲州武田方を倒した将兵の霊を弔う遠州大念仏はその一例である。怨霊をなぐさめるのであるから念仏を用いるのだといった考えは、平安時代以降浄土教の発達にともない一般化していったようである。怨霊の追善といった意図があった限り、念仏踊の中心は念仏であったはずであるが、山口市陶の八雲神社に伝わる腰輪踊りは一名念仏踊りと呼ばれているにもかかわらず、それは名のみで念仏はまったく用いられていないという。念仏といえば、仏を念ずることであるから阿弥陀仏とは限らない。釈迦であろうが、観音でも薬師でもよかったはずであるが、一般的には阿弥陀仏のみ名をとなえることを念仏といっている。そのときとなえる念仏は、ナムアミダブツととなえるのが正しいが、天童の踊躍念仏にはナンマイダンブツととなえるものがあり、高知県高岡郡大野見村神母野の花取り踊りの念仏はナムオミトーボヤ、岡山県真庭郡落合町の念仏踊のそれはナンマイダーホイととなえるなど訛りが加わっている。思うに囃子に合せ、声を出しよくするため、こうしたとなえ方をするようになったのであろう。ちなみに時宗にはナムナムアアミダアととなえる片切念仏や、アミを長くひいてとなえ、ダを高く張り上げるアミ引きダ張り念仏を伝えている。

念仏踊に使用されている楽器の多くは太鼓と鉦であり、時に笛が用いられている。その他、福島県河沼郡八葉寺の空也念仏の瓢、岩手県和賀郡岩崎の鬼けんばいの銅鈸子、香川県仲多度郡南鴨の念仏踊りの法螺貝のように特殊な楽器がまま見られ、岡山県御津郡加茂川町年末の踊り念仏にはササラが用いられている。こうした一、二の例外を除けば太鼓と鉦が楽器としての中心的役割を果している。次に踊り手の持ち物について一言すれば団扇（京都市左京区一乗寺下り松のはみだ踊り、愛知県新城市大海の放下念仏踊り、高知県大野見村の花取り踊りなど）とか、サイハライ（奈良県高取町市尾の念仏踊り、奈良市鳴川町徳融寺の十夜念仏踊りなど）があり、中には長刀《なぎなた》・剣・銃などを持ち物としているところさえある。その他、鹿の角の杖（福島県八葉寺の空也念仏）とか錫杖（徳島県三好郡山城谷村の念仏踊り）を手にしているところもあり、服装についていえば在俗者が仮装し黒衣を着ける大阪市平野大念佛寺の踊躍念仏、奈良県橿原市十市町の踊念仏、福島県八葉寺の空也念仏を除けば、笠をかぶったりたすきをかけたりして、美しい衣装を身に着け飾っている。

小結

踊躍は、天鈿女命が天《あま》の岩戸の前で踊ったという神代の昔からいまに続いている。天鈿女命は巫子《みこ》であり神人《じんにん》であって、神がかりの態《わざ》を神の行動と信じ、人たちに伝えた呪術師であったという。呪術師は歌舞によってのみ、神の真意を人びとに伝えたのではないが、舞踊が他のどの行動よりも印象深く受けいれられたから、天鈿女命は岩戸の前で踊ったといわれたらしい。そうした踊りは古代ばかりではない。平安から鎌倉の時代に入ると、佛御前《ほとけ》とか祇王・祇女・静《しずか》御前といった踊りの名手が多く史上に名を残している。佛御前とか静御前といえば白拍子であったから、踊りは白拍子によって受け継がれたといえよう。彼女たちは当代きってのスターであり、時代の寵児のようにもてはやされているが、その舞は巫子の呪術舞の系統をひく、宗教性をもつ歌舞であった（三隅治雄著『日本舞踊史の研究』）。彼女らは男装した美女の艶姿と、声楽の面白さも売りものにしているが、巫子なるが故に寺社の縁起とか仏の功徳を、舞とことばによって民衆たちに語ろうとしている。舞といっても、片足を交互に出し、出した足の爪先をピンと上げて、それを左右に練り、また元へもどしてトンとおろすといった足づかい＝乱拍子であったが、これをさらに発達させ踊躍にまで昇華させたのは、一遍智真や一向俊聖らを中心とした聖たちによる踊念仏であったといえよう。踊念仏は輪の中で修された。輪をつくるとは、その中に神霊の憑代《よりしろ》となる神聖な柱とか、樹木が設けられた古代思想を受け継いだものであったから、それが踊念仏となった場合、輪の中には仏がましますと考えた。いわば亡きみ魂を中心に念仏をとなえながら踊った。亡きみ魂は踊りの中にいたのである。憑代といっても、そこには特定の標識があるとはかぎらない。意識だけでもことたりたのである。音頭取りにしても、元来は憑代を意味したのであり、神や仏の変身したものとみていた。こうした盆踊りの素型ともいうべきものがあったから、一遍智真や一向俊聖によって踊念仏が修されれば、抵抗なしに民衆のあいだにひろまることができた。古代習俗の踊りと念仏の融合したものが、踊念仏であったといっても過言ではあるまい。踊念仏は『天狗草紙』などに批判されているように、鎌倉時代から室町時代にかけて急速に、各地にひろまっていった。踊念仏について書かれた教団側のもので、注目すべきものに遊行二十一代知蓮の『真宗秘用抄』がある。本書には「庭踊之事」の条

下に、

初夜以後ノ踊ハ熊野ニ向テノ法楽也。神、元祖ト其約有リ。故ニ神託ニ云ク、一遍門流ノ衆、社前ニ詣ルコト勿レ。我必ズ道場ヲ去ラズシテ、守護セシメント誓ヒ玉フ。此ノ故ニ燧《かがり》ハ則チ社前ノ庭火也。日中以後ノ庭踊ハ亦一切衆生及ビ彼ノ癩類マデモ、凡聖不二ノ謂ヲ顕ハシテ、一向ニ踊躍念佛ス。即チ下化衆生之至極也。惣ジテ庭踊トハ、本来此ノ宗ノ行事、唯是ノミ。元祖修行ノ古へ、或ハ堂社ノ庭、或ハ市町ノ中ニシテ、踊躍念佛シ給フニ、道俗男女同ク躍リケルヨリ、此行ハ始レリ。

と記し、また「踊念佛打金躰事」の条下には、

抑〻踊躍念佛ニ就テ、肩ヲ双べ袖ヲ連ネ金ヲ打ツ躰、不審也。唯踊躍歓喜ノ念佛ナラバ、各々ニ踊ルべシ。何故ゾ、拍子ヲ調へ形相ヲ同クシ、或ハ左ニ褫《そばだ》テ右ニ皽《そばだ》テ、或ハ前ニ傾キ後ニ寝《くぼ》ミ、或ハ長ク或ハ短ク或ハ凹或ハ凸也。表像有ル乎。答、此レ六動之相ナリ。長阿含経ニ云、六動ニ三アリ。一ニハ六時動、此レハ入胎・出胎・出家・成道・転法輪・入涅槃、此時震動ス。二ニハ六方動、東ニ涌キ西ニ没シ、西ニ涌キ東ニ没ス。南ニ涌キ北ニ没シ、北ニ涌キ南ニ没ス。中ニ涌キ辺ニ没シ、辺ニ涌キ中ニ没スル是レナリ。三ニハ六相動也。動涌震撃吹曝是レ也。

又法華購読之時、六瑞トハ即チ六方動・六相動也。正ニ今、金ヲ打ツ躰六方動也。問、法華ノ瑞ヲ以テ踊躍念仏ノ表像ニ比ス、奈何《いかん》。答、念佛・法華同名佛恵ト釈ス。念佛・法華ハ眼目ノ異名トモ云ヘリ。法華トハ色法、念佛トハ心法也。色心ノ二法、互ニ相捨離セズ。又法華トハ譬喩ヲ以テ名トナシ、浄土三部経トハ真実ノ法躰ヲ以テ名トナス。然ルニ法華ヲバ芬陀利経ト云フ。観経ニハ念佛ノ行者ヲ誉テ、是レ人中ノ芬陀利華ト説クナリ、是レ蓮華ナリ。亦経ニ蓮華トハ即チ是レ如来ト演べ玉ヘリ。是レ即チ阿弥陀佛ナリ。妙法蓮華ト阿弥陀佛ト同一也。其ノ上無量寿経ニ云ク、常ニ法音ヲ以テ諸ノ世間ヲ覚ス。光明普ク無量ノ佛土・一切ノ世界ヲ照シ、六種震動スト云ヘリ。同経ニ云ク、時ニ応ジテ普ク地六種震動シ、天妙華ヲ雨《ふら》シテ、以テ其ノ上ニ散ズ。自然ニ音楽空中ニ讃ジテ言ク、決定シテ必ズ無上正覚ヲ成ズト。然レバ今吾等踊躍念佛スルニ凡夫ヲ隔テズ、佛躰也。声ニ応ジテ即チ現ジテ、我等ニ成リ給ヘル決定必成無上正覚也。此ノ時ニ当リ六種震動シ、天妙華ヲ雨シ、自然ノ音楽等ノ瑞、必ズ之レ有ルべキヲ表ハス。経ニ云ク、毎日千度来住ノ処、踊躍歓喜比喩ナシ。然ルニ吾等カ称名ノ息風ヲ棄テ恒沙ノ化佛出現シテ、踊躍歓喜シ玉ヘル也。是レ天真ノ妙躰ナリ。善導ノ息ノ如シ。此ノ踊躍歓喜ノ相ハ動ニシテ不動ナリ。此ノ時称名ノ声ノ中ニ無上ノ覚門ノ自然ニ開ケ、不思議只此レ独朗ノ智用也。故ニ祖師ノ云ク、龍吟スル調ベニハ水魚踊躍シ、鶯ノ囀ル曲ニハ梁燕廻転ス。黄老弾クトキハ、則チ嬰児立テ舞ヒ、白毫ノ瑞光大地震動スト云ヘリ。即チ踏ミ鳴ラス拍子ハ大地震動スル相也。

と述べている。踊念仏は歓喜の相を示したものであったが、往生をあたえられた民衆はこぞって踊りの輪の中に入っていった。高嶺の花としてしかながめることのできなかった民衆にとって、どれほどの喜びであったかはかり知れない。それが時代の下降とともに荘重さをました反面、民衆は踊念仏そのものに参加するというよりも、見る側に立つようになっていった。「十六日臨時之踊候事。清須城主桂原加賀守女中壇越にまいられ、遠近村里聴聞衆群集して、凹なる所にては脚木を踏てたち、凸なる所は前人の肩に取付のびあがる。誠殊勝かぎりなし」（遊行三十一祖京畿御修行記）、これは天正七年一月の記録であるが、これを見ると踊念仏を見ようとして懸命に努力している民衆たちのすがたをうかがい知ることができる。当時、娯楽施設がなかったから、これ幸いと群がり集ってきたのであろうという人がいるかも知れないが、やはり宗教的なものがあったからであろう。それは江戸時代になってからでもすたれていない。藤本由巳は箱根にゆく途中、藤沢を通ると遊行寺で「日中にはをどり念仏」があると聞くと、さっそく出かけていって見学し（塔沢紀行）、宗教的雰囲気にひたろうとしている。なにゆえこうまで民衆を魅了した踊念仏は一遍智真がはじめて以来ひろまったのであろうか。

こうした問題を提げ、踊念仏にメスを加えたいと願った。だが踊躍的念仏を記した文献はきわめて少ない。少なければ少ないなりに、少ない文献を通して展開の系譜をたどりたい、たどらなければならないという心にかられた。踊念仏は中世末期になると、念仏踊となって宗教性がうすれてきた。うすれたとしても民衆の間に伝承されたものは、幾多の変遷をたどりながらも今日に伝承されている。伝承されているとすればどのようなものが、どんなすがたで現在残されているのであろうか。現存の念仏踊には諸要素が入ってきているので多様化しているが、その実態はということになると全国的に把握されていないうらみなしとしない。念仏踊から誕生したものに、村の若者たちが背に大きな団扇《うちわ》や幟《のぼり》を立て、太鼓をうちながら乱舞する踊りもあったが（日本舞踊史の研究）、たとえその前生が念仏踊であったとしても、それを念仏踊ということはできない。それは小唄踊についてもいえる。江戸時代になると、念仏の唱言をはやり歌や民謡にかえて、それを伴奏に、少年少女たちがはなやかに踊る小唄踊が生まれた。その系列に属するものとして飛騨《ひんだ》踊・小原木《おはらぎ》踊・常陸《ひだち》踊・近江踊・堺踊などがある。踊念仏の展開といっても、ここまで手を延ばせば、もはやわたしごとき仏教史学者の容易に手におえるものではないので、本書にはまったく言及していない。そうした中にあって、明らかに念仏踊から発達したものと見られているのが、阿国歌舞伎である。

有吉佐和子氏は、小説『出雲の阿国』の中で、踊念仏に触れ「若い娘が五人、立って踊っていた。一見して田舎の百姓娘だと分るような粗末な着物を着ていた。都近くに来てから袂《たもと》が出来た新しい流行に気がついて、いそいで袖を直した形跡があるのが可笑《おか》しかった。中央に塗りの剝げた笠を冠り、墨色の僧衣を着たのが立って、これが胸に鏧をかけ、小さな木槌で打ち鳴らしながら先唄を唱い、周りの五人と同じ足拍子をとって踊っている。小屋の奥には、これは紛うことなき百姓男が、やはり鏧を手に提げて、笠を冠って踊っている者と交互に鏧を打ち鳴らし、ときどき南無阿弥陀佛と称名している」と述べ、「僧形をして中央に立っている女の足拍子は、軽やかでみごとだ。片方の蹠《かかと》が地につかないうちに、早くも跳ねて空《くう》に身を浮かせているかのように見える」とさえいっている。そのとき和讃を歌ったが、調声《ちょうしょう》の役は中央に立って踊っている女、阿国が勤め、彼女らは、

南無阿弥陀佛　なむあみだ
自性清《じしょうしょう》浄法身《じょうほっしん》は

如如常住のほとけなり
まよひもさとりもなきゆゑに
知るも知らぬも益もなき
南無阿弥陀佛　なむあみだ

と歌った。阿国は「唐織の真紅の紐を片手にもって鏧を提げ、片手には小さな撞木をもって、上体はしっかり正しながら、それも動きまわることなく、一つ所を離れず全身で歓喜し踊躍した」という。和讃を歌い、首からさげた鉦鼓を撞木でうつところなど、明らかに時宗の踊念仏である。踊念仏は、かつて中世社会ではかなり行われていたが、室町時代も末になると京都で行われていたとはいうものの、形ばかりで往年のような歓喜に満ち満ちた踊躍のさまは見られなくなってしまった。ただ手を動かし、跳ねているにすぎない。歓喜のさまは陰に隠れてしまっている。遠く出雲でのみ、出雲大社の庇護を受け歓喜踊躍の念仏踊が残っていた。その念仏踊を正しく受け継いだのが阿国であったという。それが史実であるかフィクションであるか、すなわち有吉氏の創造力を発揮しての上のことかは別として、『出雲の阿国』には歌舞伎が成立していく上の動きをよくとらえている。こうした点と点としか記録に見えていない史実を、創造力という線で結びつけるならば、読者にとってはさらに興味深いものが得られるであろう。しかし、それは歴史学者のとる道ではない。踊念仏の展開については、まだまだ述べなければならないこともあろうが、ひとまずこれをもって擱筆し、将来なされるであろう研究のステップとしたい。

文庫版解説　一遍・時衆・踊り念仏

坂本要

一、一遍・時衆への評価

一遍・時衆・聖の研究は日本仏教史や民間信仰の形成を語る上では欠かせないテーマになっている。これらの宗教者が一般に知られ、注目されるようになったのはそう古い話ではない。(時宗と時衆の語の使い分けは宗派としては時宗を、聖集団としては時衆とする。宗派として認定されるのは寛永十年・一六三三年の「時宗藤沢遊行末寺帳」からである。)

一九七七年に栗田勇が「芸術新潮」に一九七五年十月から一九七六年一月まで連載していた『一遍上人―旅の思索者―』(新潮社刊・新潮文庫二〇〇〇年)を出版し文部大臣賞を受賞してからである。それまで一遍は空海・最澄・法然・親鸞・道元の宗祖に並ぶほどには知名度はなかった。

研究の側からは鈴木大拙が一九四四年に出した『日本的霊性』の中で妙好人に見ら

れる念仏信仰に日本的特殊性（霊性）を見出した。その後学習院高等科で大拙から英語を学んでいた柳宗悦が雑誌『大法輪』（一九五一年八月〜五二年・五四年）に「南無阿弥陀仏」として一遍論を展開し、一九五五年に単行本として出版した。一九六〇年にはこれに「一遍上人」という小論を付し『柳宗悦宗教選集　第四巻』として一般に流布した。また唐木順三は一九五九年に『無用者の系譜』の中で一遍と妙好人を扱っている。いずれも踊り念仏の祖としてのみ揶揄されていた一遍を思想的・哲学的に再評価したものである。

柳宗悦は法然・親鸞・一遍と念仏思想の深まりを見ていく。法然のなした観想念仏から口称念仏への変革を一遍は「念仏が念仏を申すなり。」「名号が名号を聞くなり。」という諸言にみるように、念仏という行為の中に自己を昇華してしまう。「となふれば仏もわれもなかりけり南無阿弥陀仏の声ばかりして」という歌を法燈国師に呈したところ、「未徹在」といわれ、「となふれば仏もわれもなかりけり南無阿弥陀仏南無阿弥陀仏」としたという話がある。声を発する主体もないということである。没我・無我の踊りが歓喜踊躍《ゆやく》の踊りになっていくと述べる。

唐木順三は一所不在の漂泊に身を置き、すべてを放下する捨て聖としての一遍に共感する。栗田は『一遍聖絵』との出会いから、それを紐解きながら一遍の一生を事細かに描いていった。以降『一遍聖絵』の美術的価値と漂泊者への共感は七〇年代の反近代への関心の思潮と相まって注目されることになった。

一方一遍の遊行の形態や踊り念仏の行為・始まりについて堀一郎が『我が国民間信仰史の研究』(一九五三年)という大冊のなかで系統的に論じた。それ以前に柳田国男が「毛坊主考」(一九一四年から一九一五年『郷土研究』連載)「俗聖沿革史」(一九二一年『中央仏教』連載)に時衆の聖や空也派の聖を取り上げて民俗との集合を指摘している。堀一郎は神が去来する「遊幸《ゆぎよう》思想」の一端として聖や山伏を位置づけたものであるが、宗教的機能を「鎮送呪術」として、その後に出版した『空也』(一九六三年吉川弘文館)では踊りの淵源をシャーマニズムに求めている。

五来重《ごらいしげる》は堀一郎と東京帝国大学印度哲学科で同窓であったが再入学した京都大学で柳田国男に出会い仏教民俗の研究を始める。『高野聖』(一九六五年角川新書→一九八四年角川選書)で一般に知られるようになるが、それ以前に「融通念仏・大念仏および六斎念仏」(一九五七年『大谷大学研究年報』No.10)『民俗的念仏の系譜』(一九五七年『印度学仏教学研究』通号10、5巻2号)「一遍と高野・熊野および踊り念仏」(一九六〇年『日本絵巻物全集　第一〇巻　一遍聖絵』角川書店)「念仏芸能の成立過程とその諸類型」(一九六一年『大谷大学研究年報』No.14)と民間念仏・念仏芸能の論考を精力的に書き進めていた。それらを一般向けに書いたのが『踊り念仏』（一九八八年平凡社）である。大橋俊雄《しゅんのう》の本書『踊り念佛』（初版一九七四年大蔵出版）の第一章は五来重の研究に負っている部分が多い。

また一遍が踊り念仏を始めたのは弘安二年（一二七九年）であるがその時代背景について網野善彦は蒙古襲来等の社会不安があったとする。広く大田楽・風流《ふりゅう》踊り・えじゃないかのような歴史上間歇的に起こる踊り狂いともされる集団舞踊について上《かん》林《ばやし》　澄雄は「日本反文化の伝統」として位置付けている。（『日本反文化の伝統』（一九七三年エナージー叢書→一九七六年講談社学術文庫）。

時宗側からの研究は藤沢遊行寺門前の赤門真徳寺住職の吉川《きちかわ》清『一遍上人傳』（一九四七年福地書店）と『時衆阿彌教団の研究』（一九五六年藝林舎）が主たるもので大橋俊雄も『一遍上人傳』から多く学んだとある。このあと一九六〇年代になると金井清光の雑誌『時衆研究』も発刊され時衆研究も軌道にのるが、この頃から大橋俊雄の著作を契機に本格化する。

以上が本書出版前後の状況である。

二、大橋俊雄（一九二五年・大正十四年〜二〇〇一年・平成十三年）について

家は神奈川県の浄土真宗の寺であったが、浄土宗で得度・受戒し、横浜市泉区の浄土宗西林寺《さいりんじ》の住職となった。大正大学卒業後服部清道の紹介で遊行寺に隣接する元時宗宗学林であった藤嶺学園高等学校に就職、吉川清道・長嶋慈然から時宗の薫陶を受ける。華厳学の石井教道の元に通い『昭和新修法然上人全集』(一九五五年平楽寺書店)の編集を担当し、石井教道と共著として出版した。時衆については近江番場蓮華寺を本山とする番場時衆(一向《いっこう》派)に注目し、『番場時衆のあゆみ』(一九六三年浄土宗史研究会)を出版し、藤沢遊行寺派以外を含む時衆史の研究に門を開いた。このように浄土宗から時宗までの幅広い研究から時衆研究のもう一方の雄である金井清光からは戦後時宗史の開拓者とされる。

出版・著作は校注・研究書・啓蒙書と多いが、浄土宗関係・一遍/時衆史関係・一向派関係に分けられる。主なものを以下に記す。

・浄土宗関係では前出の『昭和新修法然上人全集』『浄土宗仏家人名事典』(一九八一年東洋文化出版)『校注　選択本願念仏集』(一九九七年岩波文庫)『法然』(一九九八年講談社学術文庫)『校注　法然上人絵伝』(二〇〇二年岩波文庫)

・一遍/時衆史関係では『校注　一遍上人語録―付播州法語集―』(一九八五年岩波文庫)『校注　一遍聖絵』(二〇〇〇年、岩波文庫)『時宗二祖他阿上人法語』(一九七五年大蔵出版）『一遍』（一九八三年吉川弘文館人物叢書　改訂版一九八八年）『一遍聖』（二〇〇一年講談社学術文庫）『遊行聖』（一九七一年大蔵出版）『時宗の成立と展開』（一九七三年吉川弘文館）『踊り念佛』（一九七四年大蔵出版）

・一向派関係では『番場時衆のあゆみ』（前出）。『一向上人伝―本文と補注―』（一九八九年宇都宮清正山一向寺）

ちなみに大橋俊雄は晩年の一九九八年に一向派本寺である近江蓮華寺五十三世貫主になり代々の称号「同阿」を祖承した。また横浜市泉区（旧戸塚区）に住していたことから『戸塚区の歴史　上・下』（一九七九年・一九八一年戸塚区観光協会）等郷土史関係の著作も多い。

三、躍り念仏

この書『踊り念仏』は大橋俊雄が一遍研究から時宗史に幅を広げた時期の本で、『遊行聖』『時宗の成立と展開』『踊り念佛』と続けて発刊している。内容も『遊行聖』では行基・空也・行円・明遍・一遍・一向と聖の系譜をたどっている。『踊り念佛』では目次にみるように踊り念仏の発生、展開、継承と変容と一遍の踊り念仏だけでなく全体が俯瞰できるように配慮されている。これでみるように一遍の踊り念仏以外にも一向上人・道御《どうぎょ》などこの時代に踊り念仏があったことが分かる。とくに注目したのは一遍と同年に踊り始めた一向上人で、その後の研究につながる。

一向俊聖《しゅんしょう》と一遍上人は暦仁二年・改暦して延応元年（一二三九年）の同年に生まれ一遍は時衆、一向は一向宗を名乗ることとなる。のちに一向宗は時宗十二派の一つに数えられたが、もともとは一遍の時衆とは別であった。（一向宗は江戸時代明治時代には時宗から独立しようとしたが果たせず一九四三年浄土宗に帰属した。一向上人・一向宗については本書参照）一向は一遍の弘安二年（一二七九年）の信州小田切での踊り念仏に先立つ文永十一年（一二七四年）夏、大隅八幡宮四十八夜の不断念仏厳修時に夢の中で童子があらわれ四十八茎の未敷《つぼみ》の蓮華を賜う、夢覚めてその蓮華があり、歓喜踊躍したとある。翌健治元年（一二七五年）宇佐八幡で四十八夜の踊り念仏を修した。宇佐より四国に渡る途中嵐にあい、ひたすら念仏を唱え助かる。讃州須崎に上陸し、船中のことを思い踊り念仏を修す。（『一向上人絵伝（五巻本）』）

また十万上人道御は弘安二年（一二七九年）三月嵯峨清涼寺で大念仏を行い、十万人を集める。「清涼寺本」『融通念仏縁起』の最終段の嵯峨大念仏の絵はこの時の様子であり須弥壇前で踊る僧が描かれている。

四、踊り念仏の始行とその後

一遍・時衆研究は他の宗派に比べ史料が少なく、研究者を悩ませている。一遍自身が業績を破棄してしまったことにもよる。一遍の十回忌に聖戒《しょうかい》によって編纂された『一遍聖絵』が最も実際に近いとされている。

一遍の踊り念仏の佐久での始行をめぐっては場所・時期・内容について多くの論がでている。というのは踊り念仏の場所としては小田切の里・伴野《ともの》の市場・大井太郎館の三ヶ所があり、『聖絵』の絵の順は伴野の市場↓小田切の里↓大井太郎館となっていて詞書では小田切の里で踊り念仏を始めた、伴野では歳末別時の念仏を行った、大井太郎館では三日三晩の踊り念仏に五、六百人が集まったとある。小田切の里の絵では墓と思われる塚のある庭で道俗が輪になって踊り、一遍は屋敷の縁側で器を叩いて調子をとっている。大井館では踊りを終えて帰る一団を描いている。地理的にはこの順にはならない。時期的には伴野の歳末別時が最後になる、など錯綜しているため、五来重は詞書に脱落部分があるのではないかとしている。大橋もこの説を踏襲している（本文九九頁）。また小田切の里の踊り始めを、墓前の鎮魂供養としている。この説には異論もあり定まっていない。（諸説の一覧は砂川博「一遍聖絵の論点」『中世遊行聖の図像学』一九九九年岩田書院に詳しい。）

一遍のその後の踊り念仏は『聖絵』に「相模片瀬の地蔵堂」「近江関寺」「京都七条市屋道場」「山城淀上野」「淡路二の宮」と六図あり、別に『遊行上人絵巻』では一遍没後二祖他阿真教の善光寺で行った日中法要の図がある。これらを順に見ていくと庭で道俗が踊った踊りは片瀬では板屋での踊りとなり、七条市場では衆人が見物できるよう高台の踊り屋になっている。踊るのは僧のみで円を描くようになっている。初期の道俗を含む乱舞から段々と様式化されたものと思われる。他阿の善光寺の図では僧の行道と思われる。踊り念仏も儀礼化していく。時宗の「踊躍念仏儀」は能の歩行や声明を取り入れたゆったりしたものだが、戦国時代から始まって江戸時代中期に完成したものとされる。現在薄《すすき》念仏として行われている踊り念仏は享保年間(一七一六〜三六年)頃、時宗で「庭踊り」として行われていたものである。このように踊り念仏は時衆が宗派の時宗として成り立つ過程で法要として儀式化していくが、民衆への拡散はどうであっただろうか。本書第三章にあるように時衆の踊り念仏は興行として行われたようで、一般人が見物にいくということが「日次紀事《ひなみきじ》」などに見られる。踊り念仏は寺院内か回廊で踊るもので、それを見物したと思われる。庭踊りとして道俗ともに踊ることもあったが、踊り念仏の板碑は全国で三例のみで踊り念仏の供養碑も極端に少ないので、寺院での法要が主であったようだ。時衆の踊り念仏が民衆に広まり芸能化して念仏踊りになったとは考えにくい。

基本的に僧や聖の踊ったものが「踊り念仏」、芸能化して在俗の人が踊るものは「念仏踊り」である。「念仏踊り」という言葉がでてくるのは風流踊りの盛行に合わせてである。『看聞日記《かんもん》』応永二十六年(一四一九年)の記事に初見する。以降室町時代から江戸時代初期にかけて、多くの風流踊り・念仏踊りの記載がある。風流とは蓬萊山や花木の造り物のことで平安時代に歌合わせや祝い事の置物としてあった。平安時代末には寺社の祭礼に造り物を傘の上に載せ練り歩く風流の行事が流行った。京都加茂神社の祭礼ややすらい花祭りにそれが見られる。その風流の傘を中心に踊るのが風流踊りで十五世紀から十六世紀に全国にひろまった。風流の踊りは疫神や御霊を囃《はや》して送る拍物《はやしもの》に始まるという。派手な造り物や仮装の人物がでて、鉦・太鼓で囃し、お互いに踊りを懸けあう「懸け踊り」であった。一般に踊り念仏が俗化・芸能化して念仏踊りになったとされるが二つは起源が異なる。現行の民俗芸能で念仏踊りとされる多くのものは盆の風流である。鉦・太鼓や念仏が囃しとして風流の踊りになったと考えられる。その意味で念仏踊りは風流踊りであり、踊り念仏とは異なると思われる。(詳しくは坂本要『民間念仏信仰の研究』二〇一九年法藏館)

最初に述べたようにこの本がでるまでは一般には一遍も踊り念仏についても詳しく

は知られていず、一遍については、「念仏で踊る奇特な僧」くらいの認識であった。この本は、一遍を空也ほか民間聖の活動の一環として論じ、踊りを民俗的儀礼からのつながりをもってみている。特に空也等の聖については、一遍上人に並ぶ一向上人に光をあて広く時衆の活動を述べている。さらに踊り念仏が芸能に与えた影響を探るなど、踊り念仏を日本仏教史や民俗の体系の中に位置づけた初めての本といえよう。

本書は一九七四年七月一五日、大蔵出版より
『踊り念佛』の題で刊行されたものである。

儀礼の過程　ヴィクター・W・ターナー　冨倉光雄訳

社会集団内で宗教儀礼が果たす意味と機能を明らかにし、コムニタスという概念で歴史・社会・文化の諸現象の理解を試みた人類学の名著。（福島真人）

日本の神話　筑紫申真

八百万の神はもとは一つだった!? 天皇家統治のために創り上げられた記紀神話を、元の地方神話に解体すると、本当の神の姿が見えてくる。（金沢英之）

河童の日本史　中村禎里

ぬめり、水かき、悪戯にキュウリ。異色の生物学者が、時代ごと地域ごとの民間伝承や古典文献を精査。〈実証分析的〉妖怪学。（小松和彦）

病気と治療の文化人類学　波平恵美子

科学・産業が発達しようと避けられない病気に対し人間は様々な意味づけを行ってきた。「医療人類学」を切り拓いた著者による画期的著作。（浜田明範）

ヴードゥーの神々　ゾラ・ニール・ハーストン　常田景子訳

20世紀前半、黒人女性学者がカリブ海宗教研究の旅に出る。秘儀、愛の女神、ゾンビ――学術調査と口承文学を往還する異色の民族誌。（今福龍太）

子どもの文化人類学　原ひろ子

極北のインディアンたちは子育てを「あそび」とし、血縁や性別に関係なく楽しんだ。親子、子どもの姿をいきいきと豊かに描いた名著。（奥野克巳）

初版　金枝篇（上）　J・G・フレイザー　吉川信訳

人類の多様な宗教的想像力が生み出した多様な事例を収集し、その普遍的説明を試みた社会人類学最大の古典。膨大な註を含む初版の本邦初訳。

初版　金枝篇（下）　J・G・フレイザー　吉川信訳

なぜ祭司は前任者を殺さねばならないのか？　そして、殺す前になぜ〈黄金の枝〉を折り取るのか？　事例の博捜の末、探索行は謎の核心に迫る。

火の起原の神話　J・G・フレイザー　青江舜二郎訳

人類はいかにして火を手に入れたのか。世界各地より夥しい神話や伝説を渉猟し、文明初期の人類の精神世界を探った名著。（前田耕作）

空海入門 竹内信夫

空海が生涯をかけて探求したものとは何か——。稀有な個性への深い共感を基に、著作の入念な解釈と現地調査によってその真実へ迫った画期的入門書。

釈尊の生涯 高楠順次郎

世界的仏教学者による釈迦の伝記。パーリ語経典や漢訳仏伝等に依拠し、人間としての釈迦の姿を生き生きと描き出す。貴重な図版多数収録。（石上和敬）

キリスト教の幼年期 エチエンヌ・トロクメ 加藤隆訳

キリスト教史の最初の一世紀は、幾つもの転回点を持つ不安定な時代であった。この宗教が自らの独自性を発見した様子を歴史の中で鮮やかに描く。

原始仏典 中村元

釈尊の教えを最も忠実に伝える原始仏教の諸経典の数々。そこから、最重要な教えを選りすぐり、極めて平明な注釈で解く。（宮元啓一）

原典訳 原始仏典（上） 中村元編

原パーリ文の主要な聖典を読みやすい現代語訳で。上巻には「偉大なる死」（大パリニッバーナ経）「本生経」「長老の詩」などを抄録。

原典訳 原始仏典（下） 中村元編

下巻には「長老尼の詩」「アヴァダーナ」「百五十讃」「ナーガーナンダ」などを収める。ブッダのことばに触れることのできる最良のアンソロジー。

ほとけの姿 西村公朝

ほとけとは何か。どんな姿で何処にいるのか。千体を超す国宝仏の修復、仏像彫刻家、僧侶として活躍した著者ならではの絵解き仏教入門。（大成栄子）

選択本願念仏集 法然 石上善應訳・注・解説

全ての衆生を救わんと発願した法然は、ついに、念仏すれば必ず成仏できるという専修念仏を創造し、本書を著した。菩薩魂に貫かれた珠玉の書。

一百四十五箇条問答 法然 石上善應訳・解説

人々の信仰をめぐる百四十五の疑問に、法然が分かりやすい言葉で答えた問答集を、現代語訳して文庫化。これを読めば念仏と浄土仏教の要点がわかる。

ちくま学芸文庫

踊念仏《おどりねんぶつ》

二〇二四年十二月十日　第一刷発行

著　者　大橋俊雄（おおはし・しゅんのう）
発行者　増田健史
発行所　株式会社　筑摩書房
東京都台東区蔵前二―五―三　〒一一一―八七五五
電話番号　〇三―五六八七―二六〇一（代表）
装幀者　安野光雅
印刷所　信毎書籍印刷株式会社
製本所　株式会社積信堂

ISBN978-4-480-51270-3 C0115